JN438938

중국문화 · 17

中國文學

문학

문학

야오단 지음
고숙희 옮김

차례

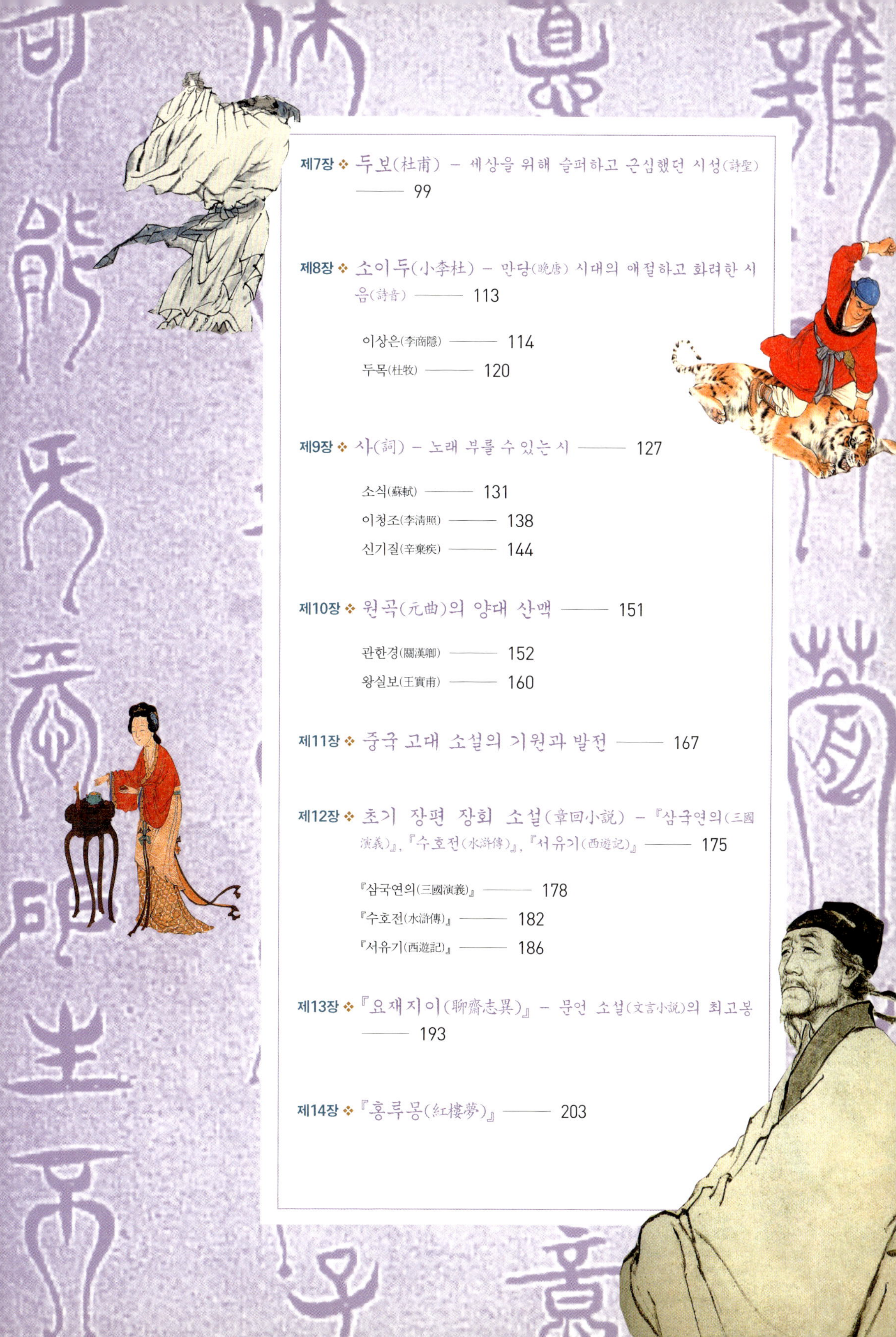

서문

찬란한 중국 고대 문화는 오늘날까지 전해지며 많은 사람들의 사랑을 받고 있다. 그중 가장 완벽하게 전해지는 분야로는 단연 중국 고대 문학을 들 수 있다. 중국 고대 음악과 회화 역시 많은 발전을 이루었지만, 고대 악보는 대부분 사라졌고 회화의 진면목을 볼 수 있는 것은 거의 송(宋)[1] 나라 이후이다. 문학만은 고대인들의 짧은 창작 가요와 신화의 경우, 지금까지도 잘 알려져 있고, 『시경(詩經)』에 나오는 주(周)[2] 나라 때의 황천후토(皇天后土)*는 여전히 우리 삶의 고향이다. 우리들이 읊조리는 『시경』과 제자백가(諸子百家)**의 서적 안에는 하늘의 이치와 인간의 정이 담겨 있고, 3000년을 가로지르는 세월 동안 중국 민족의 화려하고 깊이 있는 문화가 창조되었다.

중국에서 비교적 명확한 역사적 기록이 있는 시대는 주나라부터이다. 주나라는 후대 철인(哲人)들이 온유돈후(溫柔敦厚)와 시악예교(詩樂禮敎)를 치국의 근본으로 삼았다고 상상한 시대이기도 했다. 고대의 이상적 정치 유형은 권력 통치가 아니라 교화의 베풂이었다. 일반 평민 백성들에게 교화를 베풀었던 계층은 하층 귀족 계급인 '사(士)'였다. 주나라의 제도에 의하면, 천자(天子) 이하는 귀족 계급으로 상층 귀족은 '대부(大夫)'였으며 하층 귀족은 '사'였다. 이

* **皇天后土**: 하늘의 신과 땅의 신

** **諸子百家**: 춘추 전국 시대의 사상 유파

사 계층에는 '상사(上士)', '중사(中士)', '하사(下士)'가 있었으며, 하사는 서민과 마찬가지였다. 중국 최초의 문학은 '사'의 문학으로, 사는 민간 서민들의 가요를 수집하고 정리하여 천자에게 바침으로써 천자가 풍속을 살피고 민심을 헤아리도록 했다. 바로 중국 최초의 시가 총집인 『시경』 중 「국풍(國風)」의 시가들이 그에 해당된다. 종묘에서 제사 지낼 때 지어진 시편들은 『시경』의 「송(頌)」 안에 들어 있으며, 역사적 기록은 『시경』의 「아(雅)」에 담겨 있다. 중국 문학의 원류는 바로 실용적이며 인륜(人倫)과 일상적인 것, 정치 교화와 관련이 있다. 그리고 민중의 정신생활과도 깊은 관련을 맺고 있다. 이는 중국 문학의 기본 정신에 대한 이 책의 시각이기도 하다.

중국인은 '천인합일(天人合一)'을 중시하여, 인륜과 일상적인 것의 근본과 천리(天理)가 상통한다고 믿었다. 문학 속에 등장하는 천재들이 상상하고 관심을 쏟은 것은 완전한 우주이고 역사이며 일반 민중의 고통과 쓰라림이었다. 굴원(屈原)[3] 은 여러 차례 비방과 배척을 당했으나 나라를 떠나려 하지 않았고, 일반 백성들의 고단한 삶에 가슴 아파하며 기나긴 세월 동안 하늘에 질문을 던졌다. 춘추(春秋)[4] 전국(戰國)[5] 시대의 사상가(사실은 제세구민(濟世救民)의 포부를 지닌 철인(哲人)들이었다)들이 남긴 언론이나 문장 역시 그들의 심리와 행적을 반영한 것이다. 공자, 맹자, 노자, 장자는 제후들 사이를 분주히 오갔다. 이 사상가들의 정신과 기세는 그들이 설득하려 했던 각 나라의 제후들보다 훨씬 더 뛰어났다. 그들이 추구하는 것은 '세상을 위해 마음을 세우고(爲天地立心)', '만 백성을 위해 명을 청하는(爲萬民請命)' 것이었다. 그래서 제자(諸子)*들의 문장에는 정이 들어 있고 이치가 담겨 있는 것이다.

한(漢)[6] 나라에 이르러 사마천(司馬遷)[7] 은 역사서 『사기(史記)』를 저술하여 하늘과 인간 사이를 탐구(究天人之際)하고 일가의 말을 이

* **諸子**: 사상가

루어(成一家之言), 우주를 마음껏 종횡하고 세상의 도리와 인심을 평정한 제자백가들의 자유분방함과 예리함을 이어받았다. 당(唐)[8] 나라의 이백(李白)과 송나라의 소식(蘇軾) 역시 '하늘이 나를 세상에 냄은 나의 재주가 반드시 쓰임새 있기 때문'이라 여겨 일월산천과 더불어 이야기를 나누고 춤을 추었다. 그러나 그들의 내면에는 '마음이 열정적인 것을 탄식하는' 번민도 깃들어 있었다. 이는 모두 중국 문학 속에 나타나는 장대한 기개다.

원(元)[9] 나라 때부터 중국 민중의 의기는 깊은 좌절을 맛보게 되며, 중국 문학의 골격 역시 큰 변화를 맞이했다. 이전의 사인(士人)들은 백성을 위해 명(命)을 청하고 백성들에게 관심을 쏟았다. 그러나 그들이 자신의 생각을 피력하는 대상은 높은 자리에 있는 이들이었다. 후에 사인들은 구란(句欄)*과 와사(瓦舍)**를 드나들며 일반 백성들을 위해 극본을 쓰고 통속 소설을 썼다. 당시에 이러한 극본과 소설 등은 일반 백성들이 노동하고 남은 시간에 소일거리로 삼도록 제공되었기 때문에 일반 민중의 취미와 수용 능력을 고려하지 않을 수 없었다. 이 때 중국 문학 속의 '희극정신(喜劇精神)'이 현저하게 뚜렷해지기 시작했는데, 관한경(關漢卿)을 그 대표적 인물로 꼽을 수 있다. 문학은 일반 민중의 일상생활에 직접적으로 영향을 끼쳤을 뿐만 아니라 장편 통속 소설의 유행도 현실화했다. 오늘날 중국인의 '충(忠)'과 '의(義)'에 대한 이해도 『삼국연의(三國演義)』와 『수호전(水滸傳)』에서 비롯된 것이다. 18세기 중엽, 독립적 문인소설(文人小說)인 『홍루몽(紅樓夢)』이 세상에 등장했다. 이 작품은 가족사와 여성의 운명, '인생은 한바탕 꿈'이라는 색공관(色空觀)***을 그려내어 당대인들뿐만 아니라 후세인들에게도 주목받았다. 『홍루몽』은 중국의 가장 위대한 장편 소설이라 할 수 있으며, 이후에도 이를 뛰어넘는 대작은 출현하지 않았다. 20세기 초에 이르러 중국

* **句欄**: 송원(宋元) 시대의 대중 연예장

** **瓦舍**: 송대의 기루

*** **色空觀**: 불교 용어로 『반야심경』의 중심 사상

에 5 · 4 신문화 운동이 발생했다. 이 때 노신(魯迅)은 많은 소설과 잡문(雜文)으로 중화 민족의 모습을 그려냈으며, 이후 수십 년간 중국인의 자아 형상을 조형해냈다.

1| **송**(宋, 960~1279): 960년 조광윤이 오대십국 시대 오대 최후의 왕조 후주로부터 선양을 받아 개봉에 도읍하여 나라를 세웠다. 국호는 송(宋)이었으나 춘추 시대의 송, 남북조 시대의 송 등과 구별하기 위해 황실의 성씨를 따라 조송(趙宋)이라고도 한다. 통상 1127년 금나라의 확장에 밀려 양자강 이남으로 옮기기 전을 북송, 이후 임안(臨安; 지금의 항저우)에 도읍을 옮긴 것을 남송이라고 불러 구분하였다. 북송, 남송 모두 합쳐 송, 송 왕조라고 부르며, 훗날 원나라에 의해 멸망했다.

2| **주**(周, B.C. 1046~B.C. 256): 상(商)나라의 뒤를 잇는 왕조로, 이전의 하(夏), 상(商)과 더불어 삼대(三代)라 한다. 견융(犬戎)이 침략하여 B.C. 771년 유왕(幽王) 때 서안(西安)에서 낙양(洛陽)으로 수도를 옮기게 되는데 이를 기준으로 이전을 서주(西周), 이후를 동주(東周)라 한다.

3| **굴원**(屈原, B.C. 343~B.C. 278): 전국 시대 초나라의 정치가, 시인. 이름은 평(平), 원(原)은 자. 초사(楚辭)라는 운문 형식은 굴원에게서 시작되었다. 그는 모함을 받아 자신의 뜻을 펴지 못하다가 마침내 물에 빠져 죽었다. 작품에는 울분이 넘쳐 흐르며, 고대 문학에서는 드물게 서정성을 띤다. 작품에 '이소(離騷)', '천문(天問)', '구장(九章)' 등이 있다.

4| **춘추**(春秋, B.C. 770~B.C. 476): 주(周) 왕조가 동쪽으로 도읍을 옮긴 때로부터 진(晉)나라의 대부(大夫)인 한(韓), 위(魏), 조(趙) 3씨가 진나라를 분할하여 제후로 독립할 때까지의 전란 시대를 가리킨다. 춘추라는 명칭은 공자가 엮은 노(魯)나라의 역사서 『춘추(春秋)』에서 유래되었다.

5| **전국**(戰國, B.C. 475~B.C. 221): 한(韓), 위(魏), 조(趙) 3씨가 제후로 독립한 이후부터 진(秦)나라가 중국을 통일한 B.C. 221년까지의 동란기를 말한다. '전국칠웅(戰國七雄)'이라는 7개의 제후국이 패권을 다투는 한편, 제자백가가 활약하여 학문의 꽃을 피웠다. 전국이라는 명칭은 한(漢)나라 유향(劉向)이 지은 『전국책(戰國策)』에서 유래되었다.

6| **한**(漢, B.C. 206~A.D. 220): 진(秦)의 뒤를 잇는 중국의 통일 왕조. 초대 황제는 고조(高祖) 유방(劉邦)이며 장안(長安)을 수도로 번영하였다. 왕망(王莽)이 세운 신(新, 8~22)나라로 인해 잠시 중단이 있어, 그 이전에 장안을 수도로 하였던 한을 전한(前漢), 낙양(洛陽)에 재건된 한을 후한(後漢)이라고 한다.

7| **사마천**(司馬遷, 약 B.C. 145~B.C. 86): 전한(前漢)의 역사가. 자는 자장(子長). B.C. 104년에 공손경(公孫卿)과 함께 태초력(太初曆)을 제정하여 후세 역법의 기초를 세웠으며 역사책 『사기』를 완성하였다.

8| **당**(唐, 618~907): 수(隋)나라에 이은 중국의 통일 왕조. 290년간 중국을 다스리며 문화와 경제를 절정으로 끌어올렸으며 한국, 일본 등 아시아는 물론 유럽의 정치, 경제, 문화에도 큰 영향을 끼쳤다.

9| **원**(元, 1206~1368): 중국을 중심으로 동아시아 전역을 지배한 몽골 왕조. 칭기즈칸이 세운 몽골 제국은 손자인 쿠빌라이에 이르러 중국 전역을 통일하게 되면서 중앙 집권 국가의 기틀이 마련된다. 그러나 1368년 주원장(朱元璋)에게 수도를 빼앗기고 몽골 지역으로 쫓겨난 후 얼마 지나지 않아 멸망한다.

제1장 • 『시경(詩經)』

중국 문학은 유구한 역사를 지니고 있으며, 그중 『시경』은 가장 중요한 중국 문학의 근원 중 하나다. 『시경』은 중국 최초의 시가 총집으로 서주(西周) 초에서 춘추(春秋) 중엽에 이르는 약 500년간의 시가 작품을 수록하고 있으며 모두 305편으로 이루어져 있다. 이 시가 총집의 편찬자는 일반적으로 공자(孔子)라고 알려져 있다.

시가 형성의 근원을 따져 보면 대략 다음과 같다. 우선 '헌시(獻詩)'를 통해 시가가 형성되었다. 주나라 때의 천자는 정치를 할 때 고관대작과 사대부에게 시를 바치도록 했는데, 이 시들이 당대를 풍자하거나 칭송하는 역할을 했다. 다음으로 '채시(采詩)'를 들 수 있다. 주나라 왕조나 각 제후국들의 악관(樂官)들은 목탁을 흔들고 전국 시골 골목골목을 다니며 백성들 사이에서 전해지는 시가를 수집했다. 또한 일부 시가들은 제사나 연회 등의 의식이 거행되는 중에 사용되던 악가(樂歌)들로 왕실의 악관이나 무당(巫), 사관(史官) 등의 전문 창작자들이 완성했다.

『시경』. 송(宋)나라 때 각본(刻本)(북경 도서관 소장)

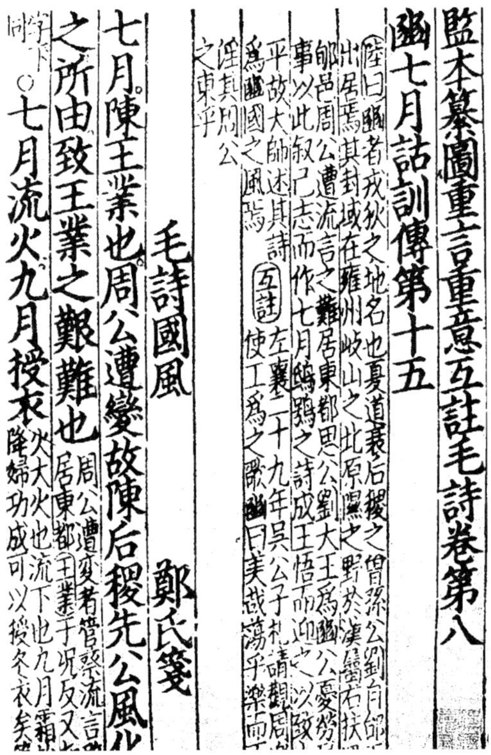
監本纂圖重言重意互註毛詩卷第八
豳七月詁訓傳第十五
豳者戎狄之地名也夏道衰后稷之曾孫公劉自邰而出居焉其封域在雍州岐山之北原隰之野於漢屬右扶風郇邑周公遭流言之難居東都思公劉大王爲豳公憂勞民事以此叙己志而作七月鴟鴞之詩成王悟而迎之以致太平故大師述其詩爲豳國之風焉 互註 左襄二十九年吳公子札請觀周樂使工爲之歌豳曰美哉蕩乎樂而淫其周公之東乎
毛詩國風　鄭氏箋
七月陳王業也周公遭變故陳后稷先公風化之所由致王業之艱難也 周公遭變者管蔡流言辟居東都
七月流火九月授衣 火大火也流下也九月霜始降婦功成可以授冬衣矣

이러한 시가들은 『시경』 속에서 몇 가지로 분류되었다. 민간에서 채집한 것은 「풍(風)」에, 주나라 천자에게 바쳐서 풍자와 칭송의 역할을 했던 것들은 「아(雅)」에, 제사나 연회 등에 사용되었던 시들은 「송(頌)」에 속했다. 「풍」, 「아」, 「송」은 원래 음악상의 분류이다. 「풍」은 각 제후국들의 지방 음악이고 「아」는 '정(正)'을 의미하며 아악(雅樂)은 조정에서 사용하던 것으로 '궁중 음악'이라고도 한다. 「송」은 춤과 노래를 곁들이는 것으로 리듬이 비교적 안정적이고 완만한 춤곡이며 주로 제사를 지낼 때 사용되었다. 음악과 그 용도가 달라서

『시경』의 「풍」, 「아」, 「송」 세 부분은 내용과 심미적 기풍이 완전히 다르다. 「아」와 「송」은 장중하고 복잡하며, 「풍」은 「국풍(國風)」이라고도 하는데 빠르고 활발하며 생동감이 있어, 전자는 왕실이나 종묘에 속하고 후자는 민간에 속했던 듯하다. 그러나 『시경』이 쓰인 서주 시대를 고려해 보면, 당시 정치와 문화는 모두 귀족 중심이어서 귀족이 아닌 일반 백성들은 개인적인 자유가 거의 없었으며 시를 창작할 여유도 없던 때였다. 『시경』 속의 「국풍」 역시 귀족들의 작품이지만, 그들이 농부와 시골 노인을 대신하여 그 정서를 표현하는 경우도 있었을 것이다.

이종(編鐘)은 귀족과 제후들이 종묘에서 제사 지내거나 연회에서 가무를 즐길 때 사용하던 중요한 의식용 악기다.

「15국풍(十五國風)」

일반 중국인들이 『시경』에 대해 이야기할 때, 그들이 말하는 『시경』이란 바로 「국풍」의 시가들이다. 「국풍」의 애정시들은 상당히 다채로운 애정관을 나타내고 있다. 깊은 정을 나타낸 부분도 있고 자유분방하여 얽매임이 없으며 소박하고 아름다우면서 참신한 부분도 있다. 모두 '세상에서 으뜸가는 소리(天地元聲)'들로 부자연스럽거나 의기소침한 모습은 전혀 찾아볼 수 없다.

첫 번째 시는 남녀가 서로 그리워하는 것을 묘사한 「국풍」의 '주남(周南) · 관저(關雎)'편이다.

꾸우꾸우 물수리(關關雎鳩)
모래섬에 있네(在河之洲).
아리따운 아가씨는(窈窕淑女)
군자의 좋은 짝이라네(君子好逑).

이 부분은 중국에서 가장 유명한 시구 중 하나다. 『시경』이라 하면 대부분 이 시구를 떠올릴 정도다. '저구(雎鳩)'는 물수리의 일종이다. 송나라의 이학가(理學家) 주희(朱熹)는 이 물새에 대해 이렇게 말했다. "부부의 정이 아주 돈독하여 하나가 죽으면 다른 하나 역시 슬퍼하며 음식을 먹지 않아 초췌해져서 결국은 죽는다고 말하는 이가 있더라." 비록 이학가로서 주희는 저구의 충정(忠貞), 즉 짝이 세상을 떠나자 자신도 세상을 버리려는 모습에 초점을 맞추었지만 한나라 이래로 유가(儒家)의 정통파들은 '주남·관저'를 '후비(后妃)의 덕을 기리는 것'이라고 의견을 모았다. 사실상 주희는 여성의 충정을 요구하고 있는데, 여성의 수절과 순절(殉節)*을 요구하는 것은 송나라 때 이학의 큰 특징이다. 저구가 충정한 성향을 지녔다고 말하는 것은, 당연히 후대 사람들이 '관저'를 무리하게 해석하여 견강부회한 결과이다. 최초의 시 창작자는 아마도 그 시를 지을 때 사랑하는 사람끼리의 사모하는 마음을 표현하려고 했을 것이다. 지금 우리는 저구가 어떤 종류의 새인지 명확히 알 수 없다. 그러나 암컷과 수컷이 나란히 날아다니고 함께 거처하며 유달리 서로에 대한 정이 깊은 새였을 것이라는 상상은 가능하다. 시인은 새가 서로 사랑하는 정경을 보면서 자신도 모르게 그리움의 정이 일어나 이러한 시를 읊기 시작했을 것이다. "꾸욱꾸욱 소리치며 서로 부르는 물수리, 모래섬 위에 있구나. 아름답고 단아한 아가씨는 나의 좋은 짝이라네." 연이어 시가는 그가 아가씨에 대한 그리움의 정으로 잠 잘 때나 식사할 때나 항상 안절부절못하며 언젠가 아가씨의 꽃다운 마음을 얻으려 꿈꾸고 있음을 표현했다.

『시경』 속의 애정시는 아주 다양하다. 그중 사랑하는 대상을 바라만 볼 뿐 그 곁에 다가가지 못하는 내용은 시인들이 항상 읊는 주제이다. '관저'처럼 사람을 감동시키고 후대 사람들에게 많은 상상의 기회를 주는 작품으로 '진풍(秦風)·겸가(蒹葭)'를 들 수 있다.

* **殉節**: 여성이 정절을 지켜 죽는것

갈대 푸릇푸릇한데(蒹葭蒼蒼),
흰 이슬 서리가 되었네(白露爲霜).
그대는(所謂伊人)
강 저 건너에 있네(在水一方).
물길 거슬러 올라가니(溯洄從之),
길은 험하고 멀기만 하네(道阻且長).
물길 거슬러 올라가니(溯洄從之),
그대는 물속 한가운데에 있네(宛在水中央).

'겸가'는 갈대류 식물이다. 프랑스의 사상가 파스칼은 '인간은 생각하는 갈대'라고 하며 인간의 취약한 부분을 명확히 지적하였다. 이 시가는 갈대로 인해 시흥이 일어난 것이다. '시흥이 일어난다는 것'은 시인이 하나의 사물을 보고 시상이 생겨나는 것을 의미한다. 부드러운 갈대가 가을날 강가에서 흔들릴 때 사랑하는 이가 강 건너 맞은편 언덕에 있는 것 같아 가까이 다가갈 방법을 찾으나 길이 아득히 멀다는 것을 문득 깨닫는다. 그리고 사랑하는 이는 영원히 다가갈 수 없는 물속 한가운데 있는 듯하다. 이 시는 '그대'를 사모하는 애절한 마음을 그리고 있다. 아마도 그들이 사랑하는 사이였으나 지금은 둘 사이에 물이 가로놓여 있어, 처량하고 몽롱한 가을색이 시인의 심정에 부합되었을지도 모른다.

당연히 '국풍'의 내용은 상당히 광범위하여 농사, 전쟁, 부역과 관련된 시들도 많다. '빈풍(豳風) · 칠월(七月)'의 경우, 농민들 생활과 관련된 유명한 시가로 1년 동안 농민들이 부지런히 일하는 모습을 그렸다. 「아」, 「송」과 비교해 보면 「국풍」의 언어는 상당히 구어에 가깝고, 「아」와 「송」 안의 엄숙하고 딱딱했던 4언 또한 활발하고 생동감 있게 새로이 변하기 시작했다. 「국풍」에는 상당히 아름답고 활발하여 얽매임이 없으며 근심 어린 시구들도 많이 등장한다.

송나라 마화지(馬和之)의 〈빈풍도(豳風圖)〉(일부분). '빈풍 · 칠월'은 농사시(農事詩)로, 한 해 동안 농부들이 열심히 일하는 모습을 서술하고 있다. 이것은 시에 담겨 있는 시적 정취를 느낄 수 있는 그림으로, 한 해가 끝나가는 무렵 농사일이 한가할 때 농민들이 함께 모여 잔치를 즐기는 것을 묘사하였다.

주(周)나라 민족의 서사시

학자들은 보통 『시경』의 '서사시로서의 품격'에 주목하여 「대아(大雅)」에 속하는 시편들을 추앙했다. 「대아」의 '생민(生民)', '공유(公劉)', '면(綿)', '황의(皇矣)', '대명(大明)' 등 5편은 바로 주나라 민족의 서사시로 간주되어 왔다.

서양에서 '서사시'의 개념은 최초로 아리스토텔레스에서 시작되었다. 대표적 서사시는 호메로스(Homeros)[1]의 『일리아드』와 『오디세이』다. 시의 체재 면에서 '대아'의 5편을 호메로스의 서사시와 함께 논할 수는 없다. 그러나 민족 기원 시기의 영웅 신화와 전설, 역사 고사들을 운문 형식으로 서술하고 있어 서사시로서의 품격을 갖추고 있다. 그 내용을 살펴보면, 주나라 민족이 부족 시대에서 출발하여 은

상(殷商)[2] 과의 전쟁에서 승리한 이야기를 서술하고 있다.

이 시편들은 주나라 민족의 서사시로, 선왕(先王)들의 형상은 각각의 특징이 있다. 후직(后稷)은 농사짓는 일에 뛰어나며 공유(公劉)는 꾸밈이 없고 정직하다. 고공단보(古公亶父)는 선견지명이 있고 창조력이 뛰어나며, 문왕은 아름다운 덕이 천하에 널리 알려졌고 무왕은 무공으로 천하를 평정했다. 이 시편들은 주나라 초기에 쓰였는데 이미 그 이전에 오랫동안 전해져 내려왔으며, 신화의 영향을 벗어나지 못하여 세계에 대한 천진난만한 상상으로 자신의 조상을 반인반신(半人半神)으로 형상화했다.

'생민'은 주나라 민족의 시조인 후직의 생애를 서술하고 있다. 후직의 어머니 강원(姜嫄)은 '상제의 발자국 중에서 엄지발가락을 밟자 마음이 기뻐서 쉬어 머물렀다. 곧 아기를 배고 신중히 하여 후직을 낳았다(履帝武敏歆, 攸介攸止, 載震載夙)'고 한다. 강원은 들판을 거닐다가 땅바닥에 찍힌 커다란 발자국을 보고 호기심이 생겨 발로 밟으니 마음속에 어떤 떨림이 느껴졌다. 그 후 그녀는 임신하여 후직을 낳게 되는데 그 커다란 발자국은 사실 신의 발자국이었다.

동정녀가 신에게 감응하여 수태하는 이야기는, 서양에서는 예수 탄생 이야기를 단연 최고로 꼽는다. 예수가 탄생했을 때 천사들이 날아와 축하했으며 그의 부모는 그를 싫어하지 않았다. 그러나 후직이

주나라 초기 도읍지이며 서주의 중요 유적지다.

주나라 시조 후직(后稷)

출생한 후 그의 어머니는 내력을 알 수 없는 아이를 처음부터 불길하게 생각하여 내다 버리려고 했다. 먼저 그를 길거리에 내버려 소나 양에게 밟혀 죽기를 바랐으나 소와 양은 아주 조심스럽게 아이를 돌아서 지나갔다. 다시 아이를 차가운 얼음 위에 던져두니 곧 온갖 새들이 날개로 덮어주어 얼어 죽지 않았다. 이 '천신'의 아들은 기적적으로 살아나 점차 성장했다. 후직은 성장한 후, 농사일에 뛰어나 부족 사람들에게 땅을 갈고 파종하는 법을 가르쳤으며 부족 사람들은 태(邰) 지역에 편안히 정착할 수 있었다. 후직의 증손인 돈후하고 성실한 공유는 부족 사람들을 이끌고 빈(豳) 지역으로 옮겨갔다. 이후에 문왕이 출생했을 때 주 민족은 상당히 강력한 힘을 지니고 있었다. '황의'는 문왕이 밀(密)과 숭(崇)을 친 전쟁 이야기를 서술하고 있다. '대명'에서는 무왕(武王)이 상(商)을 친 내용을 다루고 있는데 상당히 생동감이 넘친다. 이는 '적은 군사로 대군을 무찌른 전쟁'이었다. 전쟁 장면이 아주 짧은 글 속에서 화려하고도 과장되게 표현되었다.

상의 군대는 숲을 이룰 정도였다(殷商之旅, 其會如林).

송나라 마화지의 〈출거도권(出車圖卷)〉. 주나라 군대가 개선하여 돌아오는 모습을 묘사했다.

상나라의 '정규군' 병사는 그 수가 상당하여 기세등등하게 밀려와서 '많은 수로 적은 수를 제압'하는 형세였다.

목야는 널따란데(牧野洋洋),
박달나무 수레 곱기도 하고(檀車煌煌),
흰 배의 검붉은 사마는 장하기도 하네(駟騵彭彭).
태사인 태공망이(維師尙父)
마치 매가 날 듯(時維鷹揚),
무왕을 도와(涼彼武王)
상나라를 치니(肆伐大商),
전쟁을 치루는 아침은 맑고 밝았네(會朝淸明).

이 부분은 무왕의 대진 장면을 서술하고 있다. 위압적인 대군과 마주한 긴장감과 경계심, 특히 태사인 태공망의 흰 매와도 같은 씩씩하고 힘찬 모습은 바람이 초목을 쓸어버리듯 가는 곳마다 주 민족이 적을 무찔러 결국 승리를 거두리라는 것을 예고하였다.

「대아」의 이러한 시편들은 주 민족의 영웅들이 나라의 기틀을 다진 과정을 묘사한 서사시라고 분명히 말할 수 있다. 당연히 그 체제에 있어서 호메로스 서사시의 방대하고 거대한 체제와는 함께 논할 수 없다. 양자는 커다란 차이점이 있다. 호메로스의 서사시는 서사성(敍事性)이 강하고, 「대아」의 시편들은 강렬한 서정적 경향을 드러내고 있다. 호메로스 서사시의 경우, 민간의 유랑 시인들이 민간에 전파하여 구전되어 오던 것을 수시로 편집한 것이다. 주 민족의 서사시는 주나라의 사관과 악관들이 지은 것으로 종묘에서 조상들에게 제례를 올릴 때 노래로 불렀으며 기본 내용이 정해져 있는 편이었다.

시가가 추구하는 정신적인 면에 있어서도 『시경』과 호메로스의 서사시는 차이가 있다. 호메로스의 서사시는 모험과 탐험 정신으로 가

서주 시대의 천망동궤(天亡銅簋). 기물 바닥에 78개의 글자가 새겨져 있는데, 주나라 무왕이 상나라를 멸망시킨 후 '천실(天室)'에서 제례 의식을 치른 내용을 기술하고 있다.

득 차 있다. 『오디세이』는 오디세우스의 귀향을 이야기의 주된 소재로 삼았으나, 이 서사시가 그려내고자 한 것은 오디세우스의 모험 과정으로서 인간과 자연의 거친 투쟁과 모험에 대해 담고자 했다. 『시경』에서는 주나라 민족이 자연과 화해하며 공존하는 과정 중에 어떠한 방식으로 자신들만의 문명을 창조했는지를 서술하고 있다. 인간은 항상 평화롭고 화목한 시골 생활을 그리워하여 결코 자발적으로 대외적 확장을 하지 않았으니, 후에 전개되는 전쟁 역시 외부의 적을 몰아내고 가혹한 정치에 반항하던 수단에 불과했다.

1| **호메로스**(Homeros, 약 B.C. 800~B.C. 750): 고대 그리스의 시인. 유럽 문학의 최고(最古) 서사시 『일리아드』와 『오디세이』의 작자로 알려져 있다.

2| **은상**(殷商, B.C. 1600~B.C. 1046): 제17대 반경(盤庚) 시기에 나라를 상(商)에서 은(殷)으로 천도하여 은이라 불렀다. 보통 상, 혹은 은이라고 한다.

제2장 • 제자 산문(諸子散文)

* 辯士 : 말재주가 뛰어난 사람

춘추 전국 시대에 중국은 점차 전쟁과 혼란 속에 빠져들었다. '성군(聖君)이 제대로 서지 않으니 제후(諸侯)들은 나날이 방자해지고 초야에 묻힌 처사(處士)들은 의론이 분분(聖王不作, 諸侯放恣, 處士橫議)'했다. 주나라 왕실의 지위는 나날이 약해졌고 제후국들은 저마다 들고 일어나 침략 전쟁이 벌어졌으며 선비들은 각 제후국을 돌며 유세하여 자신들의 주장을 널리 펼쳤다. 이 '처사'들은 자신의 주장을 글로 남겼는데, 이것이 바로 우리가 말하는 '제자 산문(諸子散文)'이다.

선진(先秦)[1] 시대, 제자(諸子)들의 논쟁은 극렬하여 백가쟁명(百家爭鳴)의 국면을 이루었다. 제자들 가운데 어떤 이들은 정치가였고 철학가였으며 변사(辯士)* 혹은 전문학자인 경우도 있었다. 그중 일부는 자신의 학설을 선전하여 통치자가 나라를 다스리는 데 그 사상을 채용하도록 했는데 유가(儒家), 법가(法家), 묵가(墨家) 등이 이에 해당된다. 어떤 이들은 단지 정치 사회에 대한 자신의 견해를 표현하기만

전국 시대 잔치에 사용되던 청동 항아리. 표면에 육지와 바다에서의 전쟁을 묘사한 문양은 전국 시대의 전투 장면을 생동감 있게 표현하고 있다(북경 고궁 박물관 소장).

했는데 도가(道家)의 노자(老子)와 장자(莊子)가 대표적이다. 이때는 중국 역사상 정신이 자유롭게 표출되고 인성의 해방이 가장 완벽하게 이루어졌던 시기로, 그리스 철학의 황금시대와 쌍벽을 이룰 만한 시대였다.

이 시대는 지혜로운 자의 시대여서 모든 난제들에는 통일된 답안이 없었다. 각 제후국의 행보, 정치와 인심의 귀추에 대해 제자들은 각각의 견해를 지니고 있었다. 일부 학파들은 자신들의 사상을 군주가 수용하도록 하기 위해 여전히 논쟁을 벌였다. 시가는 서정적이기 때문에 이 시기에는 이치를 따지는 내용의 산문이 제자들에 의해서 고도로 발전할 수 있었다. 제자의 산문들은 문채가 뛰어나고 아름다운 기풍을 지녔으며 치밀한 철학적 사고를 갖추었다. 생동감 있는 비유와 치솟는 상상력이 있으며 인간에 대한 깊은 관심도 드러냈다. 그중 유가와 도가의 문학적 성취가 가장 높다.

『노자(老子)』

『노자』는 『도덕경(道德經)』이라고도 하며 노자가 지었다고 전해진다. 노자는 도가의 창시자로 성은 이(李), 이름은 담(聃)이다. 춘추 시대 초(楚)나라 사람으로 B.C. 470년 전에는 출생한 것으로 보여진다. 노자는 '사(士)' 계층에 속했으며 '무위하나 자연히 변화하고 고요하나 저절로 곧게 된다(無爲自化, 淸靜自正)'라고 주장했다. 『도덕경』은 모두 81장으로 구성되어 있으며 상편인 「도경(道經)」과 하편인 「덕경(德經)」으로 나누어져 있다.

노자는 의식 있는 철학가로 『도덕경』은 모두 5,000자로 이루어졌는데 '도(道)'라는 글자가 문장 속에서 70여 차례 등장한다. '도'는 가장 먼저 노자에 의해 철학의 최고 범주가 되었다.

"도를 도라고 말하면 영원한 도가 아니다(道可道, 非常道)."

'도'는 우주 생성의 근원이므로 『도덕경』은 춘추 시대 중화 민족의

노자

사유와 추론 능력이 최고 수준에 도달했다는 것을 반영하고 있다.

동시에 노자는 소박한 자연주의자다. 그는 '천도무위(天道無爲)'를 주장하며 인간 세상은 마땅히 '천도(天道)'에 순응해야 한다고 보았고, '무위이치(無爲而治)*'와 '소국과민(小國寡民)**'을 정치 이상으로 삼았다. 노자의 관심은 인류 사회의 분쟁을 어떻게 해소할 것인가, 인간의 행위를 어떻게 해야만 '도'의 자연성과 자발성을 본받을 것인가, 정치권력이 백성의 생활에 간섭하지 못하게 할 방법은 무엇인가에 집중되어 있었다. 그가 추앙한 '성인의 다스림(聖人之治)'은 다음과 같다.

"능력 있는 자를 높이지 않아서 백성들이 공명을 다투지 않게 하고 얻기 어려운 재물을 귀하게 여기지 않아서 백성들이 도둑질하지 않게 하며, 욕심낼 만한 것을 보이지 않아서 백성들이 문란함에 빠지지 않게 한다. 그러므로 성인의 다스림은 마음을 비우게 하고 배를 채우며 뜻을 약하게 하고 뼈를 강하게 하여 항상 백성들이 무지무욕하게 한다(不尙賢, 使民不爭, 不貴難得之貨, 使民不爲盜, 不見可欲, 使民心不亂. 是以聖人之治, 虛其心, 實其腹, 弱其志, 强其骨, 常使民無知無欲)."

'성인'은 도가에서 인정하는 최고의 이상적인 인물로 그 인격은 유가의 '성인'과 완전히 다르다. 유가의 성인은 모범적인 도덕인(道德人)이다. 도가의 성인은 자연을 체득하고 내재된 생명을 확장하여 '비워냄과 고요함(虛靜)', '다투지 않음(不爭)'을 이상적 생활로 삼는다.

노자의 '무위(無爲)'는 제멋대로 일을 행하지 않고 애써 사리사욕을 꾀하지 않으며 자신의 모든 생각과 헤아림을 버려 천지자연의 이치에 따라 행하는 것이다. 그러나 『노자』의 내용을 들여다보면 그 사상이 완전히 통일되지는 않았다. 말이 많은 것을 경계하나 때로는 분노의 언사도 드러내며, 무위를 숭상하나 여전히 천하를 다스리고자 했

* **無爲而治**: 인위적인 잣대를 가하지 않고 자연스럽게 두어야 세상이 잘 다스려져서 평온해진다는 의미이다.

** **小國寡民**: 노자는 나라가 작으면서 백성이 적은 국가를 이상적인 국가로 보았다.

다. 또한 다음과 같이 격분을 드러내는 부분도 있다.

“대도가 사라지자 인의가 생겼고, 지혜가 나타나자 큰 거짓이 생겼다. 육친이 불화하면서 효와 자애로움이 생겼고 나라가 혼란해지자 충신이 생겨났다(大道廢, 有仁義. 智慧出, 有大僞. 六親不和有孝慈, 國家昏亂有忠臣).”

노자는 형이상학적인 ‘도’는 절대적이고 영원하며 형이하학적인 일체의 것들은 모두 상대적이며 변화한다고 생각했다.

“있고 없음은 서로를 낳고 어렵고 쉬움은 서로를 만들며 길고 짧은 것은 서로를 드러내고 높고 낮은 것은 서로를 보이게 하고 악기 소리와 목소리는 서로 조화를 이루고 앞과 뒤는 서로를 따르니 항상 그러한 것이다(有無相生, 難易相成, 長短相形, 高下相盈, 音聲相和, 前後相隨, 恒也).”

이러한 상대주의는 『노자』의 또 다른 주도적 사상이다. 역설적으로 이 말은 노자의 집착과 그가 완전히 ‘무위’할 수 없음을 여실히 드러내고 있다. 있고 없음에 대해 말하고 긴 것과 짧은 것을 구별하며 흰색과 검은색을 구별하는 것은 내심 여전히 천하를 염두에 두고 있다는 증거이기도 하다.

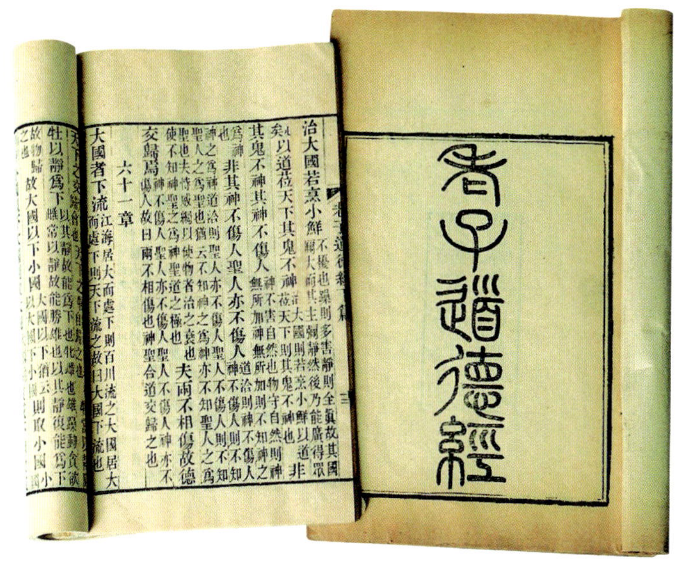

『도덕경』 본문

송나라 조보지(晁補之)의 〈노자기우도(老子騎牛圖)〉. 노자는 주나라 왕실이 기울고 나라가 망하려 하자 푸른 소를 타고 함곡관(函谷關)을 빠져나가 멀리 떠나서 그 종적을 알 수 없다(북경 고궁 박물관 소장).

『도덕경』은 언어 풍격상 간결하고 뛰어나며 위에서 인용한 '유무상생(有無相生)' 등과 같은 부분은 통속적이며 생동감 있는 격언이다. 이 외에 여전히 『시경』처럼 운율 변화가 풍부하고 생동감 있는 부분도 볼 수 있다.

"그 수컷을 알면서도 그 암컷됨을 지키면, 천하의 계곡이 될 것이니, 천하의 계곡이 되면 영원한 덕이 떠나지 않아 갓난아기로 되돌아갈 것이다. 그 흰 것을 알면서도 그 검은 것을 지키면 천하의 모범이 될 것이니, 천하의 모범이 되면 영원한 덕이 어긋나지 않아 끝없는 무극으로 되돌아갈 것이다(知其雄, 守其雌, 爲天下谿. 爲天下谿, 常德不離, 復歸於嬰兒. 知其白, 守其黑, 爲天下式, 爲天下式, 常德不忒, 復歸於無極)."

이 부분의 대략적인 의미는 다음과 같다. '굳세고 강하며 남성적이면서도 도리어 부드럽고 정적이며 겸손하고 자신을 낮추는 태도를 유지할 수 있는 것은 마치 자신이 자연스럽게 흐르는 계곡의 시냇물과 같기 때문이며 기꺼이 자연스럽게 흐르는 계곡의 시냇물이 되면 영원히 변치 않는 덕이 사라지지 않아 갓난아기처럼 순수하고 소박한 상태로 되돌아갈 수 있다. 그리고 빛이 있음에도 오히려 어두운 상태를 유지할 수 있는 것은 자신이 점치고 예측할 수 있는 도구와 같기 때문이며 기꺼이 점치고 예측할 수 있는 도구가 되면 영원한 덕에서 벗어나지 않고 최후의 진리 상태로 되돌아갈 수 있게 된다'는 것이다.

『논어(論語)』

노자의 학설이 지향하는 것은 '무위이치(無爲而治)'의 출세(出世) 사상이다. 공자(孔子)[2]는 노자와 견해를 달리한다. 그는 고대 요(堯), 순(舜), 문왕(文王), 무왕(武王) 시대를 이상 사회로 인식하고 온힘을 다해 자신의 학설로 각국의 지도자들에게 영향력을 발휘하여 혼란한 세상을 고대의 맑고 깨끗한 정치 상태로 되돌리고자 했다.

공자

공자는 이름이 구(丘), 자(字)가 중니(仲尼)이며 노(魯)나라 사람이다. 일찍이 노나라에서 사공(司空)*과 사구(司寇)**를 역임했다. 만년에는 학교를 열어 3,000여 명의 제자를 길러냈으며, 그중 72명이 특히 유명하다. 공자는 '전통 문화를 배워 전하기는 하되 창작하지는 않았으며(述而不作)', 만년에 노나라로 돌아온 후 전심전력을 다하여 상고(上古) 시대의 문학과 서적을 편찬했다. 『상서(尙書)』[3], 『시경(詩經)』, 『주역(周易)』[4], 『춘추(春秋)』[5], 『예(禮)』[6], 『악(樂)』[7]이 이에 해당된다. 공자의 언행은 주로 제자들이 기록한 『논어(論語)』에 전해지고 있다.

『논어』는 말을 기록한 것이지만 공자의 형상이 상당히 선명하게 나타나 있다.

"선생님은 풍모가 있으시고 하시는 말씀마다 격언이 넘쳐난다(夫子風采, 溢於格言)."

공자는 어렸을 때 상당히 가난하고 비천한 생활을 했다. 성장한 후 사공(司空)이 되었으나 관직을 그만두고 노나라를 떠나 여러 제후국들을 주유(周游)했다.

"제나라에서 배척당해 송나라와 위나라로 가게 되고 진나라와 채나라 사이에서 곤란에 빠졌다(斥乎齊, 逐乎宋衛, 困於陳蔡之間)."

공자는 제자들을 이끌고 여러 제후국들을 다니며 고통스럽고 어려운 상황에 처하기도 했다.

"두려워하는 것이 마치 상갓집 개와도 같았다(惶惶如喪家之犬)."

그러나 공자는 일생 동안 뜻을 이루지 못한 것에 대해 전혀 후회하지 않았다. 그는 항상 열심히 노력하여 옛 성인들을 본받으려 했고 결국 뛰어난 학문을 이루었다. 중국에서 가장 뛰어난 역사가인 한나라 사마천은 『사기』의 「공자세가(孔子世家)」에서 이렇게 언급하였다.

"공자의 글을 읽어보고 그 사람됨이 얼마나 위대한지 상상할 수 있었다(讀孔氏書, 想見其爲人)."

"높은 산은 우러러보고 큰 길은 따라간다(高山仰止, 景行行止)."

* **司空**: 국토를 관장하는 벼슬

** **司寇**: 나라의 법을 다스리는 벼슬

"비록 그 경지에 이르지는 못한다 할지라도 항상 마음으로는 그를 동경한다(雖不能至, 然心向往之)."

이는 한나라 이후 공자에 대한 중국 지식인들의 기본적 태도를 보여준다. 『논어』는 공자의 언행을 기록하고 있다. 그 문장이 간결하고 깔끔하며 언어는 온화하고 부드러우면서 의미심장하다. 공자의 핵심 사상은 '인(仁)'과 '예(禮)'이며 우선적으로 지배 계층을 겨냥하여 사상을 토로하고 있다.

"자기가 하고자 하지 않는 것을 남에게 행하지 말아야 한다. 나라 안에(在邦) 원망하는 소리가 없으면 집 안에서도(在家) 원망하는 소리가 없을 것이다(己所不欲, 勿施於人. 在邦無怨, 在家無怨)."

위에 언급된 '재방(在邦)'은 제후(諸侯)를 말하고, '재가(在家)'는 경대부(卿大夫)를 의미한다. 통치자에 대한 공자의 요구 사항을 분명히 드러낸 부분이다.

'인'은 '자신을 극복하고 예로 돌아가는 것(克己復禮)'이며, '남을 사랑하는 것(愛人)'이고, 스스로를 단속하여 '예'라는 정해진 길로 돌아가는 것이다.

"예가 아니면 보지도 말고, 예가 아니면 듣지도 말며, 예가 아니면 말하지도 말고, 예가 아니면 움직이지도 말라(非禮勿視, 非禮勿聽, 非禮勿

당나라 때 필사본으로 정현(鄭玄)이 주(注)를 단 『논어』(일부분)

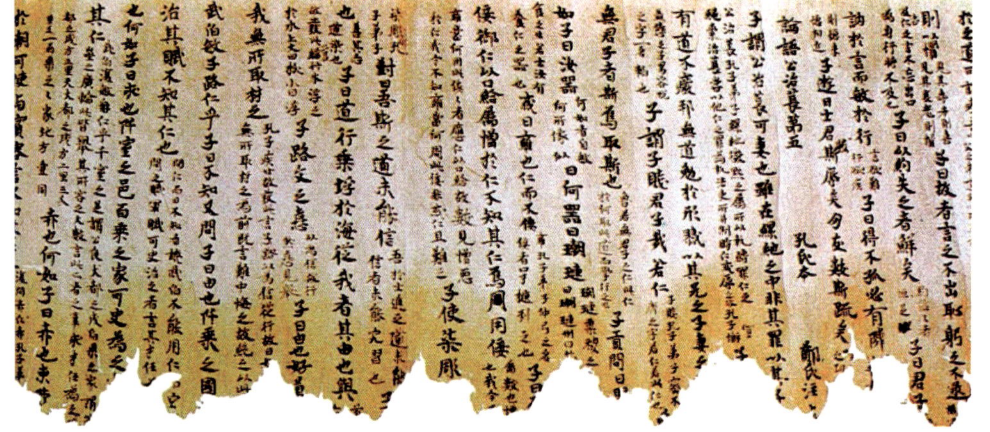

명(明)나라의 〈성적도(聖迹圖)〉(일부분). 이 그림은 공자가 여러 제후국을 주유하고 다시 노나라로 돌아와 시서를 편찬하며 제자들을 가르치던 생활의 단편들을 묘사하였다.

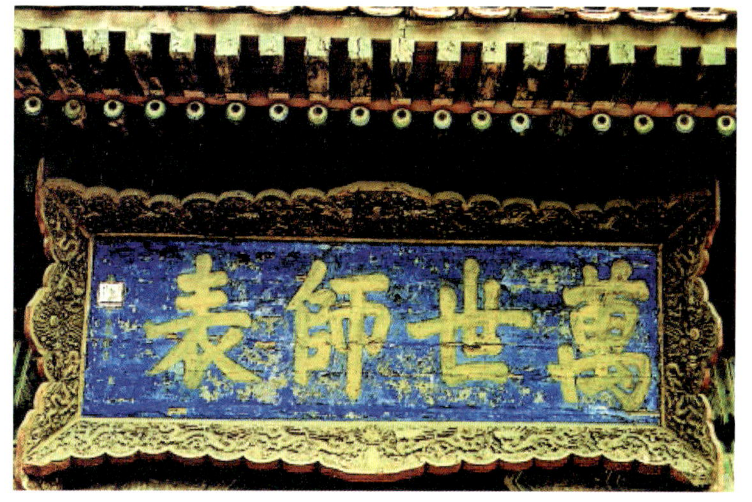

공자의 교육 사상은 '가르치는 데 신분의 차이를 두지 않는다(有敎無類)'와 '각자 재능에 따라 교육한다(因材施敎)'이다. 이러한 교육 사상은 중국 역사상 중요한 기반이 되었다. 청(淸)나라 강희제(康熙帝)는 북경에 있는 공묘(孔廟) 대성전(大成殿) 편액에 '만세사표(萬世師表)'라는 글을 썼다. 여기서 성인 공자에 대한 후대 제왕들의 존경과 숭배를 엿볼 수 있다.

言, 非禮勿動)."

'예'는 제도이면서 규범이기도 하다.

"도로써 이끌고 예로써 다스리면 부끄러움을 알게 되고 정치의 목적에 도달하게 된다(道之以德, 齊之以禮, 有恥且格)."

이 부분에서는 백성들이 '예'와 '덕'으로 이루어진 도덕 교육을 받아야만 정확한 영욕관(榮辱觀)*을 갖게 될 것이라고 보았다.

『논어』는 말을 기록한 것이지만, 인물 형상에 있어서도 살아 있는 것처럼 생동감 있게 표현하고 있다. 공자가 가장 총애한 제자 안연(顔淵)[8] 의 형상에 대해 공자 자신이 찬탄했던 것은 오랜 세월 전해져 왔다.

"어질도다, 안회여! 한 그릇의 밥과 한 표주박의 마실 것으로 누추한 골목에 살고 있으면서도 남들은 그 근심을 견뎌내지 못하지만 안회는 그 즐거움을 고치지 않으니 어질도다, 안회여(賢哉, 回也! 一簞食, 一瓢飮, 在陋巷, 人不堪其憂, 回也不改其樂. 賢哉, 回也)!"

안연은 공자 제자들 중에서 가장 배우는 것을 좋아했으며 고상한 인품의 소유자였다.

"노여움을 옮기지 않으며 두 번 다시 잘못을 저지르지 않는다(不遷怒, 不貳過)."

* 榮辱觀: 영예와 부끄러움에 대한 관념

그러나 애석하게도 안연은 단명했다.

공자의 다른 제자들도 각자 특색을 지녔다. 자로(子路)[9]는 솔직한 성격이었고 자공(子貢)[10]은 언변이 뛰어났으며 증석(曾晳)[11]은 세속적인 것에 얽매이지 않았다.

"자로는 씩씩하여 적극적이었고 염유(冉有)[12]와 자공은 분명하고 명확했다(子路, 行行如也, 冉有, 子貢, 侃侃如也)."

'행행(行行)'은 강건한 모습을 나타내고 '간간(侃侃)'은 말이 유창한 것을 나타낸다.

그들의 개성은 『논어』의 「선진(先進)」편에 잘 나타난다. 자로, 증석, 염유, 공서화(公西華)가 공자를 모시고 앉아서 스승의 질문에 각각 대답했는데 각각의 개성이 생생하게 드러난다. 자로가 맨 먼저 재빨리 대답했고 가장 나중에 대답한 사람은 증석이었다.

"늦봄에 봄옷이 이미 이루어지면 관을 쓴 사람 5~6명과 동자 6~7명과 기수에서 목욕하고 무우에서 바람 쐬고 노래하면서 돌아오겠습니다(莫春者, 春服旣成, 冠者五六人, 童子六七人, 浴乎沂, 風乎舞雩, 咏而歸)."

이 부분은 봄이 끝나갈 무렵 5~6명의 어른과 6~7명의 아이들을 함께 이끌고 기수에서 목욕한 후 무우에서 바람도 좀 쐰 연후에 노래 부르며 돌아오겠다는 것이다. 증석의 대답을 들은 공자는 '나는 점(點)과 같이 하겠다' 하며 증석의 생각이 자신과 가장 가깝다는 것을 드러냈다. 그러나 공자는 개인적 사명감으로 평생 바쁘게 뛰어다니며 생활한 인물이었다.

『논어』는 최초로 어록체(語錄體)를 창조하여 후대에 큰 영향을 끼쳤다. 『논어』의 언어는 구어체에 가까우며 대부분 짧은 문장으로 이루어져 있고 문체와 표현이 간명하고 생동감 있다. 이런 경향이 바로 어록체의 특징이라 할 수 있으며, 『맹자』, 『묵자』, 『장자』에도 어록체가 출현했다. 송나라에 와서 어록체가 더욱 발전하여 이학가(理學家)들은 대부분 이러한 어록체를 사용했다. 정호(鄭顥)와 정이(鄭頤)의

『이정어록(二鄭語錄)』, 주희(朱熹)의 『주자어류(朱子語類)』는 상당히 유명한 어록체 작품이다.

『맹자(孟子)』

맹자(孟子)[13]는 이름이 가(軻)이며 추(鄒)[14] 지역 출신이다. 일찍이 공자의 적손인 자사(子思)에게 학문을 배워 그의 학설은 위로는 공자를 계승하여 유가 사상을 널리 알렸다고 할 수 있다. 맹자는 자신이 처한 시대의 '왕래가 빈번하고 번화하나 모두 이익을 위해 찾아오는(熙熙攘攘, 皆爲利來)' 상황에 대해 깊이 걱정하고 고민했다. 또 상고 시대 요 임금과 순 임금의 덕을 칭송하며 인의(仁義)를 천하의 근본으로 삼았다. 맹자는 우선 집에서 학당을 열었고 '군자에게 세 가지 즐거움이 있는데, 그중 하나가 천하의 영재를 얻어 교육시키는 것'이라고 말하기도 했다.

그 뒤에 여러 제후국을 돌아다니며 제(齊) 선왕(宣王)과 양(梁) 혜왕(惠王)을 만났다. 그러나 당시 전국 시대의 상황은 '자국의 군사력을 강하게 하여 서로 침략하는 형세'여서 군주들은 권모술수를 중시했다. 결국 맹자 역시 공자와 마찬가지로 그의 사상이 각국 통치자에게 받아들여지기 어려운 상황이었다. 그의 사상은 오히려 현실 상황과는 동떨어진 것으로 인식되었다.

맹자

『맹자』는 맹자 자신이 저술했으며 그의 제자들이 기술한 부분도 있다. 책의 전반적 기풍은 일치하는 편이며 문장은 날카롭고 말재주(辯才)가 뛰어나다.

맹자는 사람의 본성이 선하다고 보았으며 인간에게는 사단(四端)이 있다고 했다.

"남의 어려움을 보고 측은하게 여기는 마음은 인의 기초가 되고, 다른 사람의 잘못된 행위를 보고 부끄러워하거나 미워하는 마음은 의의 기초가 되며, 남에게 사양하고

송나라의 〈맹모교자도(孟母敎子圖)〉. 맹자의 모친은 맹자가 어렸을 때 그의 교육을 위해 세 차례나 이사했다. 그러한 모친의 엄격한 교육으로 마침내 맹자는 중국 고대의 유명한 사상가이자 교육가가 될 수 있었다.

양보하는 마음은 예의 기초가 되며, 옳고 그름을 가리는 마음은 지의 기초가 된다(惻隱之心, 仁之端也. 羞惡之心, 義之端也. 辭讓之心, 禮之端也, 是非之心, 知智之端也).”

그는 사람의 본성은 원래 선하므로 인간을 다룰 때 본성에 내재된 선한 경향을 이끌어내야 하고, 정치하는 자는 인간의 선한 경향을 억압해서는 안 된다고 보았다.

“사람에게 인의예지의 사단이 있는 것은 사지를 가지고 있는 것과 같으니, 이 사단이 있으면서도 스스로 인의를 행할 수 없다고 말하는 자는 스스로를 해치는 자다(人之有是四端也, 猶其有四體也, 有是四端而自謂不能者, 自賊者也).”

사람은 자신의 자연스러운 본성을 발휘해야 가족과 화목하게 지낼 수 있고 더 나아가 타인이나 사회와도 조화롭게 살아갈 수 있는 것이다.

전통 산문의 입장에서 살펴보면 『맹자』는 『논어』의 문장처럼 깔끔하고 간결하지는 않다. 『맹자』의 문장도 대화체로 이루어졌지만 대부분 장편의 명론(名論)이다. 논변(論辯) 부분은 정성을 기울여 구상했고 문장 기풍은 기세가 있고 엄격하며 변사(辯士)의 색채가 분명히 드러난다. 맹자는 일찍이 '내 어찌 변론을 좋아하겠는가, 부득이하기 때문이다'라고 자조하기도 했다. 널리 왕도(王道)를 행하기 위해 그는 논변 중에 끊임없이 반복적으로 자신의 주장을 내세웠다.

『맹자』 제1편 '양(梁) 혜왕(惠王)'의 제1장은 제1편 전체, 심지어는 책 전체의 근간을 이룬다. '양 혜왕'의 제1장은 바로 변론으로 시작된다. 맹자가 양 혜왕을 만나니, 양 혜왕은 이 한마디를 던졌다.

"장로께서 천리를 멀다 여기지 않으시고 이렇게 오셨으니, 또한 장차 우리나라에 이익될 만한 것이 있겠습니까(叟不遠千里而來, 亦將有以利吾國乎)?"

맹자를 대면한 왕은 입을 열자마자 '이익'에 대해 물었다. 양 혜왕이 말하는 '이익'은 양나라에 유익한 부국강병의 '이익'이다. 그러나 맹자는 여전히 '인의'를 강조하며 대답했다.

"왕은 하필이면 이익에 대해서 말씀하십니까, 역시 인의가 있을 뿐입니다(王何必曰利, 亦有仁義而已矣)."

맹자는 계속해서 대구(對句)의 방식으로 가설을 세웠다. 만약 왕께서 '어떻게 해야 우리나라를 이롭게 할까(何以利吾國)' 하는 문제에 관심을 갖는다면, 대부는 '어떻게 우리 집안을 이롭게 할까(何以利吾家)' 하는 문제에 관심을 갖게 되고 선비나 백성들은 '어떻게 내 몸을 이롭게 할까(何以利吾身)' 하는 것에 관심을 두게 되니, 각자 가장 절실한 이익을 추구하여 아마도 '상하가 서로 이로움을 다투는(上下交爭利)' 상황이 전개되어, 상하가 서로 상대방에게서 이익이 될 만한 것을 빼앗아 오게 되므로 나라가 위태로워진다고 보았다.

양 혜왕은 비로소 입을 열어 맹자가 말하는 '이익'이 무엇인지 질문했다. 맹자는 몇 마디로 대답하여 자신의 '인의'를 역설했다. 이는 대구와 연속적 기세로 상대를 설득하려는 노력을 보여준다. 게다가 맹자는 문답법을 사용하여 소크라테스식의 지혜를 드러냈다. 맹자는 정치에 있어서 왕도 정치를 행해야 한다(行王道)고 주장하였다.

"실제로는 무력으로 해나가면서 인정(仁政)을 하는 듯이 꾸미는 것은 패도 정치다. 패도 정치를 하려면 반드시 큰 나라가 있어야 한다. 덕으로 인정을 베푸는 것은 왕도 정치다. 왕도 정치를 하는 데 반드시 큰 나라가 있을 필요는 없다. 탕 임금은 불과 사방 70리(약 27km)의 땅을 가지고 왕도 정치를 했고 문왕은 사방 100리(약 39km)의 땅을 가지고 왕도 정치를 했다(以力假仁者霸, 霸必有大國. 以德行仁者王, 王不待大, 湯以七十里, 文王以百里)."

맹자 자신의 핵심 사상은 바로 '백성을 가장 귀하게 여기고 사직이 그 다음이며 군주는 가장 가볍게 여겨야 한다(民爲貴, 社稷次之, 君爲輕)'는 것이다. 이는 당시 역사적 상황에서 강렬한 민주적 색채를 띠고 있지만 각 제후국들에게 받아들여지지 않았다. 그래서 맹자는 자신의 이상 속에 존재하는 '왕도'의 상황을 설명한 후, 당시 각국이 '패도(霸道)'를 행한 후의 심각한 폐해를 격렬하게 비판했다.

양 혜왕이 '과인이 마음을 편안히 하여 가르침을 받고자 합니다(寡人愿安承教)'라고 의사 표시를 한 후, 맹자는 양 혜왕과 대화를 시작했다.

맹자가 물었다.

"몽둥이로 사람을 죽이는 것과 칼날로 죽이는 것이 차이가 있습니까?"

"차이가 없습니다." 왕이 대답했다.

"칼날로 죽이는 것과 정치로 죽이는 것은 차이가 있습니까?"

"차이가 없습니다." 왕이 대답했다.

그러자 맹자가 말했다.

"왕의 주방에는 기름진 고기가 있고 마구간에는 기름진 말이 있는데, 백성은 굶은 기색이 역력하고 들판에는 굶어죽은 시체가 널려 있다면 이는 짐승을 몰아다 사람을 잡아먹게 하는 것입니다."

맹자는 일찍이 이런 말을 한 적이 있다.

"부귀함에 아첨하지 않고 빈천에 이끌려 다니지 않으며 권세와 무력에 비굴하지 않으면 이를 대장부라 말한다(富貴不能淫, 貧賤不能移, 威武不能屈, 此之謂大丈夫)."

맹자는 이 문장을 통해 위대한 선비의 모습을 드러내고 있다. 그는 사람의 선량한 본성을 인정했으며 자신의 본성에 대해서도 자신감에 가득 차서 '대인은 갓난아기 본연의 마음을 잃지 않은 자이다(大人者, 不失其赤子之心者也)', '나는 나의 호연지기를 잘 기른다(吾善養吾浩然之氣)'라고 언급했다. 만약에 자신의 마음속에 하나의 기준이 분명히 정립되어 있다면, 즉 '스스로 돌아보아서 정직하다면 비록 수천만의 사람과 대적하게 되더라도 나는 앞으로 나아갈 것이다(自反而縮, 雖千萬人吾往矣)'라고도 하였다. 이는 자신의 양심에 비추어 조금도 그릇됨이 없다면 설사 수많은 사람들이 자신을 가로막는다 해도 여전히 앞으로 전진하겠다는 의미다.

맹자는 비유적 표현에 뛰어나서 '말이 절박하지는 않지만 의미하는 바에는 미리 도달해 있다(辭不迫切, 而意已獨至)'라고 평할 수 있다. '오십보소백보(五十步笑百步)*'와 '알묘조장(揠苗助長)**' 등은 모든 사람들에게 익숙한 성어로 비유적 표현이 아주 뛰어나다.

『장자(莊子)』

장자(莊子)[15]는 이름이 주(周)이며 전국 시대 송나라 몽(蒙)[16] 지역 출신이다. 일찍이 몽에서 칠원리(漆園吏)***를 지냈다고 한다. 그는 양혜왕, 제(齊) 선왕(宣王)과 동시대 사람이다. 그의 일생에 대해 알려진 바는 거의 없어 사마천의 『사기』에 짤막한 소개가 있을 뿐이다. 그러나 장자가 남긴 저술은 그의 사상을 이해하기에 충분하다. 지금 우리

* **五十步笑百步**: 전쟁을 할 때, 오십 걸음을 후퇴한 사람이 백 걸음을 후퇴한 사람을 비겁한 자라고 비웃은 데서 유래된 말로 이치에 맞지 않는 행동에 대한 비유다.

** **揠苗助長**: 송나라 사람이 자신이 파종한 곡식이 빨리 자라게 하려고 덜 나온 싹을 조금씩 뽑아 올렸다는 고사에서 유래된 말로 순리를 거스르는 행위를 비유한다.

*** **漆園吏**: 칠원은 지명이라는 설도 있고 귀족의 동산이라는 설도 있다. 칠원리는 산림을 관리하는 일과 관계있는 말단 관직이다.

가 볼 수 있는 『장자』는 33편으로 구성되어 있으며, 내편(內篇), 외편(外篇), 잡편(雜編)으로 나누어져 있다. 이 중에서 내편 7편은 일반적으로 장자의 작품으로 인정하며 외편과 잡편 중에도 그의 사상과 일치하는 작품들이 적지 않게 들어 있다.

장자는 문학 형식으로 도가의 철학 사상을 풀어 나갔다. 『장자』라는 책은 내용이 기이하고 언사가 가지런하지 못하며 상당히 웅대하여 다른 제자서와 비교했을 때 상당히 복잡하고 신비하며 미학적 가치가 있다. 그래서 『장자』는 중국 문학의 '낭만주의' 사조를 열었다고 보는 것이다. 정치나 통치에 대한 영향력은 그다지 큰 편이 아니지만 중국 지식인의 인격 형성에 적지 않은 영향을 끼치기도 했다. 장자는 절대적인 정신의 자유를 추구하여 '지인에게는 사심이 없고 신인에게는 공적이 없으며 성인에게는 명예가 없다(至人無己, 神人無功, 聖人無名)'고 여기고 이를 이상적인 인격으로 보았다. 즉 도덕적이고 고상한 '거인(巨人)'만이 자신을 잊는(忘我) 경지에 이를 수 있고 정신세계가 물질세계를 초월한 '신인(神人)'은 공을 따지지 않으며 수양을 하여 완벽하고 아름다운 '성인(聖人)'은 명예와 높은 지위를 추구하지 않는다고 생각했다. 그의 문장에는 상당히 광활한 정신세계와 강건한 정신적 힘이 담겨 있다.

장자의 산문은 광대하고 끝없는 공간을 묘사한다.

장자

"북녘 바다에 물고기가 있는데 이름을 곤(鯤)이라 한다. 곤의 크기는 몇천 리나 되는지 알 수 없다. 이 물고기가 변해서 새가 되면 그 이름을 붕(鵬)이라 한다. 붕의 등 넓이는 몇천 리나 되는지 알 수 없다. 힘차게 날아오르면 그 날개는 하늘 가득 드리운 구름과 같다. 이 새는 바다 기운이 움직여 큰 바람이 일 때 그것을 타고 남쪽 바다로 날아가려 한다. 남쪽 바다는 바로 천지다(北冥有魚, 其名爲鯤. 鯤之大, 不知其幾千里也. 化而爲鳥, 其名爲鵬. 鵬之背, 不知其幾千里也. 怒而飛, 其翼若垂天之雲. 是鳥也, 海運則將徙於南冥. 南冥者, 天池也)."

그 크기가 수천 리나 되는 거대한 물고기 곤은 힘차게 날아올라 높은 하늘을 비행하는 붕으로 변하며 쫙 펼친 날개는 하늘의 구름과 같다. 장자가 숭상하는 인간의 정신세계는 비상하는 커다란 새와 마찬가지로 속세를 벗어난 세계에서 노닐면서 홀로 천지의 정신과 왕래하지만 천지만물에는 머물지 않는다.

청나라 광서제(光緖帝) 때 간행된 『장자』

개체적 형태에 있어서 막고야산(邈姑射山)의 신선은 '그 피부는 얼음이나 눈처럼 희고 그 몸매는 처녀처럼 부드러우며(肌膚若氷雪, 綽約若處子)', '구름을 타고 용을 몰아 천지 밖에서 노닌다. 정신이 한곳에 집중되면 그것으로 모든 것이 병들지 않고 곡식도 잘 익는다(乘雲氣, 御飛龍, 而遊乎四海之外. 其神凝, 使物不疵癘而年穀熟)'라고 표현했다.

또한 은자(隱者)의 경우, 남곽자기(南郭子綦)는 '책상에 기대어 앉아 하늘을 우러러 후 하고 길게 숨을 내쉬는데(隱机而坐, 仰天而噓)', 이때 그는 자기 자신을 잊는 경지에 이르는 것이며 겉으로 보기에는 고목 같으나 사실은 '하늘'의 목소리를 듣는 것이다. 그리고 마음이 물질의 부림을 받는 사람들은 이러하다.

"훌륭한 지혜는 한가하고 너그럽지만 보잘 것 없는 잔꾀는 사소한 일을 따지려 한다. 훌륭한 말은 담담하지만 쓸데없는 말은 수다스럽고 시끄럽다. 인간은 잠들면 꿈을 꾸어 마음이 쉴 새가 없고 깨어나면 육체가 활동하여 쉴 사이가 없다. 그들은 서로의 교제에서 분쟁을 일으키고 날마다 싸움을 하여 속을 썩인다(大知閑閑, 小知間間, 大言炎炎, 小言詹詹. 其寐也魂交, 其覺也形開, 與接爲構, 日以心鬪)."

훌륭한 지혜는 드넓지만 작은 지혜는 자잘하며 훌륭한 말은 그 기세가 남을 능가하고 쓸데없는 말은 논쟁이 끊이지 않게 한다. 게다가 잠을 잘 때는 정신이 혼란하고 깨어나면 육체가 편치 않으며, 밖에서 다른 사람과 왕래하면서 분쟁을 야기하여 하루 종일 아귀다툼을 하게 된다는 것이다.

장자는 인간 생명에 대한 존중에서 출발하여 감각 기관의 예민함을 회복했기 때문에 만물의 미세한 움직임을 체득할 수 있었다. 즉 자연만물의 웅대함과 그 미세한 움직임을 세심하게 살필 수 있었다. 그의 문장은 상상력이 풍부하고 뛰어나다. 『시경』 시대의 사람들은 주로 자신을 감싸고 있는 주변 생활과 자신의 생활과 관련 있는 세상 만물에 대해 관심을 가졌다. 즉 앞에서 『시경』에 대해 이야기할 때 언급한 적이 있던 '공리주의'는 자연을 취한 것이다. 그러나 『장자』에서 '자연'은 '물(物)'의 의미로 사용된 것이 아니라 '영(靈)'의 의미로 인식되고 있다.

장자는 만물을 묘사할 때 항상 우언(寓言)의 형식을 취했다. 그와 동시에 그는 자연을 묘사하는 데도 상당히 세밀하고 정확했다. 그는 조수충어(鳥獸蟲魚)와 영귀대수(靈龜大樹)를 묘사했으며 풍운과 산수를 표현했다. 특히 각종 바람소리에 대한 묘사는 실로 세밀하고도 생동감 넘친다.

"무릇 대지가 내쉬는 숨결은 바람이라 한다. 그것이 일지 않으면 그뿐이지만 한 번 바람이 일면 온갖 구멍이 요란하게 울린다. 그대는 저 윙윙 울리는 소리를 듣지 못했는가? 산림 높은 봉우리의 백 아름이나 되는 큰 나무의 구멍은 코 같고 입 같고 귀 같고 옥로 같고 술잔 같고 절구 같고 깊은 웅덩이 같고 얕은 웅덩이 같다. 바람이 불면 그것이 울려서 부딪치며 물 흐르는 소리, 화살 나는 소리, 나무라는 소리, 들이키는 소리, 외치는 소리, 부르짖는 소리, 깊은 굴속에서 울려 나오는 것 같은 소리, 새가 우는 듯한 가냘픈 소리가 들린다. 앞의 바람이 휘휘 울리면 뒤의 바람이 윙윙거리며 따른다. 산들바람에는 가볍게 응하고 거센 바람에는 크게 응해서 거센 바람이 멎으면 모든 구멍이 고요해진다(夫大塊噫氣, 其名爲風. 是唯無作, 作則萬

窺怒呺. 而獨不聞之翏翏乎? 山陵之畏隹, 大木百圍之竅穴, 似鼻, 似口, 似耳, 似枅, 似圈, 似臼, 似洼者, 似污者. 激者, 謞者, 叱者, 吸者, 叫者, 譹者, 宎者, 咬者. 前者唱于而隨者唱喁. 冷風則小知, 飄風則大和, 厲風濟則衆竅爲虛)."

이는 「제물론(齊物論)」에 묘사된 '책상에 기대어 앉아(隱机而坐)' 있던 남곽자기가 나무구멍이 내는 소리를 빌어 '땅의 통소 소리, 사람의 통소 소리, 하늘의 통소 소리(地籟, 人籟, 天籟)', 즉 '삼뢰(三籟)'에 대해 담론한 것이다. '뢰(籟)'는 공허하게 울려 퍼지는 소리를 의미한다.

그는 이렇게 말한다. "산언덕 구불구불한 곳에 백 아름이나 되는 커다란 나무가 자라고 있었지. 커다란 나무 위에 갖가지 형상을 한 구멍이 있는데, 어떤 것은 사람의 코 같기도 하고 입 같기도 하고 귀 같기도 하며 또 어떤 것은 목이 긴 병 같기도 하고 술잔 같기도 하고 절구 같기도 하며 어떤 것은 깊은 못 같기도 하고 어떤 것은 얕은 못 같기도 하더군. 이 나무 구멍들이 소리를 내면 물이 거칠게 흐르는 소리가 나는 듯도 하고 새털 화살을 쏘는 듯한 소리 같기도 하며 꾸짖고 질책하는 듯한 소리 같기도 하고 호흡하는 소리 같기도 하며 고함치는 소리 같기도 하고 우는 소리 같기도 하며 깊은 계곡에서 울려 퍼지는 소리 같기도 하고 애절하게 탄식하는 소리 같기도 하더군."

이는 원래 '만물이 한 가지로 고르다'는 것을 설명하고 있다. 우리

명나라 주신(周臣)의 〈북명도(北溟圖)〉. 고대 북해에서 파도가 거칠게 이는 모습이다.

원(元)나라 유관도(劉貫道)의 〈몽접도(夢蝶圖)〉. 장자가 나비 꿈을 꾼 이야기에서 소재를 얻어 장자의 제물론(齊物論)을 완벽하게 표현해냈다.

가 만약 '문학 현상'의 각도에서 바라보면 작자가 나무 구멍의 형상과 그곳에서 울려나오는 소리를 16가지로 비유한 것은 자세히 관찰된 결과일 뿐만 아니라 감정의 투영이며 상상의 힘이라는 것을 알 수 있다.

『장자』에 등장하는 인물과 지명은 모두 사실이 아니지만 상상력이 풍부하여 문장이 웅장하면서도 아름다워서 그 문사가 여러 제자 산문을 훨씬 능가할 정도다.

또한 장자의 사유 방식은 일상적인 틀을 벗어나 파격적이다. 장자는 많은 기인에 대해 묘사했는데 그들은 바로 득도를 한 진인(眞人)들이다. '바람을 들이키고 이슬을 마시는' 신인(神人) 외에도 그는 '장인(匠人)'들을 묘사 대상으로 삼았다. 뛰어난 재주를 지닌 사람들에게 지대한 관심이 있어서, 그의 붓끝에서 형상화된 재주 있는 이들은 '도'와 상당히 가까이 있다. '포정해우(庖丁解牛)*'의 요리사 정(丁), '운근성풍(運斤成風)**'의 목수 석(石), '응신어일단(凝神於一端)***'의 곱사등이가 바로 그러한 경우다. 장자의 상상력은 항상 예상을 뛰어넘어 그의 붓끝에서 해골은 말할 줄 알았고 신체적 결함이 있는 사람은 '도'와 아주 가까운 거리에 머물러 있었다. 장자 자신조차도 가까운 이가 세상을 떠났을 때 기뻐하며 대야를 두드리고 노래 부르면서 죽은 이가 대자연으로 돌아갔다고 말했을 정도다.

장자는 생명을 상당히 중요시하여 난세에 어떻게 해야 효과적으로 자신의 생명을 보호하며 화를 초래하지 않을지에 대해 알고 있었다.

---

* **庖丁解牛**: 『장자』 내편 「양생주(養生主)」의 한 부분으로, 재주에 구애받지 않고 자연의 이치를 따르는 데 도가 존재한다는 주제를 담고 있는 이야기다.

** **運斤成風**: 『장자』 내편 「인간세(人間世)」의 한 부분으로 세상에서 쓸모 있는 것이 해를 초래하는 경우가 많으니 오히려 쓸모없는 것이 가장 쓸모 있는 것(大用)임을 주장하는 이야기다.

*** **凝神於一端**: 『장자』 내편 「덕충부(德充符)」의 한 부분으로 세속적인 편견에서 벗어나야 한다는 주제를 담고 있다.

그는 주로 우언을 사용하였으며 절대 단도직입적으로 흉금을 토로하지는 않았다. 또한 논변의 강적인 혜시(惠施)[17]를 설정했는데 혜시는 항상 장자의 관점과 대립 구도를 이루었다. 이미 널리 알려진 원추와 올빼미에 대한 우언을 예로 들어보자.

원추는 봉황을 닮은 남방의 신조(神鳥)이다. 원추가 남해를 출발하여 북해로 날아왔으나 오동나무가 아니면 머물지 않고 멀구슬나무가 아니면 먹지 않으며 감로천이 아니면 마시지 않았다. 이 때 부엉이 한 마리가 죽은 쥐를 얻었는데 마침 원추가 그 위를 날아가므로 부엉이는 원추가 자신의 죽은 쥐를 빼앗으러 온 것이라 여겨 '꽥' 소리를 질렀다. 이것은 『장자』의 「추수편(秋水編)」에 나오는 상당히 유명한 이야기로, 권세에 대해 경멸하는 장자의 태도가 잘 표현되어 있다. 이 이야기 저변에는 다음과 같은 배경이 있다. 혜시가 위나라에서 양 혜왕의 재상으로 있었는데 사람들이 그에게 와서 장자가 위나라에 와서 재상의 자리를 빼앗으려 한다고 말했다. 혜시는 사흘 밤낮 동안 온 나라를 뒤져 장자를 찾게 했다. 이 때 장자는 제 발로 걸어와 혜시를 만났다. 그는 원추와 올빼미의 이야기를 들려주며 재상직을 썩은 쥐와 동일시하는 관점을 취해 그와 혜시의 지향하는 바가 천양지차임을 드러내었다. 이 외에도 『장자』에는 여전히 상유이말(相濡以沫)*, 동시효빈(東施效顰)** 등의 유명한 우언 고사들이 상당수 들어 있다.

* **相濡以沫**: 샘이 말라 물고기가 땅 위에 모여 물기를 끼얹고 물거품으로 적셔 주는 것은 드넓은 강이나 호수에서 서로를 잊고 있는 것만 못하다는 내용으로, 세속을 초월한 절대적 세계에서 유유자적하는 편이 훨씬 낫다는 것을 의미한다.

** **東施效顰**: 동시라는 여인이 미녀 서시의 찡그리는 모습을 그대로 따라했다는 우언 고사로, 아무런 비판 없이 남을 모방하게 되면 그릇된 결과를 초래한다는 내용이다.

1) **선진**(先秦): '춘추 전국 시대'를 달리 이르는 말. 진나라의 시황제가 중국을 통일한 B.C. 221년 이전의 시대라는 뜻이다.

2) **공자**(孔子, 약 B.C. 551~B.C. 479): 춘추 시대의 사상가, 학자. 이름은 구(丘), 자는 중니(仲尼). 노나라 사람으로 여러 나라를 주유하면서 인(仁)을 정치와 윤리의 이상으로 하는 도덕주의를 설파하여 덕치 정치를 강조하였다. 만년에는 교육에 전념하여 3,000여 명의 제자를 길러내고 『시경』과 『서경』 등의 중국 고전을 정리하였다. 제자들이 그의 언행을 기록하여 놓은 『논어』가 있다.

3) 『**상서**(尙書)』: 서경(書經)이라고도 한다. 중국 산문 문학의 시조라 할 수 있으며 하(夏), 은(殷), 주(周)의 정치를 정리한 책이다.

4) 『**주역**(周易)』: 『역경(易經)』이라고도 한다. 상고 시대의 제왕인 복희(伏羲)가 괘를 그리고 문왕(文王)이 괘사를 썼으며 공자가 십익(十翼)을 지었다고 한다. 시간과 공간을 포괄하는 우주 진리를 다루고 인생철학을 논한 경전이다.

5) 『**춘추**(春秋)』: 공자가 노(魯)나라 역사를 중심으로 직접 지은 책이다. 노나라 은공(隱公) 원년에서 애공(哀公) 14년까지의 역사적 인물이나 일을 기록하고 있으며 전(傳)으로는 「좌전(左傳)」, 「공양전(公羊傳)」, 「곡량전(穀梁傳)」이 있다.

6) 『**예**(禮)』: 『예기(禮記)』라고 한다. 『의례(儀禮)』, 『주례(周禮)』와 함께 삼례(三禮)라 하며, 정치 제도, 예절 의식, 학술, 일상 행사의 규칙, 교육, 장례, 제사 의식 등 다양한 문물제도를 기술한 책이다.

7) 『**악**(樂)』: 음악과 정치 관계를 고찰한 책이다. 『악기(樂記)』라고 한다.

8) **안연**(顔淵, B.C. 521~B.C. 490): 노나라 사람으로 이름이 회(回), 자는 자연(子淵)이다. 보통 안연(顔淵)이라 불렸으며 공자보다 30세 아래다. 공자는 일찍이 자신의 제자 중에서 덕행이 뛰어난 인물 중 하나로 안연을 꼽았으며 여러 제자들 중 안연을 가장 아꼈다고 한다. 단명하여 41세의 젊은 나이에 죽었다.

9) **자로**(子路, B.C. 543~B.C. 480): 성은 중(仲), 이름은 유(由), 자는 자로(子路)이다. 공자보다 9세 아래로 힘이 세고 용기가 있으며 무술에 뛰어나고 남에게 지기 싫어하는 성격으로 전해진다.

10) **자공**(子貢, 약 B.C. 520~B.C. 456): 공자의 대표적 제자들 중의 한 사람이다. 성은 단목(端木), 이름은 사(賜), 자는 자공(子貢)이다. 위(衛)나라 사람이며 공자보다 31세 아래다. 화술이 뛰어나고 이재(理財)에 밝아 공자에게 경제적으로 많은 도움을 주었다고 한다.

11) **증석**(曾皙): 공자의 제자로 이름은 점(點), 자는 석(皙)이다. 노나라 사람이며 증삼(曾參)의 아버지다.

12) **염유**(冉有): 공자의 제자로 정사(政事)에 능했다고 한다. 성이 염(冉), 이름이 구(求), 자가 자유(子有)다. 공자보다 9살 아래이며 당시 계씨(季氏)의 재상이 되었다고 한다.

13) **맹자**(孟子, B.C. 372~B.C. 289): 전국 시대의 사상가. 자는 자여(子輿), 자거(子車). 공자의 인(仁) 사상을 발전시켜 '성선설(性善說)'을 주장하였으며 인의 정치를 권하였다. 유학의 정통으로 숭상되며 '아성(亞聖)'이라 한다.

14) **추**(鄒): 지금의 동추현(東鄒縣) 동남쪽 지역

15) **장자**(莊子, 약 B.C. 369~B.C. 286): 전국 시대의 사상가. 이름은 주(周). 도가 사상의 중심인물로, 유교의 인위적인 예교(禮敎)를 부정하고 자연으로 돌아가자는 자연 철학을 제창하였다. '남화진인'이라 추호(追號)되었다. 저서에 『장자』가 있다.

16) **몽**(蒙): 지금의 하남성(河南省) 상구(商丘) 지역

17) **혜시**(惠施, 약 B.C. 370~B.C. 309): 명가(名家)에 속하는 사상가로 성이 혜(惠), 이름이 시(施)다. 본래 전국 시대 송(宋)나라 사람으로 위(魏)나라 재상을 지냈다. 저서에 『혜자(惠子)』가 있다.

제3장 • 굴원(屈原)과 초사(楚辭)

굴원(屈原)

『시경』이 등장한 시대는 이름 없는 시인들의 시대였다. 전국 시대에 이르러 마침내 중국의 첫 번째 대시인 굴원이 출현했다. 굴원은 B.C. 343년(B.C. 353년이라는 설도 있음)에 초(楚)나라에서 출생했는데, 맹자나 장자에 비해 약간 늦은 시기다. 한나라 때 궁정 어용 문인들이 출현하기 전에는 글 쓰는 것을 직업으로 삼는 전문적인 문학가가 없었다. 사실 굴원은 정치가였다. 그는 불과 20여 수의 시를 남겼는데, 그중 『이소(離騷)』와 『천문(天問)』은 몇백 구의 장시로 이루어져 있으며 천지만물과 인간세상의 정치에 이르기까지 상당히 다양하고 광범위한 내용을 다루고 있다.

일반적으로 굴원을 초사(楚辭)의 창시자로 보며 그의 뒤를 잇는 이로는 송옥(宋玉) 등의 인물이 있다. 초사는 모두 초나라 말로 기록하고 초나라의 소리를 적었으며 초나라 지역을 묘사하고 초나라의 사물을 표현한 것이다. 초사는 아주 강한 지역적 색채를 띤 시가로, 초나라 방언으로 쓰였으며 초나라 음악으로 낭송할 수 있다. 특히 초사의 중요한 특징은 '혜(兮)'자인데, 이 글자는 이미 『시경』의 「아(雅)」와 「송(頌)」, 「국풍(國風)」 속에서 출현한 바 있다.

굴원은 초사의 창시자로 초나라 민간 시가를 종합하고 발전시켰으며 더 나아가 새롭게 창조했다. 그는 박학다식하고 의지가 굳었으며 역대의 태평성대와 혼란기의 역사에 밝았고, 응대하는 말에 능수능란했다. 그러나 그의 일생은 고통과 고난으로 점철되었다. 일찍이 초나라의 고관을 지낸 적이 있고 초나라 회왕(懷王)의 신뢰를 받았지만 주위에서 그의 충성스러움을 오히려 비방했고 왕의 신임은 시기와 질투의 대상이 되었다. 결국 굴원은 스스로 물에 빠져 죽었다. 그가 생존했던 전국 시대의 상황을 살펴보면 천자의 나라인 주나라 왕실은 점차 쇠락해가고 주변의 제후국들은 나날이 세력이 강성해졌다. 그리고 초나라와 진나라가 가장 강력한 적수로 등장했다. 굴원은

굴원

진나라를 '호랑이와 승냥이의 나라'로 보았다. 그는 당시 초나라 상층부 친진파(親秦派)의 눈엣가시가 되어 여러 차례 참소를 당했다. 회왕 역시 그를 멀리했고 굴원은 초나라 도읍지에서 멀리 쫓겨나서 근심하고 깊은 생각에 잠겨 『이소』를 지었다.

후에 그는 한 차례 초나라 도읍지로 다시 돌아오는데 당시는 초나라가 진나라의 공격을 받아 상당히 위급한 상황이었다. 굴원은 제나라에 파견되어 구원병을 요청해 진나라의 포위를 푸는 데 성공했다. 귀국 후에는 삼려대부(三閭大夫)가 되어 진나라와 초나라의 전쟁 중에 희생된 수많은 장수와 병사들을 위해 성대한 초혼 의식을 거행했으며, 『초혼(招魂)』이라는 시를 지었다.

진나라 소왕(昭王)은 초나라와의 혼인을 빙자하여 초나라 회왕을 무관(武關)에서 만나자고 했다. 회왕의 아들 자란(子蘭)은 진나라의 호의를 거절할 수 없다는 이유를 들어 회왕이 진나라로 가야 한다고 주장했다. 그러나 굴원은 회왕의 진나라 행을 극력 반대했다. 초나라 회왕은 진나라로 들어가자마자 억류되어 결국 진나라에서 객사했다. 진나라 군대는 여러 해에 걸쳐 침략했고, 굴원은 공자 자란의 영민하지 못함을 비난하여 급기야는 자란의 노여움을 샀다.

경양왕(頃襄王)이 회왕의 뒤를 이었는데 그는 자란의 형이었다. 자란은 상관대부(上官大夫)를 통해 경양왕에게 굴원을 참소했고 경양왕은 크게 노하여 굴원을 아주 멀리 양자강 남쪽 강남으로 귀양 보냈다. 굴원은 먼 타향에서 여러 해 떠돌아다니면서도 조국 초나라에 대해 항상 한 줄기 희망을 지니고 있었다. B.C. 278년에 진나라 군대가 초나라의 수도를 함락했고 그 후 점차 세력을 남쪽으로 확장하여 B.C. 277년에는 굴원의 유배지까지 세력을 뻗쳐왔다. 굴원은 강을 건너 계속 도망치다가 양자강 동북쪽에 있는 멱라강(汨羅江)에 이르렀다. 이 당시 초나라는 이미 세력이 약해져서 진나라에 병합될 수밖에 없는 운명이었다. 굴원은 진나라의 포로가 되기를 원치 않았고 조국

현대 유릉창(劉凌滄)의 〈천문도(天問圖)〉

초나라에 대해서도 절망한 상태였다. 결국 그는 비분강개하여 멱라강에 뛰어들어 자진했다.

초나라 사람들은 공자 자란 때문에 회왕이 타국에서 객사했음에도 불구하고 쫓겨난 이는 오히려 굴원이라는 것을 알고 있었다. 게다가 초나라가 진나라에게 핍박받게 되자, 일찍이 굴원이 가장 먼저 진나라의 야심을 꿰뚫어보고 경계를 강화해야 한다고 주장했다는 사실도 알고 있었다. 온 나라 사람들은 모두 그를 대신하여 불평을 토로하고 그의 처지를 동정했다.

굴원이 멱라강에 투신한 날은 음력 5월 5일이었다. 사람들은 그를 기념하기 위해 해마다 이 날이 되면 용주(龍舟) 경기*를 하고, 종자(粽子)**를 만들어 강에 던져서 굴원의 원혼에게 바쳤다. 이후에 5월 5일은 중국인의 명절인 단오절이 되었다.

굴원은 중국 최초의 대시인이다. 그의 애국심과 '온 세상이 탁하다 할지라도 나 홀로 맑고 모든 이가 취해 있다 할지라도 나 홀로 깨어 있으리'라는 정신, 그리고 사심 없이 행동하는 인생에 대한 신념은 중국 문인들에게 지대한 영향을 끼쳤다.

『이소(離騷)』

굴원은 일생 동안 풍부한 작품을 남겼으며 가장 중요한 작품으로 『이소』를 들 수 있다. 이 작품은 중국 문학에 있어서 가장 뛰어난 시편 중 하나다. 『이소』는 장편 서정시로 모두 372구로 이루어져 있다. 『이소』의 '이(離)'는 '조우하다, 맞닥뜨리다'라는 의미이며, '소(騷)'는 '근심, 걱정'을 뜻한다. 즉 '이소'는 '근심스러운 일을 만나다'라는 의미이다. 『이소』는 고귀한 출신과 고결한 인격의 서정적인 주인공 형상을 창조했다. 서정적인 주인공 '짐(朕)***'은 고대 제왕 '고양(高陽)[1]'의 자손이다. 고양은 중화 민족의 공동 조상인 '황제(黃帝)'의 손자이므로 이를 통해 시인의 혈통이 고귀함을 알 수 있다. 시인은 '아침에

* 뱃머리에 용머리 장식을 하고 경기를 하는 단오절 놀이의 하나

** 粽子: 단오절에 먹는 음식의 일종으로, 찹쌀에 대추 등을 넣어 댓잎에 싸서 쪄먹는 것

*** 朕: '나'를 뜻하며 선진 시기에 이 1인칭 대명사는 왕의 자칭으로만 사용되지는 않았다.

현대 범증(范曾)의 〈이소도(離騷圖)〉. 굴원은 정치 이상에 대한 추구와 나라를 그르치는 소인배들에 대한 통탄, 그리고 절실한 우국우민의 감정을 가지고 불후의 시편을 탄생시켰다.

는 목란에 떨어지는 이슬을 마시고 저녁에는 가을 국화 떨어진 꽃잎을 먹노라(朝飮木蘭之墜露兮, 夕餐秋菊之落英)'라고 하였다. 즉 먹고 마시는 것이 고결함을 상징하는 목란과 가을 국화인 것이다. 그러나 당시 시인은 '즐거움만 탐하는 못된 무리로, 길이 어둡고 험난해지던(惟夫黨人之偸樂兮, 路幽昧以險隘)' 시대를 살아갔으며, '많은 이들 앞 다투어 욕심 부리더니 만족할 줄 모르고 여전히 허덕이네. 내가 저 같은 줄 저 혼자 여겨, 각각 마음속에 질투가 일어나는(衆皆競進以貪婪兮, 憑不厭乎求索. 羌內恕己以量人兮, 各興心而嫉妒)' 상황이었다. 또한 '실로 세속의 공교함이며! 그림쇠 놓고서 내키는 대로 고쳐 버리네. 먹줄 비껴 두고 굽은 길 따라, 다투어 비위맞추는 것으로 시간을 보내는(固時俗之工巧兮, 偭規矩而改錯. 背繩墨以追曲兮, 競周容以爲度)' 세상이기도 했다. 굴원이 언급한 '당인(黨人)'과 '중인(衆人)'은 모두 권세를 쥐고 탐욕스럽고 파렴치한 행위를 자행하는 귀족과 그의 자식들을 겨냥한 단어다. 그에 반해 권력도 없고 힘도 없는 하층 백성들은 굴원의 시 속에서 '민(民)'이라는 단어로 등장한다. 그의 가장 유명한 시구 중 하나인 '긴 한숨에 눈물이 앞을 가리니, 고생 많은 백성들의 삶이 애처롭도다(長太息以掩涕兮, 哀民生之多艱)'라는 부분에서는 초나라의 국세가 나날이 기울자 고통스러운 삶을 살아가는 백성들에 대한 굴원 자신의 깊은 슬픔과 관심을 드러내고 있다.

굴원은 『이소』에서 자신이 갈 수 있는 몇 가지 길을 제시했으며 몇 그룹 인물들과의 대화를 통해 잘 드러나고 있다. 굴원의 누이는 어차피 다른 사람들이 그의 우국우민의 마음을 살피지 못하는데 무엇 때문에 혼자 고통스러워 하고 모든 사람들과 동떨어져 혼자 배척당하느냐고 애타게 나무랐다. 그러나 그는 고집스럽게 곧은 길로 나아가 마음을 굽히고 뜻을 억눌러, 허물을 참고 욕을 물리치게 되었다. 만일 결국에 청렴결백하여 죽는다 해도 원망이나 후회는 전혀 없다고 하였다.

굴원은 유랑 생활을 할 때 점쟁이 영분(靈氛)을 불러 점을 쳐서 점괘를 얻었다. 영분은 '어딘들 향기로운 풀 없는 곳 있겠는가, 그대는 어이해 고향을 못 잊는가(何所獨無芳草兮, 爾何懷乎故宇)'라고 하며 조국 초나라를 떠나도록 권했다. 굴원은 초나라 귀족으로 초나라 왕과 동성(同姓)이어서 차마 조국을 버릴 수 없었다. 그는 스스로 '길은 까마득하고 멀어서 나는 오르락내리락 찾아다니리(路曼曼其脩遠兮, 吾將上下而求索)'라고 했는데 그 아득히 먼 길의 끝은 바로 죽음이었다.

초사(楚辭)

굴원이 작품을 썼던 당시, 그의 작품에는 통일된 명칭이 없었다. 전한(前漢) 시대에 이르러 사마천(司馬遷)과 유향(劉向)이 비로소 굴원과 그 후계자들의 작품을 '초사'로 통칭했다. 초사는 산문이 고도로 발달한 전국 시대에 탄생하여 자유분방한 산문 정신의 영향을 받아 『시경』의 짧고 중복되는 형식을 뛰어넘었다. 그 문장의 변화가 다양하며 시가의 내적 정서가 긴박하고 격렬하며 도도한 강물과 같은 질문들과 자아에 대한 성찰이 잘 드러나 있다. 시편들은 생동감이 있으며 화려하고 변화무쌍하다. 『시경』에서 '혜(兮)'자는 흔히 볼 수 있으나 시편은 대부분 사언체로 네 개의 글자가 하나의 구를 이루었다. 초사는 상당히 융통성이 있어서 시구의 글자 수는 다섯 자 내지 그 이상인 경우도 있어 사언체의 격식에 얽매이지 않았다. 기타 양식은 형성되지 않은 상태여서 초사는 '혜(兮)'자를 삽입하여 리듬을 조절했다. 일반 시구의 리듬은 '3, 3, 兮, 3, 3'으로, 앞에 언급했던 '긴 한숨에 눈물이 앞을 가리니 고생 많은 백성들의 삶이 애처롭도다(長太息以掩涕兮, 哀民生之多艱)'라는 부분이 바로 '3, 3' 리듬이다.

호북성(湖北省)의 전국 시대 초나라 무덤에서 출토된 칠두(漆豆)*. 자유와 낭만, 그리고 신비로운 초나라 지역의 문화적 특색을 완벽하게 보여준다.

초사는 폭 넓게 대구(對句)를 사용했다. 『시경』에서는 대구를 흔히 볼 수 없지만 남방의 민가에는 대구 형식이 비교적 자주 보인다.

오늘 밤이 어떤 날인지(今夕何夕兮)
내가 젓는 작은 배 장강에 떠 있네요(搴舟中流).
오늘이 어떤 날인지(今日何日兮)
내가 왕자와 함께 배를 타고 있네요(得與王子同舟).

— '월인가(越人歌)'

창랑의 물이 맑으면(滄浪之水淸兮)
내 갓끈을 씻을 것이요(可以濯我纓).
창랑의 물이 탁하면(滄浪之水濁兮)
내 발을 씻을 것이다(可以濯我足).

— '유자가(孺子歌)'

*漆豆: 옻칠을 한 제기의 일종

굴원이 창작 과정 중에 대구를 사용하는 경향은 더욱 보편화되었다. 『구가(九歌)』의 「소사명(少司命)」 중 '슬픔은 생이별보다 더한 것 없고 즐거움은 처음 알게 되었을 때보다 더한 것 없다네(悲莫悲兮生別離, 樂莫樂兮新相知)'라는 부분은 유명한 대구다.

초사의 기풍은 화려함과 질박함이 함께 어우러져 있다. 굴원이 지은 초사의 문장은 화려하며 향기로운 꽃과 아름다운 풀을 서로 비교하거나 사람과 비교하기도 하고 식물로 인간의 정신적 품격을 상징하기도 했다. 동시에 초사의 기본 기풍은 강건하면서도 견고하고 곧다. 이러한 기본 기풍은 애국시인 굴원의 우국우민 정서를 바탕으로 삼고 그의 지조를 근거로 하고 있다.

『이소』의 서두에서 시인의 형상은 강리(江離)*와 벽지(辟芷)**를 몸에 감고 추란(秋蘭)을 엮어 허리에 찬 서정적인 주인공이다. 굴원은 일찍이 삼려대부를 지냈고 왕족인 소(昭), 굴(屈), 경(景) 3성의 종친 관련 업무를 맡았으며 이 3성 왕족 자제들을 지도하고 교육하는 일을 했다. 그는 『이소』에서 이렇게 말했다.

명나라 문정명(文征明)의 〈상군상부인(湘君湘夫人)〉(북경 고궁 박물관 소장)

난 이미 구원의 난초를 기르고(余旣滋蘭之九畹兮)
또 백무의 혜초도 심었네(又樹蕙之百畝).
유이와 게차를 밭두둑으로 나누고(畦留夷與揭車兮)
두형과 방지도 섞어 심었네(雜杜衡與芳芷).
가지와 잎이 무성해지기를 바라고(冀枝葉之峻茂兮)
때 기다려 베려고 했다네(願竢時乎吾將刈).

이곳에서 굴원의 형상은 정원사다. 그는 난초와 혜초 같은 향기로

* 江離: 꼬시래기라고도 하며 우뭇가사리와 함께 한천을 만드는 데 섞어 쓰는 해초류이다.

** 辟芷: 깊은 숲 속에서 자라는 향초이다.

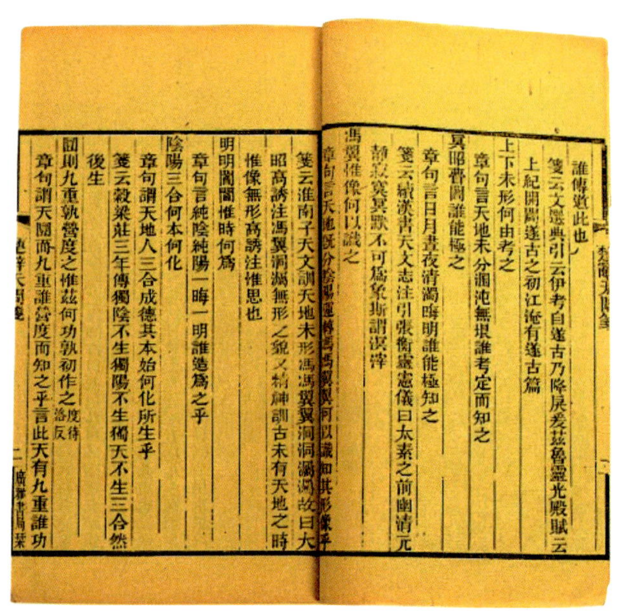
誰傳道此也
箋云文選典引云伊考自遂古乃降戾爰茲乎靈光殿賦云
上紀開闢遂古之初江淹有遂古篇
上下未形何由考之
章句言天地未分溷沌無垠誰考定而知之
冥昭瞢闇誰能極之
章句言日月晝夜清濁晦明誰能極知之
箋云續漢書天文志注引張衡靈憲儀曰太素之前幽清元
靜寂寞冥默不可爲象斯謂溟涬
馮翼惟像何以識之
章句言天地既分陰陽運轉馮馮翼翼何以識知其形像乎
箋云淮南子天文訓天地未形馮馮翼翼洞洞灟灟故曰大
昭高誘注馮翼洞灟無形之貌又精神訓古未有天地之時
惟像無形高誘注惟思也
明明闇闇惟時何爲
章句言純陰純陽一晦一明誰造爲之乎
陰陽三合何本何化
章句謂天地人三合成德其本始何化所生乎
箋云穀梁莊三年傳獨陰不生獨陽不生獨天不生三合然
後生
圜則九重孰營度之惟茲何功孰初作之度待洛反
章句謂天圜而九重誰營度而知之乎言此天有九重誰功

『천문(天問)』

운 꽃과 아름다운 풀을 심고 귀족 자제들을 향초의 일종인 두형(杜衡)과 방지(芳芷)에 비유했다. 굴원은 그들에게 희망을 갖고 그들의 가지와 잎이 무성해져서 나라와 미래를 위해 쓰일 훌륭한 재목이 되기를 원했으나 실망하게 되었다.

> 난초와 구리 때 변하여 향기를 잃고(蘭芷變而不芳兮)
> 전풀과 혜초 변하여 띠풀이 되었도다(荃蕙化而爲茅).
> 어찌 지난날 향기롭던 풀이(何昔日之芳草兮)
> 지금 이런 쑥 덤불이 되었는가(今直爲此蕭艾也).

결국 그는 수많은 꽃향기가 잡초에 묻힌 것을 슬퍼했다.

굴원의 시가에는 미인 형상이 많이 등장하는데 대부분 비유적으로 사용되었다. 물론 지금까지 미인 형상에 대한 해석은 다양하다. 어떤 이는 미인은 굴원 자신을 비유한 것으로, 군왕을 남편에 비유하여 군신 관계를 부부 관계로 설정했다고 했다. 또 어떤 이는 미인은 굴원을 의미하기도 하고 초나라 왕을 의미하기도 한다고 보았다.

세월은 쉼 없이 흘러(日月忽其不淹兮)
봄과 가을이 바뀌었네(春與秋其代序).
초목이 시들어 우수수 떨어지니(惟草木之零落兮)
아름다운 여인 쉬 늙을까 걱정이네(恐美人之遲暮).

쉽게 늙어 버리는 미인을 굴원 자신에 비유한다면, 왕에게 기용되지 못하는 것을 근심하고 있는 것이다. 그리고 미인을 왕으로 본다면 영화로운 세월이 흘러가고 무용지물이 되어 버린 왕의 모습을 걱정하는 것이다.

굴원의 시는 우주 의식까지 그 생각이 미쳤다. 그의 시 『천문』은 자연계를 포함하고 인류 사회의 각종 현상을 포함한 우주 만물에 대한 토론임과 동시에 문제 제기로 천진난만하면서도 지혜로운 경향을 보여준다. 『천문』이 제시하는 질문은 모두 170여 개다. 그중에는 이러한 질문이 있다.

음과 양 그리고 하늘이 어울리니 그 근본은 무엇이고 그 변화는 어떠했는가(陰陽三合, 何本何化)?
천체는 곧 아홉 겹의 깊은 곳으로 형성되었는데 누가 그것을 설계했을까(圜則九重, 孰營度之)?
도대체 이것은 어떠한 공로이며 누가 처음 이것을 만들었는가(惟滋何功, 孰初做之)?
수레바퀴 줄은 어디에 매었는가? 하늘 고인 중심 기둥은 어디에 세웠는가(斡維焉繫, 天極焉加)?
하늘의 여덟 기둥은 어디에 닿았나? 동남쪽은 어째서 기울었는가(八柱何當, 東南何虧)?

그의 질문 내용을 정리하면 이렇다. 음, 양, 하늘 이 3가지가 함께 결합했는데, 결국 먼저 음양의 변화가 생긴 후에 비로소 하늘이 있었던 것인가 아니면 먼저 하늘이 존재한 후에 음양의 변화가 일어난 것일까? 하늘은 아홉 겹으로 이루어져 있는데 누가 이러한 모양을 만들어 놓았단 말인가? 이는 어떤 위대한 공로이며 누가 가장 먼저 시작했는가? 하늘은 끝없이 움직이는데 그 움직이는 축을 어디에 연결해 놓은 것일까? 하늘의 끝은 또 어디에 있는 것일까? 땅에 8개의 기둥이 받치고 있다면, 무엇 때문에 동남쪽의 일부분이 기울었는가?

굴원이 지은 '초사'를 『시경』과 비교해 보면, 형태와 시상(詩想)에 큰 차이가 있다. 『시경』은 질박하고 천진한 맛이 느껴지는 반면, 초사는 화려하고 복잡하여 그 뜻이 상당히 환상적이고 그 문장은 아주 아름답다. 『시경』의 기풍은 '온유돈후(溫柔敦厚)'한데, 굴원의 작품은 심정에 따라 말하고 일정한 틀에 얽매이지 않았다. 후세 시교(詩敎)를

굴원의 고향인 호북(湖北) 자귀(秭歸)에 있는 굴원의 사당

정통으로 받드는 이들은 초사를 부정적 시각으로 바라보았으나 초사가 후대 중국 문학에 끼친 영향은 『시경』을 훨씬 뛰어넘는다.

굴원은 산문이 고도로 발달했던 전국 시대에 생존했기 때문에 시가 언어에서 산문화(散文化)의 경향을 드러냈다. 물론 시화(詩化) 방면에서도 부단히 노력했다. 굴원이 지은 초사는 거의 모든 구절마다 운(韻)을 사용하며 대구를 많이 쓰고 있다. 이는 모두 이후 중국 시가의 기본 틀이 되었다. 『시경』은 대부분 4언 시구이며 2자 리듬을 기본 형식으로 한다. 굴원의 초사에서 창조된 3자 리듬의 시가와 창작 형식은 후대 중국의 5언, 7언 시에 있어서 '3자 리듬'의 길을 열어 주었다. 아울러 이후 1000여 년에 걸친 중국 시가의 노정에 큰 영향을 끼쳤다.

유협(劉勰)[2]은 『문심조룡(文心雕龍)』 「변소(辨騷)」에서 굴원 초사의 각 편은 '명랑하고 화려한 가운데 비애를 나타내기도(朗麗以哀志)' 하며 '화려한 표현 속에 슬픈 마음을 기탁하기도(綺靡以傷情)' 하고 '기괴한 내용에 기지의 교묘함이 엿보이기도(瑰詭而慧巧)' 하며 '곱고 아름다우며 화려한 수사가 보이기도(耀艷而深華)' 하여 '고로 그 정기는 고대를 압도해 갔고 그 문사는 지금에 호소하고 있으니 남을 놀라게 하는 수사와 절묘한 아름다움은 이에 비교할 만한 작품을 보기 어렵다(故能氣往轢古, 辭來切今, 驚采絕艷 難與并能矣)'고 평했다.

초사의 낭만주의는 『장자』와 유사점이 있으나 장자가 '천하가 상당히 탁하여 더불어 말할 수 없다'라고 하며 허무주의로 빠져든 반면, 굴원은 특유의 집착과 고집스러움으로 끝내는 목숨 바쳐 자신의 신념을 지켰고 생명과 감정, 아름다운 문장으로 스스로 위대한 언어를 창출했다. 이후 등장하는 중국의 대시인 이백(李白)과 소식(蘇軾) 같은 이들은 굴원으로부터 큰 영향을 받았다.

1| **고양**(高陽): 중국 고대에 삼황오제(三皇五帝)가 있었는데 고양은 오제에 속하는 전욱(顓頊)의 호이다. 황제(黃帝)의 손자로, 20세에 임금의 자리에 올라 처음 고양(高陽)에서 나라를 일으켰으므로 고양씨(高陽氏)라 불렸다.

2| **유협**(劉勰, 약 464~520): 자가 언화(彦和)이며 동완(東莞) 거(莒; 현 산동성 거현) 출신으로 독실한 불교신자였다. 양(梁)나라에서 몇 차례 낮은 관직을 역임했고 만년에는 출가했다. 그는 전문 문학비평서인『문심조룡』을 저술하였다.

제4장 • 『사기(史記)』

— 사가(史家)의 절창(絶唱)이요,
가락 없는 이소(離騷)로다

선진(先秦)의 사전문(史傳文)

중국인은 아주 일찍부터 역사를 기록하기 시작했다. 상나라 때 이미 당시에 발생한 사건을 전문적으로 기록하는 사관이 있었다. 『상서(尙書)』는 중국 최초의 역사 문헌이다. '상(尙)'은 '상(上)'과 같은 의미로, '상서'는 곧 '상고 시대의 책'이라는 뜻이다. 『상서』가 지어진 정확한 연대는 고찰할 방법이 없으나 주나라 초기에 이 책이 출현했다는 사실에 대해서는 대체로 동의한다.

『상서』는 전체 28편으로 구성되어 있다. 가장 이른 시기에 지어진 것은 '우서(虞書)'와 '하서(夏書)' 2편이며 연이어 '상서(商書)'와 '주서(周書)'가 바로 뒤를 잇는다. 『상서』는 일을 기록하고(記事) 있으며 동시에 말을 기록하기도(記言) 했다. 문채는 빈약한 편이며 기풍은 질박하고 언어는 심오하여 이해하기 어렵다. 『상서』의 문체는 후세 문학에 그다지 큰 영향을 끼치지는 못했지만 전(典), 모(謨), 훈(訓), 고(誥), 서(誓), 명(命) 등의 기본 문체는 한나라 이후 공식 문서 작성에 지대한 영향을 끼쳤다.

보통 『상서』의 특징은 말을 기록한 것이며 일을 기록한 것으로 손꼽을 수 있는 역사서로는 『춘추』를 들 수 있다. 『춘추』는 원래 주나라 여러 제후국의 사관들이 편찬한 편년체 역사서의 통칭이다. 노(魯)

모공정(毛公鼎). 이 청동 정(鼎)의 명문은 주나라 왕이 모공에게 내린 명령을 상세히 기록하고 있으며 우측의 탁본 부분은 청동기 위에 남겨져 있는 『상서』 한 편으로 간주된다(북경 고궁 박물관 소장).

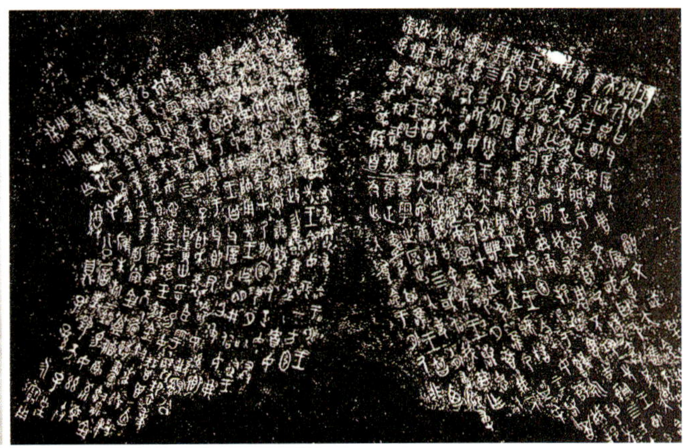

나라의 『춘추』는 본래 서로 다른 역사 시기의 노나라 사관들이 기록한 것을 모은 것이다. 이는 후에 공자의 수정을 거쳤으며 현재 우리가 말하는 『춘추』는 공자가 수정한 노나라 역사서를 지칭하는데 이는 중국의 첫 번째 편년체(編年體) 단대사(斷代史)이기도 하다. 『춘추』는 노나라 역사를 위주로 하지만 다른 나라의 기록도 있다. 이처럼 노나라 역사를 서술할 뿐만 아니라 동시대 다른 역사적 사실 간의 상호 관계를 드러냈다. 그 내용을 살펴보면 시야가 넓고 기상이 웅장하며 화려하고 변화가 많다.

공자는 인심이 옛날 같지 않고 세상의 기풍이 날로 나빠지는 현실에 대해 느끼는 바가 있었다. 그는 『춘추』를 통해 선과 악을 구분하는 역사 정신을 빌어 '천하의 난신적자(亂臣賊子)'들이 두려움에 떨도록 하여 주나라의 예를 보호해서 결국 혼란한 세상을 바로잡으려는 의도를 드러냈다. 그래서 『춘추』의 글은 정교하고 정확하며 함축적이다. 어떤 경우는 한 글자로 인물에 대한 작가의 생각을 드러내어 '말은 미약하나 그 뜻은 상당히 넓은(辭微而指博)' 경향을 보여주었다. 후세 문인들이 모방하여 이러한 방법을 미언대의(微言大義)*라고 불렀다.

『춘추』의 전(傳)은 상당히 많다. 『좌전(左傳)』이 가장 유명한데, 이는 춘추 시대 좌구명(左丘明)이 지었다고 전해진다. 유지기(劉知幾)[1]는 『사통(史通)』의 「잡설상(雜說上)」에서 『좌전』이 서사에 뛰어나다고 평했다.

"전쟁에서의 승리를 묘사하면 그 성과가 극에 달하고 전쟁에 패한 것을 묘사하면 초목이 바람에 쓸리듯 이리저리 흩어져 달아나는 형상이며 맹세를 형용할 때는 상당히 비분강개하고 교활함을 표현할 때는 그 교활함이 볼만하며 은혜를 말하면 봄날처럼 따스하고 엄한 상황을 표현하면 가을 서리처럼 차가우며 나라가 흥하는 것을 표현할 때는 상당히 흥겹고 나라가 망하는 것을 표현하면 너무나 처량해서 가여울 정도다(言勝捷則收獲都盡,

* 微言大義: 간단하지만 심오한 말로 대의를 이야기한다.

記奔敗則披靡橫前, 申盟誓則慷慨有餘, 稱譎詐則欺誣可見, 談恩惠則煦如春日, 紀嚴切則凜若秋霜, 叙興邦則滋味無量, 陳亡國則凄凉可憫)."

『좌전』에 묘사된 전쟁은 300~400건 이상이다. 장막 안에서 작전 계획을 짜는 조용하고 조심스러운 상황을 묘사하기도 하고 군대의 격렬함을 묘사하기도 했다. 전자의 경우가 대부분이어서 전쟁 전의 준비 상황, 전쟁을 위한 전술과 전략에 대한 표현이 근간을 이룬다. 이러한 표현법은 이후 1000여 년 동안 중국 문학 속 전쟁과 관련된 묘사에 큰 영향을 끼쳤다.

『사기(史記)』

『좌전』의 뒤를 이어 중국에서 가장 유명한 역사서는 『사기』다. 『사기』는 중국의 첫 번째 기전체(紀傳體) 통사(通史)로, 서한 시대에 사마천이 편찬했다. 『사기』는 위로는 전설 속의 황제(黃帝)에서 아래로는 서한 시대 무제(武帝)에 이르기까지 3000년간에 걸친 정치와 경제, 문화 각 방면의 발전상을 기록하였다.

이 역사서는 체제 면에서 새로운 업적을 상당히 많이 남겼다. 전체가 본기(本紀)*, 표(表), 서(書), 세가(世家)**, 열전(列傳)***의 다섯 가지 체제로 이루어졌다. 그중 본기, 세가, 열전은 후세 문학에 상당히 중요한 영향을 끼쳤다.

사마천은 어려서부터 고문을 좋아하여 일찍이 당시의 대학자 동중서(董仲舒)에게 『춘추』를 배웠다. 그는 20세에 천하를 돌아다니며, 남방에서 순(舜)과 우(禹)의 유적지를 현지 조사했으며 북방 제나라와 노나라의 옛터에서 공맹(孔孟)의 유풍을 체험하기도 했다. 이러한 경험은 후일 『사기』 저술의 기초가 되었다. 그의 부친 사마담(司馬談)은 태사령(太史令)****으로 일찍부터 뜻을 세워 역사서를 저술하려고 결심했다. 부친이 세상을 떠난 후, 38세의 사마천은 부친의 관직을 계승하

* 本紀: 역대 제왕의 사적을 기록

** 世家: 왕족과 외척의 사적을 기록

*** 列傳: 작자가 그 행적을 기록할 만하다고 여기는 인물들에 대한 기록

**** 太史令: 천문, 역법, 역사 등의 기록과 저술을 맡았던 관직

사마천

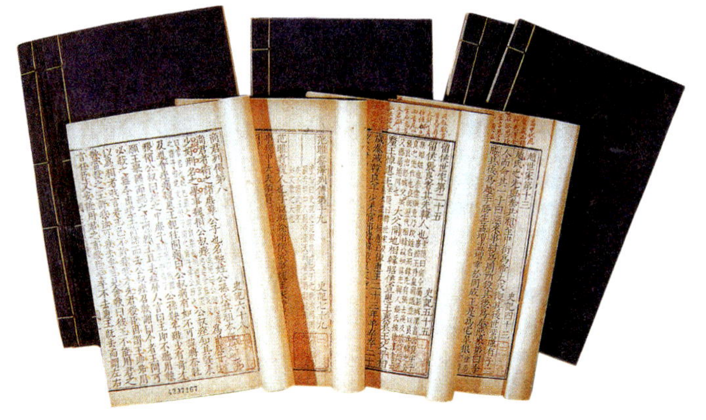
『사기』

고 유지를 받들어 역사 자료를 정리하여 42세에 『사기』를 쓰기 시작했다. 당시 흉노에 항복한 한나라 장수 이릉(李陵)을 변호하다가 사마천은 무제에게 궁형이라는 형벌을 받았다. 감옥에서 나온 후 중서령(中書令)의 관직을 맡았으며 『사기』를 완성하기 위해 굴욕을 참고 견디면서 구차하게 목숨을 부지했다. 게다가 그의 시문은 '발분지작(發憤之作)'이라는 관점을 발전시키기도 했다.

"그 옛날에 서백은 유리에 갇힌 몸이 되어 『주역』을 풀이하셨고 공자께서는 진과 채에서 고생하시고 『춘추』를 지으셨으며 굴원은 추방당한 후 『이소』를 지었고 좌구명은 실명하고 나서 『국어』를 남겼다. 손자는 다리를 잘리고서 병법을 논했고 여불위가 촉나라로 쫓겨 가서 『여씨춘추』가 세상에 전해지게 되었으며 한비는 진나라에 갇히고 나서 「세난」과 「고분」편을 지었다. 『시경』 300편도 성현께서 발분하여 지은 것이다. 이러한 분들은 모두 마음에 울분이 쌓였으나 그 도리를 표출해낼 수 없어서 지난 옛일들을 서술하여 후진들을 생각했던 것이다."

사마천은 중국 고대의 위대한 저서인 『주역』, 『춘추』, 『이소』, 『시경』 등의 작자가 곤란함과 어려움에 처한 후에 마음속에 맺힌 바가 있어 글을 써서 울분과 응어리진 감정을 표현한 것이라고 여겼다. 이러한 상황은 사실 그 자신의 처지이기도 했다. 사람들은 흔히 『사기』가 '쓸데없이 아름답게 표현하지도 않았고 악을 숨기려고도 하지 않아 실록이라 할 만하다'고 말하며 사마천은 사실적으로 기록했고 훌륭한 역사를 사실대로 썼다면서 『사기』의 말들이 모두 '엄격하게 역사 사실에 근거했다'고 생각했다. 그러나 '엄격하게 역사 사실에 근거해서' 글을 쓴다는 것은 매우 어려운 일이다.

'사실에 의거하여 글을 쓴다는 것'과 '실록'에는 과장이나 감추는 것이 없어야 한다. 사마천은 늘 『사기』에서 인물의 등급에 따라 그들의 전기를 안배하거나 글 마지막 부분의 '태사공왈(太史公曰)'을 통해 직접적으로 자신의 도덕적 판단과 감정 변화를 드러냈다. 그 원인을 바로 그가 말한 것처럼 마음에 울분과 불평이 쌓여 '하늘과 인간의 관계를 규명하고 고금에 통달하여 일가를 이루려고(究天人之際, 通古今之變, 成一家之言)' 했기 때문이다. 사마천은 용기도 있었고 열정도 있어서 당시 유행하는 가치 관념에 과감히 맞서서 일가의 말을 이룬 것이다. 「평준서(平準書)」에서는 직접적으로 당시 황제를 비평했고 「혹리열전(酷吏列傳)」에서는 당시의 폐단을 공격했으며 「화식열전(貨殖列傳)」에서는 그 당시 '중농억상(重農抑商)*' 사상에 대해 분별없이 맞장구치지는 않았다.

『사기(史記)』의 인물 묘사

『사기』는 다방면에 걸쳐서 후세 문학에 영향을 끼쳤다. 가장 큰 영향력을 끼친 것은 아마도 사마천의 인물 묘사일 것이다. 항우(項羽)는 진(秦)나라 말엽에 초(楚)나라 지역에서 군사를 일으켜 후에 유방(劉邦)과 천하를 다투게 되는데, 결국 유방에게 패하여 자결하는 비극적 인물이다. 진한(秦漢) 교체기에 항우가 활발하게 활약했던 기간은 8년간이었다. '힘이 산을 뽑을 만하고 기세가 천하를 덮을 정도(力拔山兮氣盖世)'의 영웅은, 성을 공격하고 세력권을 확장했으며 그의 군대

* **重農抑商**: 농업을 권장하고 상업을 억제하다.

가 이르는 곳마다 적이 초목 쓰러지듯 무너졌다. 항우가 갑옷을 걸치고 손에 창을 쥔 채 눈을 부라리며 호통 치는 웅장한 모습과 사면초가의 상황에 처했을 때 사랑하는 여인 우희(虞姬)를 가련히 여기고 애마 추(騅)를 애처로이 바라보는 모습, 강을 건너 마침내 옥이 조각나듯 온몸이 갈기갈기 찢기는 비참함 등을 「항우본기(項羽本紀)」에서 사실적으로 묘사했다.

『사기』에서 사마천은 항우의 갖가지 약점과 결점을 외면하거나 감추려 들지는 않았다. 그는 항우라는 인물은 '스스로 공로를 자랑하고 자신의 사사로운 지혜만을 앞세워 옛것을 스승으로 삼지 않았으며(自矜功伐, 奮其私智而不師古)' 안목이 짧고 시기심이 강했으며 용기는 있으되 무모하고 잔인하여 살인을 꺼리지 않았다는 등의 사실도 언급했다. 사마천은 「항우본기」에서 항우가 항복한 200,000여 명의 진나라 병사들을 생매장하여 죽이며 진나라 수도에 입성한 후에 성을 도륙하고 궁궐을 불태우는 악행을 묘사했다.

'홍문연(鴻門宴)' 고사는 「항우본기」에서 나왔다. 이는 초한(楚漢) 천하 쟁탈전의 서막을 열었으며, 사마천은 연회석상의 옥신각신하는 대결 구도를 생동감 있게 사실적으로 그려냈다.

다른 인물들의 전기 속에서도 그 인물의 입을 통해 항우의 성격과 기질에 대해 소개했다. 어떤 이는 항우라는 인물이 '인자하고 사람을 사랑할 줄 알며… 현명한 이를 질투하고 능력 있는 이를 미워하여 공이 있는 자는 해쳤고 현명한 자는 의심하였다'라고 하였다. 또 '항왕이 화를 내며 큰 소리로 꾸짖으면 모든 사람이 다 엎드립니다. 그러나 어진 장수를 신임해서 등용하지 못합니다. 그러므로 그것은 다만 필부의 용기일 뿐입니다. 항왕은 사람을 보면 공경하고 자애로운 태도를 취하며 그 말이 따스하고 부드럽습니다. 남이 병들면 울면서 자신이 먹고 마시는 것을 나누어줍니다. 그러나 자신이 부리는 사람이 공을 세워 마땅히 작위를 주어야 할 때, 그 인(印)이 망가지고 깨지도록 만지작거리고 망설이면서 차마 내주지 못합니다. 그러므로 그것은 아녀자의 인(仁)일 뿐입니다'라고 말하는 이도 있었다. 이 말은 바로 항우에 대한 한신(韓信)의 평가이다. 한신은 항우가 '필부의 용기'와 '아녀자의 인'을 지녀서 천하의 대사를 이루지 못했다고 지적하고 있다. 중국의 학자 전종서(錢鍾書)[2]는 일찍이 『사기』에 묘사된 항우의 성격이 복잡하고 종합적이어서 한 인물의 상반된 특징이 한 사람의 몸에 드러날 수 있고, 사리(事理)가 서로 통하여 현대 심리학 지식으로 헤아려 보면 충분히 이해될 수 있는 면이라고 관심을 기울였다.

경극(京劇) 「패왕별희(霸王別姬)」는 항우가 해하에서 곤궁에 처해 사방에서 들리는 초나라 노랫소리를 들으면서 사랑하는 여인 우희와 술 마시며 이별하고 결국은 두 사람 모두 자결하여 죽는 고사에서 소재를 얻었다. 항우와 우희를 소재로 한 「패왕별희」는 경극 무대에서 수없이 공연되어 온 고전 레퍼토리다.

'말이 따스하고 부드러운 것'과 '화를 내며 큰 소리로 꾸짖는 것', '공경하고 자애로운 것'과 '경박하고 난폭하며 교활한 것', '사람을 사랑하고 선비에게 예를 차릴 줄 아는 것'과 '현명한 이를 질투하고 능력 있는 이를 미워하는 것', '아녀자의 인'과 '잔인하게 도륙하는 것', '먹고 마시는 것을 나누어 주는 것'과 '인(印)을 만지작거리며 주지 않는 것'은 모두 상반되고 서로 다른 것이다. 그러나 항우 한 사람이 갖추고 있는 성향으로, 이는 두 손에 책을 나누어 들고 있거나 하나의 목구멍에서 서로 다른 노래가 흘러나오는 것과 같은 이치다. 또한 이치에 어긋나는 것도 아니므로 심리적 측면이나 타고난 천성으로 여긴다면 당연한 것으로 볼 수도 있다.

항우는 낮은 소리로 속삭일 수도 있고 다른 사람을 동정하거나 자상하게 배려할 수도 있으며, 높은 소리로 화내며 소리 지를 수도 있고 사람을 삼대 베듯 죽일 수도 있다. 그는 어떤 때는 다른 사람에게 음식을 나누어주기도 하며 다른 사람이 병에 걸렸을 때 동정하여 눈물을 흘리기까지 했다. 그러나 공이 있는 사람에게 상을 줄 때는 상당히 인색하여 결국 인심을 얻지 못했다. 이러한 성격 특징은 모두 상반된 것이지만 작자는 글을 쓰면서 결코 어느 한쪽에 치우치지는 않았다. 「항우본기」에서는 전심전력으로 항우를 세상을 뒤덮을 정도의 빛나는 영웅으로 형상화하였다. 그러나 다른 사람의 전기에서는 '호견법(互見法)*'의 방식으로 항우의 약점을 드러내기도 했다. 이렇게 하여 「항우본기」에서는 비극적 영웅의 형상을 확립할 수 있었다.

「항우본기」는 항우의 어린 시절부터 시작된다. 그는 글과 검술을 다 배우지도 않았고 병법 배우는 것을 좋아했으나 끝까지 배우려고 하지는 않았다. 이를 통해 그의 성격이 꼼꼼하지 않다는 것을 알 수 있다. 그러나 회계(會稽)를 유람하고 절강(浙江)을 건너는 진시황의 기세등등하고 화려한 행렬을 보고 '저 사람의 자리를 내가 차지하리라'라는 말을 내뱉었다. 이를 통해 소년의 웅대한 뜻을 엿볼 수 있다. 군사를 일으킨 후에 항우는 거록(鉅鹿)에서의 전투로 그 이름이 널리 알려졌다. 진나라 군대를 무찌른 뒤에 제후군들 모두 그를 두려워하지 않는 이가 없을 정도였다. 항우가 제후군의 장수들을 불러 군문(軍門)에 들게 하자, 모두 무릎으로 기어 나오며 감히 고개 들어 쳐다보지 못했다. 항우의 위엄과 용맹은 여러 제후국의 장수들이 그의 앞으로 무릎 꿇고 나오면서 고개 들어 그를 똑바로 바라보지 못할 정도로 만들었다. 이는 아마도 항우의 일생에 있어서 그의 명성과 세력이 최고봉에 달한 시기였을 것이다. 이후 제후군은 항우의 지시대로 움직였다. 그는 재빨리 서쪽으로 함양을 도륙하고 진나라 궁궐을 불태워 진나라의 통일 정권을 멸망시켰다. 후에 홍문연(鴻門宴) 사건이 있었고 다시 유방의 이간책에 빠졌으며 결국 해하(垓下)에서 유방의 군대에게 포위되었다. 이 때 항우는 슬픈 노래로써 비분강개의 마음을 표현했다. 그는 사랑하는 여인 우희와 가슴 아픈 이별을 하고 말에 올라 적의 포위를 뚫고 달려 나갔다. 적장을 베고 적의 깃발을 쓰러뜨린

* **互見法**: 한 사람의 사적을 다른 곳에 분산해서 서술하되 본전(本傳)을 위주로 하며, 동일한 사건을 다른 곳에 분산 서술하되 한 곳의 서술을 위주로 하는 방식이다.

후 수백 명의 적을 죽이고 결국 스스로 목을 베었다.

사마천은 항우가 급속도로 성공하고 실패한 것에 감동받아 「항우본기」에서 항우가 성공했을 때의 위세와 패배했을 때의 비장함을 여실히 그려냈다. 세상을 뒤덮을 영웅적 기세가 있다 해서 그 난폭하고 식견이 좁은 것을 비난하지 않은 것은 아니며 그 의기소침함을 탓하면서도 남녀의 깊은 정을 생동감 있게 표현했다. 이는 아마도 『사기』에서 높은 산, 큰 강처럼 기세가 웅장하면서도 애절하여 사람을 감동시키는 최고의 부분일 것이다. 그리고 인물 묘사에 있어서 사마천의 기풍을 충분히 보여 주었다.

한나라의 초대 황제 유방의 황후 여치(呂雉)는 중국 역사상 가장 음험하고 악독한 인물로 알려졌다. 여태후는 유방이 죽은 후, 자신의 최대 연적이었던 척부인(戚夫人)의 수족을 잘라내고 눈을 뽑고 귀를 태웠으며 벙어리가 되는 약을 먹여 변소에 처넣은 후 '인간 돼지'라고 불렀다. 유방에게는 아들이 셋 있었는데 그들 모두 여태후에게 박해받아 죽었다. 그녀는 대권을 장악하기 위해 유방의 수많은 자식과 조카들이 그녀의 친척들과 결혼하여 여씨(呂氏) 성을 가진 여인을 아내로 삼도록 규정했다. 그래서 부도덕하고 윤리에 어긋나는 혼인이 생겨났다.

여태후는 사람됨이 강직하고 굳세어 한고조 유방을 도와서 천하를 평정하였다. 그녀는 유방이 한나라의 기틀을 세우는 데 많은 도움을 주었다. 유방이 죽은 후 여태후는 10여 년 동안 사회의 안정을 유지했다. 비록 정치 권력이 여성의 손안에 있었으나 천하가 태평하고 안락했으며 형벌을 가하는 일도 드물었고 죄인도 드물었으며 백성들이 농사일에 힘쓰니 의식이 나날이 풍족해지는 태평성대의 풍경이 펼쳐졌다.

사마천은 역사학자로서 여태후의 정치적 재능과 치세의 공적을 높이 칭송하여 여태후의 전기 속에서 그녀의 능력을 긍정적으로 평가했다. 정치적 재능과 개인적 품격에 대해 사마천은 비교적 명확히 구별하여 다룬 것이다. 그녀의 남편인 유방에게도 마찬가지였다. 유방은 이기적이고 유난히 색을 밝히며 상스럽고 교활한 인물이지만 천하 통일을 이루어 백성들이 잇다른 전란 속에서 벗어나 편히 쉴 수 있도록 했으니 이는 확실히 유방의 큰 공로다. 사마천의 이러한 서술 경향은 『사기』에 잘 나타나 있다.

역사와 문학

1980년대 '신역사주의(新歷史主義)'가 미국의 대학교에서 시작되었다. 신역사주의는 역사와 관련된 모든 자료들이 문학적 허구를 지녔다고 주장했다. 논자들은 '역사학자는 남보다 앞서 이야기를 하는 사람'으로, 역사학자의 민감성은 일련의 '사실' 속에서 믿을 만한 이야기를 만들어내는 능력에 달려 있는 것이라고 했다. 이른바 '이야기를 만드는 능력'이라는 것은 어떠한 요소들은 억제하고 폄하하며 또 다른 요소들은 높이고 중시하여 개성적 인물 형상화와 주제의 중복, 소리와 관점의 변화, 선택할 수 있는 묘사의 책략 등을 통해 만들어진다. 요컨대 우리가 일반적으로 소설이나 희극의 줄거리를 엮는 기교를 통해서 비로소 이야기가 만들어진다.

서양에서는 신역사주의가 출현하기 전에 역사와 문학은 엄격히 구분되어 역사는 이성과 진실성을 중시하고 문학은 감성을 중시했다. 중국에서 『사기』에 대한 연구 경향을 살펴보면 어떤 이는 역사에 치중하고 어떤 이는 문학에 치중했다. 당나라의 한유(韓愈)[3]는 『사기』와 『장자』, 굴원의 초사, 사마상여(司馬相如)[4]의 부(賦)*를 모두 창작의 견본이라고 했다. 이후로 사람들은 항상 『사기』를 문학으로 간주하여 읽기 시작했다. 이렇게 말하는 것은 역사 저작에 대한 중국인의 인식이 서양보다 여러 해를 훨씬 앞선다는 것을 과시하려는 것이 아니라 서양 현대 이론과 비교함으로써 『사기』가 역사 자료로서 문학적

* **賦**: 한나라 때에 유행한 문학 장르

가치가 있다는 것을 우리가 더욱 분명하게 알 수 있기 때문이다. 『사기』의 문학적 가치를 따지자면 기교적 측면에서 필력이 고상하고 힘이 있으며 기세가 웅장하다. 특히 장편 전기에 이러한 경향이 두드러지는데 앞부분에서 상세히 소개한 「항우본기」가 바로 그러한 경우다. 문장이 웅장하고 아름답거나 세밀하고 생동감 있는 것은 『장자』 등의 문장에서도 여전히 볼 수 있다. 더욱 중요한 『사기』의 문학적 가치는 작자 자신의 주체 정신 고양에 있다. 바로 사마천은 궁형이라는 형벌을 받은 후, 가슴 가득 찬 울분을 창작에 쏟아부어 독자로 하여금 함께 고통을 느끼게 한다.

> "「유협전(游俠傳)」을 읽으면 곧 자신의 생명을 가벼이 여기고 「굴원전(屈原傳)」과 「가의전(賈誼傳)」을 읽으면 금방 눈물이 나려고 한다. 「장주(莊周)」와 「노중달전(魯仲達傳)」을 읽으면 곧 세상일을 일체 돌보지 않게 되고 「이광전(李廣傳)」을 읽으면 금방 싸우려고 한다. 「석건전(石建傳)」을 읽으면 곧 몸을 굽히려 하고 「신릉군전(信陵君傳)」과 「평원군전(平原君傳)」을 읽으면 금방 선비를 모으려고 한다."
>
> – 모곤(茅坤)의 『여채백석태수논문서(與蔡白石太守論文書)』 중

사마천은 굴원과 항우, 심지어는 유협과 자객들처럼 재능은 뛰어나지만 불운한 사람들에 대해 그들을 동정하고 이해했다. 사마천 역시 도량이 좁은 우물 안 개구리가 아니었다. 그는 어려서부터 두루 여행을 했고 역사학자로서의 가풍과 포부를 지녔으며 항상 천하의 백성들을 염두에 두었다. 『사기』가 심혈을 기울인 부분은 상당히 넓어서 「평준서(平準書)」, 「봉선서(封禪書)」, 「화식열전(貨殖列傳)」에서 언급하는 것은 경제와 정치 문제다. 「평준서」는 예로부터 한나라 무제의 경제 정책에 대한 비평으로 알려졌다. 무제 치하에서 처음에는 풍요롭던 국고가 적자를 내기 시작했다. 무제는 개인적으로 물질을 추

한나라 때 그림 벽돌. 한나라의 사회생활을 생동감 있게 표현하였다.

구하는 생활에 빠져 사치가 극에 달했고 궁궐을 보수했으며 여러 지역을 순행하기도 했다. 또한 지나치게 자기 능력 과시를 즐겨 제왕으로서 공을 세우려 했다. 그래서 무력을 남용하여 변경을 개척했으며 수리 사업을 크게 벌이고 기근을 구제하고 이재민을 구제하는 데 상당히 많은 돈을 소비하였다. 게다가 사회적으로 부도덕한 상인과 거부들은 매점 행위를 하여 개인의 이익만을 추구하고 국가의 이익은 전혀 돌보지 않았다. 이러한 것들이 무제가 통치하던 시기의 국가 경제를 어렵게 만들었다. 그러나 사마천은 무제가 시행한 '평준(平準)*' 정책의 의의는 재물에 대한 호족과 부정 상인의 독점을 공격하여 황족의 재물을 증가시키는 동시에 한나라의 재물을 증가시키려 데 있다고 보았다. 역사학자로서 사마천은 완전한 국가의 이익과 백성들의 이익이라는 각도에서 그의 창작 대상을 관조했다.

아리스토텔레스는 『시학(詩學)』에서 '시는 역사보다 철학적 의미가 훨씬 풍부하고 훨씬 높으며', '시에서 묘사한 사건들은 보편성을 지니고, 역사는 개별적 사건을 서술한다'고 말한 바 있다. 우리는 사마천의 역사서가 개별적 사건을 서술할 때 항상 하나의 거대한 시공간 속에 배치한다는 것을 알고 있다. 즉 한나라 무제의 경제 정책을 한나라 성립 이래의 경제 상황이나 그 추세와 관련지었으며 제왕이나 장

* **平準**: 물가를 균일하고 공평하게 관리하는 법

상(將相), 유협과 자객, 유자(儒者)와 문인들을 묘사할 때도 그들 각자의 정신 맥락 속에 배치하여 표현하였다.

『사기』는 '시'의 품격을 지니고 있으며, 20세기 중국의 위대한 작가 노신(魯迅)은 '사가(史家)의 절창(絶唱)이요, 가락 없는 『이소(離騷)』로다'라는 두 마디로 사마천을 극찬했다.

1| **유지기**(劉知幾, 661~721): 당나라의 역사가로 중국 역사 비평의 선구자다. 그는 자가 자현(子玄)이며 당나라 팽성(彭城) 사람이다. 42세에 사관이 되어 역사 편찬 작업을 하였다. 그 과정 중에 유지기는 좀 더 자유롭게 자신의 생각을 표현하기 위해 개인적으로 『사통』을 편찬하였다. 이 책은 역사 비평서로 모두 20권으로 이루어져 있으며 후세 역사비평, 역사학사, 역사학 편찬의 원칙과 기초를 제공하였다.

2| **전종서**(錢鍾書, 1910~1998): 파금(巴金)과 함께 전후 중국을 대표하는 작가다. 1910년 강소성 무석에서 출생했으며 중국 고전과 유럽 문학을 전공한 학자다. 1933년 청화(淸華) 대학 외국어문학과를 졸업한 후, 옥스퍼드 대학과 파리 대학에 유학하였다. 1940년대 자신의 유학 경험을 토대로 지식인의 고뇌를 그린 장편 소설 『위성(圍城)』을 발표하면서 작가로 이름이 널리 알려지기 시작하였다. 전종서는 다수의 단편과 산문을 발표하여 중국 문학에 위대한 업적을 남겼다. 『위성』을 비롯한 그의 작품들은 현재 전 세계에 번역되어 읽히고 있으며 그의 작품 세계에 대한 논문도 상당수에 이른다.

3| **한유**(韓愈, 768~824): 자가 퇴지(退之)이며 남양(南陽; 지금의 하남성(河南省) 맹현(孟縣)) 사람이다. 조상이 창려(昌黎; 지금 하남성(河北省) 서수현(徐水縣))에 살았기 때문에 한유 스스로 '창려 한유(昌黎韓愈)'라고 하였고 후인들은 그를 한창려(韓昌黎)라고도 불렀다. 한유는 3세에 부모를 잃고 형수 정씨(鄭氏)의 보살핌으로 성장했으며 어려서부터 각고의 노력을 하여 육경(六經)과 백가서(百家書)에 정통했다. 25세에 진사(進士)에 급제하여 29세에 관리 생활을 시작해서 관직이 이부시랑(吏部侍郞)에까지 이르렀다. 한유는 당송팔대가(唐宋八大家)의 한 사람으로 변려문(駢儷文)을 반대하고 고문 운동을 주도한 것으로 유명하다. 그의 고문 운동은 단순한 문체 개혁 운동이 아닌 사상 개혁 운동이다. 그는 진한(秦漢) 이전의 문장으로 돌아가야 하며 반드시 문장에는 유가(儒家)의 도가 실려 있어야 한다고 주장했다. 그는 맹자 이래로 단절되었던 유학의 도통(道統)을 계승한 사람이 자신이라고 자부하며 고문 운동을 전개하였다. 한유의 문장을 보면 그 문장 표현에 있어서 개성적인 표현을 추구하고 내용이 구체적이다. 또한 유가의 도를 선양한 것, 이치를 표현한 것, 옛 역사에 대한 견해를 쓴 것, 문학에 대한 주장, 서정적이면서 서사적인 글 등 문장의 내용이 다양하여 고문의 교본이 될 정도다.

4| **사마상여**(司馬相如, B.C. 179~B.C. 117): 전한(前漢)의 문인. 촉군(蜀郡) 성도(成都) 사람으로 자는 장경(長卿)이며 한부(漢賦)를 대표하는 작가다. 작품으로 「자허부(子虛賦)」, 「상림부(上林賦)」, 「대인부(大人賦)」, 「장문부(長門賦)」, 「미인부(美人賦)」, 「애이세부(哀二世賦)」 등이 전한다. 어려서부터 독서를 좋아하고 격검(擊劍)을 배웠으며 전국시대 조(趙)나라 사람인 인상여(藺相如)를 존경하여 이름을 상여(相如)로 바꾸었다. 거부의 딸 탁문군(卓文君)과의 스캔들이 널리 알려져 있다. 그가 지은 「자허부」에 감탄한 한나라 무제가 사마상여를 등용하게 되고 이후로 그는 자신의 글재주로 벼슬을 하게 된다.

제5장 • 위진(魏晋) 시대의 문학과 도연명(陶淵明)

후한(後漢) 말엽부터 위진 남북조(魏晉南北朝)까지의 시기는 중국 역사상 정치, 경제, 문화의 대변혁기였다. 사회 혼란과 빈번한 왕조의 교체는 양한(兩漢)이 통일한 사회를 완전히 해체시키기에 이르렀다. 유가 사상의 통치 이념이 힘을 잃기 시작하여 문인 사상이 해방감을 맛보게 되어 유가의 경전과 규범을 뛰어넘었고 학문상의 원리나 법칙을 중시하는 사변(思辨)과 현학(玄學)의 사유 방식이 성행하기 시작했다.

문인들은 사회 동란과 날로 피폐해지는 민생, 한 치 앞을 내다볼 수 없는 사람의 목숨, 예측 불가능한 흥망성쇠 등에 느끼는 바가 있어 인생에 대해 더욱 심각한 사색에 빠지게 되었고 노장 사상이 다시 대두했다. 문인들은 상당히 감격하여 '심정을 토로하고 뜻을 표현'하는 시가의 기능을 통해 충분히 마음을 표현하였다.

건안(建安)의 작가들은 삼조(三曹)*를 중심으로 하여, '칠자(七子)**'를 날개로 삼았다. 『문심조룡』「시서(時序)」에서는 '당시의 문장을 보면 강개함을 좋아하는 성향이 있었다. 이는 백성들이 장기간 전란의 고통을 겪어 풍속이 쇠하고 인심이 원망으로 가득 찼기 때문이다. 문사들은 이를 마음 깊이 느끼게 되었고 이런 감정을 사람들의 심금을 울리는 말과 글로 표현해냈다. 이런 까닭에 그들의 작품들은 강개함과 활력으로 넘치게 되었다(觀其時文, 雅好慷慨, 良由世積亂離, 風哀俗怨, 并志深而筆長, 故梗概而多氣也)'고 하였다. 후인들은 상술한 건안 문학의 특징을 '건안풍력(建安風力)' 혹은 '건안풍골(建安風骨)'이라고 했다.

건안 시기의 비공리적이고 인연을 중시하며 개성을 중요시하고 비분강개의 미를 추구하던 문학과 이별을 고한 후 새로운 문학 경향이 등장했다. 서진(西晉)에서 동진(東晉)에 이르러 사족과 귀족들은 풍요롭고 안락한 생활 속에서도 오히려 근심을 가득 품고 항상 정치적 소용돌이에 휘말릴까봐 좌불안석이었다. 그들은 '항상 커다란 그물에 걸려들까 두려워했고 근심과 불행이 하루아침에 찾아올까봐' 늘 불

* **三曹**: 조조(曹操), 조비(曹丕), 조식(曹植) 삼부자를 말한다.

** **七子**: 칠자에는 공융(孔融), 왕찬(王粲), 유정(劉楨), 진림(陳琳), 완우(阮瑀), 서간(徐幹), 응창(應瑒) 이 있다.

청나라 천진(天津) 양류청(楊柳靑)의 연화(年畵)* 〈죽림칠현(竹林七賢)〉

안에 떨었다. 그 결과 그들의 작품 속에 환경에 순응하고 생명을 보존하고자 하는 사상 경향이 드러나기 시작했다. 어떤 시인들은 산수에 그 마음을 기탁하여 정신의 안정을 추구했다. 현학이 성행하던 당시에 노장사상이 일세를 풍미했으며 명사들은 모두 현담(玄談)의 기풍을 유행으로 여겼다. 이러한 청담현리(淸談玄理)의 영향을 받아 '사상적인 면에 대한 언어 표현을 지나쳐 그 담백하기가 아무런 맛이 없는 듯한(理過其辭, 淡乎寡味)' 현언(玄言) 문학이 성행하게 되었다. 그로 인해 문학 작품에도 '무위(無爲)', '무명(無名)', '소요(逍遙)', '제물(齊物)' 등의 추상적 개념이 가득 차서 '시가는 반드시 노자와 장자의 사상을 본질적 주제로 삼고 사부는 노자와 장자에 주석 다는 일을 할 뿐(詩必柱下之旨歸, 賦乃漆園之義疏)'이었다.

일부 지식인들은 점차 자신의 역사적 사명을 분명히 인식하게 되었다. 그들은 혼란한 정치로부터 벗어나 불만과 울분에 가득 찬 마음으로 은거하며 당시 정권에 침묵으로 항의했다. 이것이 위진 시대 명사들의 근본적 특징이다. 이 시기에 가장 유명한 명사로는 '죽림칠현(竹林七賢)'을 들 수 있다. 완적(阮籍), 혜강(嵇康), 산도(山濤), 유령(劉伶), 완함(阮咸), 향수(向秀), 왕융(王戎)이 바로 '칠현(七賢)'이다. 그들은 마음이 넓고 활달하여 얽매임이 없었고, 항상 대나무 숲에서 노래 부르

* **年畵**: 세화, 설날 실내에 붙이는 그림

고 술을 마시며 즐겁게 지냈다. 시문 역시 넓고 확 트인 그들의 심정과 산수, 은거 생활 등의 내용을 다루고 있다. 완적과 혜강 등의 전통을 계승한 도연명은 숲과 샘에서의 은거 생활을 상당히 완벽한 단계로 발전시켜 산수 전원시의 새로운 경계를 개척했다. 종영(鍾嶸)[1]은 『시품(詩品)』에서 도연명을 '고금 은일 시인(隱逸詩人)의 시조'로 높이 받들었다.

도연명(陶淵明)[2]은 만년에 이름을 잠(潛)으로 바꾸었다. 그는 심양 시상(潯陽柴桑)[3] 사람으로, 몰락한 관료 집안 출신이다. 증조부 도간(陶侃)은 관직이 대사마(大司馬)*에 이르렀으며 조부와 부친 역시 태수(太守)와 현령(縣令) 등의 관직 생활을 했다. 그러나 도연명에 와서는 가세가 기울기 시작했다. 그는 8세 되었을 때 부친을 여의었고 12세에 모친 역시 병으로 여의어 어려서부터 거의 외조부 맹가(孟嘉)의 집에서 생활했다. 맹가는 당시의 명사(名士)로 '행동함에 있어서 남에게 아부하지 않고 말함에 과장되거나 뽐내는 일이 없었으며 일찍이 얼굴에 기쁨과 노여움을 드러낸 적이 없었다. 술을 좋아하지만 아무리 많이 마셔도 흐트러짐이 없었다. 무언가를 잊거나 또는 뜻을 이루어도 주위 사람을 전혀 아랑곳하지 않았다'고 한다. 도연명의 생각과 처세술은 외조부를 상당 부분 본떴기 때문에 개성과 수양에 있어서 외조부의 분위기가 농후했다.

학자들이 『장자』와 『노자』를 중시하고 '육경'을 배척하던 양진(兩晋) 시대에 그는 일반 사대부들처럼 『노자』와 『장자』를 배웠으며 유가의 '육경'과 문(文), 사(史), 『산해경(山海經)』[4] 같은 '진기한 책(異書)'도 공부했다. 시대사조와 가정환경의 영향을 받아 그는 유가와 도가라는 상이한 사상을 받아들여서 '강렬한 뜻은 사해에 떨치고', '천성은 원래부터 언덕과 산을 좋아하는' 등 서로 다른 취향을 가졌다.

소년 시절의 도연명은 가풍과 유가 경전의 영향을 받아 '강렬한 뜻을 사해에 떨치고 날개를 퍼덕여 높이 날아올라 생각을 널리 펼치고

* **大司馬**: 군사 부문을 담당하는관직

자' 하는 웅대한 포부를 갖고 있었다. 그러나 문벌 귀족들이 높은 관직과 요직을 독차지하여 한미한 가문 출신의 도연명은 29세가 되어서야 출사할 수 있었다. 이후 10여 년 동안 그는 몇 차례 관직 생활을 했는데 관직이라고 해야 제주(祭酒)*나 참군(參軍)** 등의 하급직에 불과했다. 그로 인해 세상을 구하겠다는 그의 포부를 펼칠 수 없었고 뜻을 꺾고 몸을 굽혀 관리 사회의 인물들과 무의미한 교류를 하였다. 결국에는 마음속에 부끄러운 것이 많이 생겨나고 자신의 뜻을 거스르며 관직 생활을 하자니 고통스러워 병에 걸릴 것 같았다.

도연명에게는 외조부와 도가 사상의 영향을 받아 일찍부터 자연을 사랑하고 은일(隱逸)을 흠모하는 사상이 있었다. 이른바 '한가로이 살아온 30년, 마침내 세상일에 어두워지네. 시서는 오래도록 더욱 좋아하고 전원과 숲에는 세속의 일이 전혀 없도다'의 상황이다. 관직 생활 중에 자신의 뜻을 얻지 못하자 도연명은 '전원과 숲의 좋음을 조용히 생각하니 사람들의 사이란 본래 물러나야 좋은 것'이라며 이러한 생활을 더욱더 동경하게 되었다. 그래서 그는 10여 년 관직 생활을 하는 동안, 줄곧 '한 마음속 두 가지 생각'을 하여 관직 생활과 은거 생활에 대한 생각이 수시로 바뀌었다.

39세가 되자, 도연명은 '선대의 스승 남긴 교훈이 있으니 도를 근심하지 가난을 근심하지 않는다네. 우러러보나 아득하여 따라가기가 어려워, 차라리 오래도록 부지런하게 살려 한다네'라는 생각을 갖게 되었다. 현실에서 이상을 실현할 수 없게 되자, 도연명은 몸소 경작하여 자급자족하기 시작했다. 유가 사상에서는 노동을 경시하여 위진 남북조 시대에 사대부들이 농사짓는 일을 부끄러워했다는 것을 흔히 볼 수 있다. 후에 도연명은 진군참군(鎭軍參軍)과 건위참군(建威參軍)의 직을 맡은 적은 있었다. 마지막으로 팽택령(彭澤令)을 지냈는데 관리가 되어 80일이 되었을 때 군독우(郡督郵)가 현에 행차하자 현의 관리가 도연명에게 의관을 정제하고 독우를 맞이하라고 했다. 이때 그는

명나라 장붕(張鵬)의 〈연명취귀도(淵明醉歸圖)〉. 국화를 가지고 술을 마시는 도연명의 은사(隱士)적 풍모를 표현하고 있다.

* **祭酒**: 한나라 말에 생긴 관직명이다. 본래 고대에는 관직명이 아니라 술을 가지고 제사 지내는 것을 의미하거나 술로 신에게 제사 지내는 연장자를 뜻했다.

** **參軍**: 군사 관련 업무를 담당하는 관직명으로 동한 말에 생겨났다. 본래 참모군사(參謀軍事)라고 하나 이를 줄여 참군이라 한다.

명나라 구영(仇英)의 〈도원선경도(桃源仙境圖)〉. 도연명의 글 중 사람들에게 가장 널리 알려진 것은 『도화원기』다. 이 글은 '도화원'이라는 이상적 세계를 형상화하여 백성들이 그곳에서 편안하게 살며 즐겁게 일을 하고 세상과 다투지 않는 모습을 그리고 있다. 후에 왕유(王維), 한유(韓愈), 유우석(劉禹錫) 등은 모두 '도화원'을 제재로 한 시를 지어 자신들의 사회적 이상을 토로하였다.

탄식하며 '나는 쌀 다섯 말 때문에 시골 어린애에게 허리를 굽힐 수는 없다'라고 했다. 그 길로 즉시 사직하고 전원으로 돌아갔다.

집 넓이는 십여 묘에(方宅十餘畝)

초옥은 일여덟 칸(草屋八九間).

느릅나무와 버드나무는 뒤편 처마를 뒤덮었고(楡柳蔭後檐)

복숭아와 자두나무는 집 앞에 무성하네(桃李羅堂前).

이후 도연명은 관직 생활을 완전히 청산하고 전원으로 돌아갔다.

그 후 20여 년은 도연명의 창작이 상당히 활발했던 시기로 그의 전원시는 후세에 추앙을 받았다. 송나라 때는 '시의 기본 준칙'으로 간주되기도 했다.

'동쪽 울타리 아래에서 국화꽃 꺾고 여유롭게 남산을 바라보네(采菊東籬下, 悠然見南山)'라는 우아하고 아름다운 전원 경치 속에서 도연명은 고관과 귀인들의 시끄러운 수레 행렬을 피했으며 영혼의 자유와 안식을 얻었다. '전원'은 도연명의 시를 통해 고도로 순화(純化)되고 미화되었으며 고통스러운 세상에서 정신의 안식처가 되었다. 도연명 시의 중요한 제재가 전원생활이어서 사람들은 그를 '전원시인'이라 불렀다. 그는 몸소 전원생활을 하고 시가 창작에 힘을 기울였다. 노신은 도연명이 당시의 혼란한 상황에 익숙했고 찬탈에 의한 왕조의 교체도 여러 번 직접 보았기 때문에 더 이상 심각한 불평불만이 없어 그의 시가 평온해질 수 있었다고 말했다.

도연명의 시에서 평담(平淡)한 전원 풍경과 농촌의 일상생활, 그리고 이러한 생활 속에서의 평화로운 심경은 모두 소박한 언어와 자연스러운 표현을 통해 묘사되었다. 가슴속에서 자연스레 흘러나오는 듯이 솔직함과 자연스러움이 혼연일체가 되어 인위적인 느낌이 전혀 들지 않는다. '독산해경(讀山海經)'을 감상해 보자.

초여름 초목은 나날이 자라고, 집 둘레 나무는 잎가지가 무성하다

(孟夏草木長, 繞屋樹扶疎).

새 떼는 깃들 곳에 즐거워하고, 나 또한 내 집을 사랑하노라

(衆鳥欣有託, 吾亦愛吾廬).

이미 밭 갈고 씨 뿌렸으니, 이제는 나의 책을 꺼내 읽는다

(旣耕亦已種, 時還獨我書).

내 사는 곳 거리에서 멀리에 있어, 친한 이도 수레를 돌려 간다

(窮巷隔深轍, 頗回故人車).

즐기어 혼자 봄 술을 마시며, 정원의 나물 뜯어 안주를 한다

(歡言酌春酒, 摘我園中蔬).

가는 비는 동쪽에서 내려오고, 비와 함께 불어오는 바람도 좋다

(微雨從東來, 好風與之俱).

찬찬히 주왕전을 꺼내 읽고, 두루 산해도를 읽어 본다

(泛覽周王傳, 流觀山海圖).

고개 끄덕이는 동안 우주를 다 보니, 이보다 더한 즐거움이 어디 있으랴

(俯仰終宇宙, 不樂復何如).

그의 상당히 보편적인 '농가(農家) 언어' 속에는 '희미한 먼 촌락, 가물가물한 마을의 연기(曖曖遠人村, 依依墟里煙)'처럼 풍부한 자연 경치가 포함되어 있다. 농촌에서의 생활을 그린 부분도 있다.

봄가을엔 좋은 날 많아(春秋多佳日)

높은 데 올라가서 새 시를 짓는다(登高賦新詩).

문 앞을 지날 적엔 번갈아 불러들여(過門更相呼)

술이 있으면 따라 마신다(有酒斟酌之).

농사일에 각자가 돌아갔다가(農務各自歸),

한가한 틈 생기면 곧 생각한다(閑暇則相思).

생각나면 옷걸치고 나서서(相思則披衣)

말하고 웃으니 싫증나는 적이 없다(言笑無厭時).

평담하며 자연스러운 시구를 보는 듯하지만 사실 생동감 있는 전원 분위기로 가득 차 있다. 도연명의 시가 언어는 복잡하고 장황한 부분을 모두 생략하여 밝고 깨끗한 순수함만을 드러내었다. 후세에 도연명의 시는 '시가 질박하지만 실은 아름답고 여윈 듯하지만 실은 기름지다'라고 평가받는다.

도연명이 남긴 산문과 사부(辭賦)* 중에 「도화원기(桃花源記)」와 '귀거래사(歸去來辭)'가 가장 유명하다.

『도화원기』는 사실 소설에 가깝다. '세상 밖의 도원(桃源)'을 허구적으로 구성하여 유가의 이상 속에 존재하는 상고 시대의 순박함과 노자가 선양한 '소국과민(小國寡民)'의 사회 유형을 보여준다.

"땅은 넓고 평평했으며 집들도 잘 정돈되어 있었다. 기름진 땅과 아름다운 연못이 있고 뽕나무와 대나무 등이 있었다. 밭 사이 길은 사방으로 통하고 닭 울고 개 짖는 소리가 도처에서 들렸다. 이곳에서 오가며 농사짓는 것과 남녀가 옷 입는 것이 모두 바깥세상과 같았다. 노인과 어린아이가 함께 기뻐하고 즐거워했다(土地平曠, 屋舍儼然. 有良田, 美池, 桑竹之屬. 阡陌交通, 鷄犬相聞. 其中往來種作, 男女衣著, 悉如外人. 黃髮垂髫, 並怡然自樂)."

이 부분은 마을의 모습을 묘사하고 있는데 작자의 전원시와 그 정취가 흡사하다. '귀거래사'는 도연명이 사직하고 전원으로 돌아갈 것을 결심했을 때 지은 작품이다. 중국 고대의 각종 문체 중에서 사부는 화려함을 기본 특징으로 삼는데 도연명의 부는 오히려 소박하고 청신하다. '배는 흔들흔들 가볍게 흔들리고 바람은 한들한들 옷깃을 스치네(舟遙遙以輕颺, 風飄飄而吹衣)'에서는 전원으로 돌아오는 도중 무

* **辭賦**: 문학 장르의 일종으로 초사의 형식에 의거한, 산문에 가까운 운문이다.

한한 자유와 가볍고 즐거운 마음을 상상한 것이다. '구름은 무심히 산골짜기를 돌아 나오고 날기에 지친 새들은 둥지로 돌아올 줄 안다네(雲無心以出岫, 鳥倦飛而知還)'와 '나무들은 즐거운 듯 생기 있게 자라고 샘물은 졸졸 솟아 흐르네(木欣欣以向榮, 泉涓涓而始流)' 등의 경치를 묘사한 부분에서는 자연계의 탄생과 변화, 자유로 가득 찬 영혼을 생동감 있게 묘사하고 있다.

몸소 밭 갈고 씨 뿌리면서 전원생활을 읊은 도연명은 그의 고향 시상(柴桑)에서 시와 술로 살아갔다. 비록 여름날엔 종일 배 주리고 추운 밤에는 이불도 없이 자는 곤궁한 상황이었지만 여전히 곤궁한 가운데 지조를 지키고 출사를 거부하였다. 그리고 하늘을 우러러 한 점 부끄럼 없는 격조 높은 자존심을 지닌 채 세상과 더불어 길게 이야기하였다.

1| **종영**(鍾嶸): 자가 중위(仲偉)로 비평서 『시품(詩品)』이 유명하다. 『시품』은 5언시를 대상으로 한, 위에서 양에 이르기까지 122인의 작가를 상, 중, 하 3품으로 분류하여 비평하였다. 이 비평서를 통해 종영은 성정(性情)을 시의 근본으로 삼고 시의 생명은 참된 정감 표출에 있다고 보았으며 전고사용과 사성팔병설(四聲八病說)을 반대하고 현언시(玄言詩)를 비판하는 등 당시 문예 경향에 대해 크게 반박하였다.

2| **도연명**(陶淵明, 365~427): 동진의 시인. 이름은 잠(潛), 호는 오류선생(五柳先生)이며 연명은 자(字)다. 405년에 팽택현(彭澤縣)의 현령이 되었으나 80여 일 뒤에 '귀거래사'를 남기고 관직에서 물러나 귀향하였다. 자연을 노래한 시가 많으며 당나라 이후 육조(六朝) 최고의 시인으로 불린다. 시 외의 산문 작품에 「오류선생전」, 「도화원기」 등이 있다.

3| **심양시상**(潯陽柴桑): 지금의 강서성 구강현

4| 『**산해경**(山海經)』: 중국의 대표적 신화, 지리서다. 하(夏)나라의 우(禹) 임금과 그의 신하인 백익(伯益)이 국토를 정리하고 각 지역의 산물을 살펴본 후 편찬했다는 것이 전통적으로 내려오는 설이지만 시대마다 학자들의 이견이 다양하다. 전체적으로 「산경(山經)」과 「해경(海經)」으로 나뉜다. 「산경」은 중국과 주변 지역을 다섯 부분으로 나누어 447개에 달하는 산에 대해 서술하였다. 「해경」은 이국의 풍속과 사물, 영웅들의 행적, 신들에 대한 이야기, 괴물에 대한 서술 등으로 이루어져 있다. 전체적으로 『산해경』은 일정한 방위 개념에 의해 각 지역에 대한 서술이 주를 이루어 지리서적인 성격이 강하다. 그러나 그 내용을 들여다보면 각 지역의 민속, 종교, 기괴하면서 독특한 신령스러운 존재에 대한 이야기들 속에 원시적 세계관이 잘 드러나 있다. 이런 측면에서 신화서적인 경향을 띤다.

제6장 • 이백(李白)

- 낭만주의 천재 시인

이백

성당(盛唐) 시기는 중국 시가 창작의 황금기다. 중국의 위대한 낭만주의 시인 이백(李白)[1]은 바로 성당 시기 시단의 걸출한 대표적 시인이다. 그의 시가는 성당 문화의 웅대한 기상을 완벽하게 구현했으며, 이는 성당 문학에 있어서 최고의 성취로 손꼽힌다.

이백은 비범한 필력과 재능을 지닌 인물이다. 동시대의 또 다른 위대한 시인 두보(杜甫)[2]는 일찍이 '옛날 미치광이 객이 있었는데, 호를 적선인이라 했다. 붓을 대면 바람과 비를 놀라게 하고 시가 이루어지면 귀신을 울릴 정도였다(昔年有狂客, 號爾謫仙人. 筆落驚風雨, 詩成泣鬼神)'라며 이백에게 찬사를 보냈다.

그의 시가는 호방하고 격앙된 정서로 가득 차 있으며, 웅장하고 기이하며 낭만적인 기풍이 있어, 후세 문학에 큰 영향을 끼쳤다. 오랜 세월 동안 널리 중국인에게 사랑받았으며 어린아이들을 깨우칠 때도 그의 시 '정야사(靜夜思)'를 들어 가르칠 정도였다.

침상 앞에 비치는 밝은 달빛을 바라보고(床前明月光)
땅에 서리가 내린 것이 아닌가 하네(疑是地上霜).
고개 들어 밝은 달을 바라보고(擧頭望明月)
고개 숙여 고향을 생각하노라(低頭思故鄕).

이백의 생애와 그가 인생에서 추구한 것들은 시가 기풍 형성에 중요한 영향을 끼쳤다. 그는 소년 시절에 일찍이 고향 산속에서 글을 읽고 도를 배웠으며 20세 쯤에는 고향을 떠나 천하를 유람하면서 중국 땅의 절반 이상에 그의 흔적을 남겼다. 자연산수의 모습을 묘사한 그의 수많은 시들은 인구에 회자되고 있다. 그중 '망여산폭포(望廬山瀑布)'를 감상해 보자.

해가 향로봉을 비추니 자줏빛 안개 일어나고(日照香爐生紫煙)
멀리 폭포를 바라보니 마치 긴 냇물 걸어 놓은 듯하네(遙看瀑布卦長川).
날듯이 흘러 수직으로 삼천 척 떨어지니(飛流直下三千尺)
은하수가 구천에서 떨어지는 듯하구나(疑是銀河落九天).

시어가 청신하고 자연스러우며 명쾌하면서 막힘이 없고 비유가 생동감 있다. '날듯이 흘러 수직으로 삼천 척 떨어지니 은하수가 구천에서 떨어지는 듯하구나(飛流直下三千尺, 疑是銀河落九天)'의 부분에서는 상당히 뛰어난 과장법을 구사하고 있다. 시인은 자연에 대한 찬미와 애정을 진실하고도 절실하게 토로하고 있다. 한 번 입김을 불어넣으면 시구가 이루어지며, 그 안에는 무궁무진한 감정과 흥취가 담겨 있다.

청나라 고기패(高其佩)의 〈여산폭포도(廬山瀑布圖)〉

이백은 당나라 현종(玄宗)이 통치하던 개원(開元)[3], 천보(天寶)[4] 연간에 활동하였다. 개원 연간은 역사상 '개원성세(開元盛世)'라 불리던 시기다. 이 시기에 국가는 통일되고 사회 경제와 문화 등이 전무후무한 번영을 이루었으며 지식인들은 더욱 많은 기회와 조건을 바탕으로 자신의 재주와 능력을 펼치고 공을 세울 수도 있었던 시기였다. 그래서 이백 같은 지식인들의 호방함과 진취적 정신은 강렬하게 끓어올랐다. 이백은 개성이 강하고 자신감 넘치며 자유분방하고 재능이 뛰어나며 거리낌이 없었다. 소년 시절에 기서(奇書)*를 즐겨 읽었으며 사부를 짓기도 하여 천재적 자질을 드러내기 시작했다. 어렸을 때 일찍이 검술을 배웠으며

* **奇書**: 내용이 기이한 책

유선(游仙)과 협객 생활을 경험했는데 그 스스로 시를 통해서 '머리 묶어 어른이 되어 세상일은 잘 몰랐으나 사귀는 이들은 모두 호방한 영웅들이었네. …번쩍이는 흰 칼날에 몸을 의지하고 속세에서 사람을 죽이네'라고 표현했다. 유협 행위에 대한 만족스러움과 자유분방한 태도가 분명하게 드러나 있으며, 이러한 태도는 그 후에 그의 작품 속에서도 전혀 사라지지 않았다. 이백은 '협객행(俠客行)'과 '부풍호사가(扶風豪士歌)' 등의 시를 통해 약속한 말은 틀림없이 지키고 악을 제거하고 선을 칭송하며 공명을 경시하는 고대의 협객들에 대한 자신의 탄복과 흠모의 심경을 통쾌하게 드러냈다. 그리고 내면 깊은 곳에서 스스로 영웅과 지모가 뛰어난 신하가 되고자 하는 마음을 드러내어 자신에게 난세를 평정할 뛰어난 재주와 영웅심이 있음을 표현했다.

기질에 있어서 이백의 가장 중요한 특징은 남다른 자신감과 자부심이다. 그는 정치에 참여하고자 하는 강렬한 열정이 있어서, 그 스스로 고대 현신이나 재상의 재능을 갖추고 있다고 생각했다. 특히 조정이 혼란할 때, 그는 통치자에게 중용되어 국가를 안정시킬 수 있는 자신의 모든 지혜와 재능을 유감없이 발휘하여, 난을 평정하고 국가를 다스리기를 강렬히 갈망했다. 그러나 그는 끝내 일생 동안 이런 기회를 얻지 못했을 뿐 아니라, 관직 생활도 평탄치 못해 두 차례나 벼슬에서 쫓겨나 귀양 가는 등 어려움을 겪었다. 적극적으로 세상에 들어가려 했으나 뜻을 이루지 못하자, 갈망과 실망이 교차하는 그의 분노는 붓끝을 통해 자연스레 흘러나왔다. 그는 '촉도난(蜀道難)'과 '행로난(行路難)' 같은 시를 여러 수 지어 나그네의 길 가는 어려움을 묘사했다. 이는 사실 간신배들이 정권을 장악하고 있어 자신의 관직 생활이 순조롭지 못하여 재능을 발휘할 수 없고 포부를 실현할 수 없는 현실의 고통 속에서 '가는 길이 어려워라, 푸른 하늘에 오르기 어렵구나'라는 스스로의 탄식을 내뱉은 것이다.

현대 사진구(謝振甌)의 〈대당기악도(大唐伎樂圖)〉. 성당 시기의 번영과 개방적인 분위기를 묘사했다.

청나라 소육붕(蘇六朋)의 〈태백취주도(太白醉酒圖)〉. 이백이 당나라 현종의 궁전에서 술에 취해 두 명의 내시에게 부축받는 모습을 묘사하였다.

이백은 42세가 되었을 때 현종의 부름으로 조정에 들어갔다. 그는 자신의 재능을 펼 수 있는 기회가 마침내 찾아온 것이라 여기고 상당히 흥분하여 하늘을 우러러 한바탕 크게 웃은 뒤 문을 나서며 자신감에 가득 차 '나 같은 이 어찌 쑥처럼 살아가랴?'라고 하였다. 그러나 그 시기의 현종은 이미 의지가 굳고 강인했던 예전 모습이 아니라, 향락에만 탐닉하는 군주일 뿐이었다. 조정에 불려 들어간 이백은 황제의 공덕을 기리고 칭송하는 어용문인에 불과했다. 그의 정치적 이상은 근본적으로 실현될 가능성이 전혀 없었다. 얼마 후 조정의 권력자들에게 시기와 배척을 받아 장안에서 쫓겨나자 남하하여 유랑 길에 올랐다. 그는 이 시기에 대표작이라 할 수 있는 '몽유천모음류별(夢游天姥吟留別)'을 지었다. 이 시를 통해 현실 속에서 인생의 출구를 찾지 못한 이백은 허구와 환상 속에서 해탈하고자 시도했다. 그는 꿈속에서 속세로부터 멀리 떨어진 기이하며 환상적인 신선 세계를 만들어, 이 신기하고 아름다우면서도 어렴풋하고 음산함이 공존하는 곳에서 영혼의 자유에 대한 자신의 동경과 현실의 어두움에 대한 두려움을 토로하였다. 꿈의 세계가 사라지고 잠에서 깨어나자, 꿈속에서 보았던 기이한 풍경들이 존재하지 않아 사람을 실의에 차게 했다. 시의 끝부분에서 이백은 인간 세상의 즐거움 역시 한바탕 꿈에 불과하여 눈 깜짝할 사이에 지나가 버린다고 탄식하며, '어찌 능히 눈썹 꺾고 허리 굽혀 권력과 부귀 섬겨, 내 마음과 얼굴을 펴지 못하게 하리오(安能摧眉折腰事權貴, 使我不得開心顏)'라고 호방하게 말했다.

이백은 자신의 뛰어난 재능에 자부심을 갖고 있으면서도 불우하여 좌절과 실패를 겪는 고민스러운 상황에 대해서 상당히 독특한 해결법을 가지고 있었다. 바로 달과 술로 자신의 심경을 토로하는 것으로, 이는 그의 시가에서 빼놓을 수 없는 내용이 되었다. '형부시랑 이엽과 중서사인 가지를 동반하고 동정호에 노닐다(陪族叔刑部侍郎曄及中書賈舍人至游洞庭湖五首)'의 두 번째 수를 감상해 보자.

'왕창령이 용표로 좌천된 소식을 듣고 멀리서 부치다(聞王昌齡左遷龍標遙有此寄)'의 시의도(詩意圖)*로 현대 손문탁(孫文鐸)의 그림이다.

남쪽 호수의 가을 물 밤에는 안개 한 점 없어(南湖秋水夜無烟)
물길 따라 하늘로 올라갈 수 있다네(耐可乘流直上天).
잠시 동정호에서 달빛을 빌려(且就洞庭賒月色)
배 저어 흰 구름가에서 술을 사네(將船買酒白雲邊).

이 시는 마음과 자연이 서로 어우러지는 가운데 찾아오는 여유로운 만족감과 초탈의 심정을 드러내었다. 뒤의 두 구는 동정호에서 달빛을 빌려, 흰 구름가로 배 저어 가서 술을 사온다는 내용으로, 자연을 인정미 넘치게 표현하였다. 시인의 마음은 순수하고 천진난만하

* **詩意圖**: 유명한 고사(故事)나 시를 주제로 그린 그림

* **團圓**: 흩어졌던 가족이 다시 모이거나 온 가족이 단란하게 지낸다는 의미

여, 천지자연과 서로 어울리고 생동감 있는 산수자연 속에서 끝없는 감동을 받고 있다. 호수의 물빛과 달빛, 흰 구름이 주흥을 돋우는 중에 시인은 세상 밖의 도화원과 같은 마음의 안식처를 찾은 것 같다. 그래서 더 이상 속세의 혼란함이 없어 마음 편히 있을 수 있으며, 시원스럽고 대범하며 뛰어난 바람 신의 기질을 유감없이 펼칠 수 있는 것이다.

달은 중국 전통 문화 속에서 신비하고 몽롱한 미적 감각을 지니고 있는 존재다. 달은 일반적으로 사람들에게 그리움의 정을 유발하는데, 특히 '달은 고향의 달이 밝다(月是故鄕明)'라는 시구는 고향에 대한 진한 그리움을 표현한다. 중국 문학에서 달을 묘사하여 감정을 토로한 문장은 부지기수다. 고대 신화 전설 속에는 달과 관련된 아름다운 고사가 상당히 많다. 중국 전통 명절인 중추절은 달이 내포한 '단원(團圓)*'의 의미를 더욱 강조한다. 달을 향해 기원하고 달을 감상하는 것은 중추절의 중요한 풍속이다. 함께 모인 가족들은 멀리 타지에 있는 친지를 그리워하며 '바닷가에 밝은 해가 떠오르니 저 하늘 끝에서도 지금 이 순간을 함께 하길' 바라는 마음을 표현한다. 이백은 시가 속에서 달의 의미를 더욱 확대하였다.

그의 '고랑월행(古朗月行)'을 감상해 보자.

어려서는 달을 잘 몰라서(小時不識月)
흰 옥구슬 쟁반이라 불렀다네(呼作白玉盤).
또 요대의 거울이 날아서(又疑瑤臺鏡)
흰 구름 끝에 걸려 있는 줄 알았네(飛在白雲端).

달을 흰 옥구슬로 만든 쟁반에 비유하기도 하고 신선이 몸단장할 때 사용하는 거울에 비유하기도 하여 상당히 친밀하면서도 신비로운 분위기가 느껴진다. 앞서 언급했던 '정야사'의 '고개 들어 밝은 달을

바라보고 고개 숙여 고향을 생각하노라'의 부분에서는 달을 바라보면서 고향을 그리워하는 마음을 직설적으로 표현하고 타향을 떠도는 고독감을 드러냈다. 고개를 들고 숙이는 사이, 여러 해 이곳저곳 떠돌며 겪었던 고생스러움과 고향 집이 무탈하기를 바라는 그리움이 가슴에 가득 차서 읽는 이로 하여금 시인과 같은 감상에 빠져들게 한다.

'왕창령이 용표로 좌천된 소식을 듣고 멀리서 부치다(聞王昌齡左遷龍標遙有此寄)'라는 시를 감상해 보도록 하자.

버드나무 꽃가지 다 지고 두견새 우는데(楊花落盡子規啼)
좌천 길은 용표에서 오계를 지난다고 들었네(聞道龍標過五溪).
내 근심스러운 마음을 밝은 달과 함께 부치노니(我寄愁心與明月)
바람을 좇아 야랑 서쪽에 곧바로 이를 것이네(隨風直到夜郎西).

'수심(愁心)'과 '명월(明月)'을 함께 부쳐서 멀리 떨어진 후의 절실하면서도 절절한 마음과 벗의 앞길에 대한 근심 어린 마음이 높은 산과 멀리 이어진 물을 따라 흐르는 것처럼 끝이 없음을 표현했다.

이백은 현실에서 뜻을 이루지 못해 우울한 심정과 가슴속 가득 찬 풀 길 없는 분노와 비애를 술 마시고 시를 읊는 방법으로 잠시나마 털어놓았다. 젊은 시절 그는 의협심이 강했으며 일찍이 도사들과 사귀며 도를 배우기도 했다. 이백은 도가 문화의 영향을 받아 시가 속에 항상 속세를 벗어난다든지, 공명과 관직을 경시하는 등의 사상이 함축되어 있다. 그는 정치에서 자신의 재능을 성공적으로 발휘하기를 바라는 한편, 성공이 가져올 수 있는 부귀영화는 경시했다. 그의 사상에는 유가의 '천하를 다스리는 데' 힘쓸 재능과 도가의 '세상 밖에 노닐며 세속을 벗어나려는' 경향이 공존했다. 사실 이백의 사상은 상당히 복잡해서 이 두 가지 문화의 영향으로만 명확하게 해석할 수 있는 것은 절대 아니다. 그는 벗에게 '충절을 다해 성군께 보답한 연후에 흰 구름을 끌어안고 누우리'라는 시를 바쳤다. 훌륭한 군주에게 채용되어 자신의 정치적 포부를 실현하고 나서 세속 밖의 자연물을 이상적 안식처로 삼겠다는 생각을 담고 있다. 이러한 생각이 현실 속에서 심각한 타격을 받자 그는 항상 인생무상과 부귀영화의 부질없음을 느끼게 되었다. 그리고 차라리 그때그때 즐거움을 누리고 술 마시며 달을 감상하는 것이 최상의 유유자적함을 누릴 수 있는 방법이라 생각했다.

'월하독작(月下獨酌)'을 통해서 가슴 가득 수심이 들어차서 홀로 술잔을 기울이며 홀로 노래하고 홀로 즐기는 고독한 모습과 시원스럽고 대범한 모습을 지닌 낭만적인 시인을 분명하게 볼 수 있다.

꽃 속에 술 단지 마주 놓고(花間一壺酒)
짝 없이 혼자서 술잔을 드네(獨酌無相親).
밝은 달님 잔 속에 맞이하니(擧杯邀明月)
그림자와 나와 달이 셋이어라(對影成三人).
달은 본시 술 마실 줄 모르고(月旣不解飮)
그림자는 나를 따르기만 하네(影徒隨我身).
잠시나마 달과 그림자 함께하여(暫伴月將影)
봄철 한때나 즐기고자 하네(行樂須及春).
내가 노래하면 달은 서성거리고(我歌月徘徊)
내가 춤추면 그림자도 따라 춤추네(我舞影零亂).
깨어서는 함께 어울려 놀고(醒時同交歡)
취하면 각자 헤어지는 것(醉後各分散).
무정한 교유를 길이 맺었으니(永結無情遊)
아득한 은하에서 다시 만나리(相期邈雲漢).

꽃, 달, 술, 노래, 춤은 낭만적인 시인과 그의 고독한 그림자와 더불어 맑고도 아름다운 한 폭의 그림을 그리고 있다. '밝은 달님 잔속에 맞이하니 그림자와 나와 달이 셋이어라'라는 부분을 감상해 보자. 시인은 달빛 아래 꽃 속에서 잔을 들고 노래를 부르며 자신의 그림자를 벗 삼아 현실에서 생성된 번뇌를 풀려고 한다. 그러나 유감스럽게도 '달은 본시 술 마실 줄 모르고 그림자는 나를 따르기만' 한다. 달은 시인 자신이 술에 취하는 이유를 결코 알 수 없으며 그림자 역시 시인 자신의 번뇌를 이해할 수 없다. 그래서 시인은 잠시나마 자유롭게 즐거움을 누리며 현실 생활 속의 고통을 벗어나고자 하는 것이다. 고통에 대한 이런 처리 방식은 '장진주(將進酒)'에 더욱 선명하게 표현되어 있다. 게다가 더 한층 깊이 있게 어두운 현실에 대한 불만과 분노를 드러냈다.

그대는 보지 못했는가?
황하의 물이 하늘에서 내려와 힘차게 흘러 바다에 이르러 다시 돌아오지 못하는 것을(君不見黃河之水天上來, 奔流到海不復回).
그대는 보지 못했는가?
고대광실 맑은 거울 속 슬픈 백발, 아침에 청사 같던 머리가 저녁에 눈같이 희어진 것을(君不見高堂明鏡悲白髮, 朝如青絲暮成雪).
인생은 뜻 얻었거든 실컷 즐길 것이니, 황금 술잔 부질없이 달 앞에 놓지 마라(人生得意須盡歡, 莫使金樽空對月).
하늘이 나를 낳음에 내 재주 반드시 쓰일 것이며, 천금이 흩어지면 또다시 돌아오네(天生我材必有用, 千金散盡還復來).
양 삶고 소 잡아 잠시 즐겨 보세. 한 번에 삼백 잔은 마셔야 하리(烹羊宰牛且爲樂, 會須一飮三百杯).
잠부자, 단구생이여(岑夫子, 丹丘生).
술잔 권하노니 그대는 술잔을 거절하지 마시오(將進酒, 君莫停).
내 그대에게 노래 한 곡 올리려 하니, 날 위해 귀 기울여 주시오(與君歌一

'장진주(將進酒)'의 시의도로, 현대 고병흠(顧炳鑫)의 그림이다.

曲, 請君爲我傾耳聽).

멋진 음악과 기름진 음식 귀할 것 없지만 부디 오래 취하여 깨어나지 말기를(鐘鼓饌玉不足貴, 但愿長醉不愿醒).

옛날의 성현들은 한결같이 적막했으나 술 먹는 이만은 이름 남기었네(古來聖賢皆寂寞, 惟有飮者留其名).

진왕(조식)은 그 옛날 평락궁에서 잔치할 때 한 말에 만 냥 하는 술로 맘껏 즐겼다네(陳王昔時宴平樂, 斗酒十千恣歡謔).

주인이 어찌하여 돈이 적다 말하리오, 당장 술을 받아와 그대와 대작하리(主人何爲言少錢, 徑須沽取對君酌).

오화마와 천금의 갖옷*을 아이 시켜 좋은 술과 바꿔 와서, 그대와 함께하며 만고의 시름을 풀어 보리(五花馬, 千金裘, 呼兒將出換美酒, 與爾同銷萬古愁).

* 짐승의 털가죽으로 안을 댄 옷

중국 시가에는 뜻을 노래로 표현하는 전통이 있어서 마음속에 울분이 쌓였을 때 특수한 언어 형식으로 그 마음을 표현했다. 이백이 벗에게 노래 불러주는 시구에는 이백 자신의 끝없는 감상과 탄식이 스며들어 있다.

'장진주' 앞부분의 '그대는 보지 못했는가'로 시작되는 생동감 있고 자유로운 두 부분은 황하의 물이 하늘에서 내려와 거세게 일사천리로 흐른다고 묘사했다. 작품 전체의 기세가 일시에 일어나 마치 황하가 허공에서 떨어져 내려 달려드는 것 같은 착각에 빠지게 한다. 그러나 웅대하고 강력한 황하 역시 자연 법칙을 위배할 수 없으므로 동쪽으로 흘러 바다와 합류하면 다시 돌아올 수 없다. 사람이 한 세상을 살아간다는 것도 마찬가지다. 청춘이 흘러가는 것은 막을 수 없는 법! 세월이 화살 같이 흘러서 마치 하루 사이에 젊음이 줄어들어 붉은 얼굴과 검은 머리가 눈 깜짝할 사이 창백한 얼굴과 백발로 변할 수 있으니 어찌 탄식하고 가슴 아파하지 않겠는가?

첫 번째의 '그대는 보지 못했는가' 부분은 호방하고 자유분방하여 황하의 물소리가 하늘 끝에서 들리는 듯하다. 두 번째 '그대는 보지 못했는가' 부분은 실의에 빠져서 마음속 근심을 드러내고 있다. 상당히 과장된 비유와 거대한 물의 낙차를 이용해 시인의 마음이 크게 일렁이고 있음을 표현하였다. 이백은 결코 자신의 잘못을 후회하고 허물을 고치며 홀로 가슴 아파하고 고통스러워하는 사람이 아니다. 그의 도량과 기질은 그로 하여금 고통스러운 상황에 처했을 때 '인생은 뜻 얻었거든 실컷 즐길 것이니, 황금 술잔 부질없이 달 앞에 놓지 마라' 하는 태도를 취하게 하였다. '황금 술잔'은 금으로 만든 잔으로 상당히 정교한 물건이다. 그는 때에 맞추어 즐길 것을 다 즐기고 근심하여 향기로운 훌륭한 술과 맑은 달을 쓸데없이 낭비하지 말라고 벗에게 권하고 있는데 그 언어가 호방하고 웅대하다.

사실 친구와 술을 주거니 받거니 하며 즐겁게 이야기를 나누는 중에 끝없는 실의를 감추고 있다. '하늘이 나를 낳음에 내 재주 반드시 쓰일 것이며 천금이 흩어지면 또다시 돌아오네'라는 부분은 낙관적이고 자신감 있어 보이지만 현세에 공명을 이루는 것이 전혀 희망 없음을 알면서도 절대 굴복하지 말라는 격려의 말을 자신에게 하고 있다. 근심과 고뇌로 가득 찬 마음을 호방한 언어로 표현하는 것이 바로 이백 시가의 중요한 특징이다.

'잠부자, 단구생이여' 부분부터 이백은 더욱 흥취가 올라 벗에게 술잔 들어 술을 권하며 큰 소리로 노래하고 인생은 짧고 즐거움은 귀한 것이라고 벗에게 강조했다. 그가 '강상음(江上吟)'에서 '부귀공명이 영원하다면 한수 또한 서북쪽으로 흐르리라(名富貴若長在, 漢水亦應西北流)'라고 했던 것처럼 말이다.

'멋진 음악과 기름진 음식 귀할 것 없지만 부디 오래 취하여 깨어나지 말기를'이라는 부분에서는 부귀공명을 경시하고 제때 즐기기를 주장했다. 그러나 사실 현실에 대한 극도의 실망과 유감이 있어 '살아

생전 한 잔 술 즐기니 죽고 난 후 천 년 동안의 이름을 무엇하겠는가(樂生前一杯酒, 何須身後千載名)'라는 심정으로 만고의 시름을 삭이는 해탈의 상태를 바라는 것이다. 상당히 시원스럽고 대범하며 힘차고 통쾌하다.

물론 이러한 경우는 단지 노래로 부르거나 말로 할 수 있을 뿐이지 현실에서는 있을 수 없는 일이다. 현실은 바로 '칼 뽑아 강물을 베어도 강물은 여전히 흐르고 술잔 들어 시름을 삭이려 해도 시름은 더욱 늘어만 가는(抽刀斷水水更流, 擧杯銷愁愁更愁)' 상황이다. '선주 사조루에서 교서랑 숙운과 이별하며(宣州謝眺樓餞別校書叔雲)'에서는 '인생이 잘 풀릴 때 즐거움 다 누리고 황금 술잔 빈 채로 달 앞에 놓지 마라'라는 감탄을 '세상을 살면서 이렇듯 뜻에 어긋나기만 하니 차라리 내일 아침에는 머리 풀어 조각배 타고 가리(人生在世不稱意, 明朝散髮弄片舟)'라는 표현으로 풀어놓았다. 살면서 뜻을 얻거나 얻지 못하는 것과 술로 즐거움을 나누고 배를 띄워 저 멀리까지 노니는 것은 분명 상반된 상황이며 상반된 행동이다. 그럼에도 불구하고 그 상반된 상황과 행위 속에는 시인의 슬프고 가슴 쓰린 심정이 넘쳐흐른다.

두보는 이백의 비범한 재능과 거칠고 고집스러움, 자존심을 굽히지 않는 품격을 크게 칭송했다.

이백은 술 한 말에 시 백 편(李白一斗詩百篇)
장안 저자 술집에서 잠잤네(長安市上酒家眠).
천자가 불러도 배에 오르지 않고(天子呼來不上船)
스스로 술 취한 신선이라 말했네(自稱臣是酒中仙).

– 두보의 '음중팔선가(飮中八仙歌)'

이백의 시적 재능과 개성적인 매력은 후세에 지대한 영향을 끼쳤다. 소식(蘇軾)과 육유(陸游) 등 수많은 뛰어난 시인들은 이백의 영향을 받았다. 그러나 이백의 '말은 천지 밖을 넘어서고 생각은 귀신의 모습을 넘어서는(言出天地外, 思出鬼神表)' 천재적 창조력과 자유분방하고 호방한 기풍은 후인들이 영원히 따라잡을 수 없는 부분이다.

1| **이백**(李白, 701~762): 당나라의 시인. 자는 태백(太白), 호는 청련거사(靑蓮居士). 젊어서 여러 나라를 만유(漫遊)하고 뒤에 출사(出仕)하였으나 안사의 난으로 유배되는 등 불우한 만년을 보냈다. 칠언 절구에 특히 뛰어났으며 이별과 자연을 제재로 한 작품을 많이 남겼다. 현종과 양귀비의 모란연(牧丹宴)에서 취중에 '청평조(淸平調)' 3수를 지은 이야기가 유명하다. 시성(詩聖) 두보(杜甫)에 대하여 시선(詩仙)으로 불린다. 시문집에 『이태백 시집』 30권이 있다.

2| **두보**(杜甫, 712~770): 당나라 때의 시인. 자는 자미(子美), 호는 소릉(少陵), 공부(工部), 노두(老杜). 율시에 뛰어났으며 긴밀하고 엄격한 구성, 사실적 묘사 수법 따위로 인간의 슬픔을 노래하였다. '시성(詩聖)'으로 불리며 이백(李白)과 함께 중국의 최고 시인으로 꼽힌다. 작품에 '북정(北征)', '병거행(兵車行)' 등이 있다.

3| **개원**(開元, 713~741): 당나라 현종 때의 연호. 현종(玄宗, 685~762)은 당나라의 제6대 황제(712~756 재위)로 성은 이(李), 이름은 융기(隆基)다. 시호는 명황(明皇), 무황(武皇)이며 초년에 정사(政事)를 바로잡아 '개원의 치'라고 불리는 성당(盛唐) 시대를 이루었으나 만년에 양귀비를 총애하고 간신에게 정치를 맡겨 안녹산의 난을 초래하였다.

4| **천보**(天寶, 742~756): 당나라 현종 때의 연호

제7장 • 두보(杜甫)

– 세상을 위해 슬퍼하고 근심했던 시성(詩聖)

* 당나라 중기에 안녹산(安祿山)과 사사명(史思明)이 일으킨 반란을 말한다.

예로부터 두보는 중국의 시가 역사에서 이백과 이름을 나란히 하여 '이두(李杜)'라 불렸다. 이들은 모두 성당 시기에 활동했으나 두보의 시가는 이백의 시가처럼 성당 시기의 드높고 진취적인 사회 분위기를 반영하지는 않았다. 그의 시가에는 국가와 민족의 운명에 대한 근심과 심각한 책임감이 응집되어 있다.

이백의 시가는 성당 시기의 창작이 최고봉을 이루었고 두보의 시가는 당나라 중기 이후부터 송나라에 이르기까지 시가 발전에 중대한 영향을 끼쳤다.

역사상 당나라 제국은 성당 시기에 전무후무한 번영과 발전을 이루었다. 그러나 이러한 번영과 화려함 속에서 각종 사회 모순과 위기 상황들이 잠복해서 자라나고 있었다. 특히 '안사(安史)의 난*'이 발생한 후 당나라 제국은 정치 부패가 심화되고 백성들이 동요하며 불안한 삶을 살아가는 등 쇠락의 길로 빠져들었다.

현대 장조화(蔣兆和)가 그린 두보

두보는 훌륭한 시와 글로 당나라 제국이 번영에서 쇠락으로 치닫는 과정을 생동감 있고 진지하게 기록하였다. 그의 작품은 풍부한 사회적 내용을 담고 있으며 조국과 백성에 대한 깊은 정으로 가득 차 있다. 그가 창작한 다수의 우수한 작품들은 지금까지 사람들에게 '삼리(三吏)', '삼별(三別)'로 불리면서 암송되고 있다. 이러한 작품들은 당 왕조가 개원(開元), 천보(天寶) 연간의 흥성기에서 쇠망해가는 역사 과정과 사회의 모습을 반영하고 있다. 후세 사람들은 두보의 시를 '시사(詩史)'라고 불렀다.

두보는 당나라 초기 유명한 시인이었던 두심언(杜審言)의 손자다. 집안 대대로 전해 내려오는 학문이 깊고도 넓었으며 어려서부터 배

당나라 장훤(張萱)의 〈괵국부인유춘도(虢國夫人游春圖)〉. 송나라 휘종(徽宗)이 모사했으며 양씨(楊氏) 자매의 생활 단편을 재현하였다(요녕성 박물관 소장).

우는 것을 좋아하여 상당히 많은 책들에 정통했다. 그는 공전의 번영을 이루었고 활기차면서도 적극적인 기상이 만연했던 시대에 태어났다. 게다가 '유가를 받들어 관직에 오르는(奉儒守官)' 전통 문화가 만연한 가정에서 성장하여 자연히 '군주를 요순처럼 만들고 사회 풍속을 순박하게 만드는' 정치적 포부가 생겨났다. 그는 7세에 시를 배워서 15세가 되었을 때는 시문으로 그 이름을 널리 떨쳤다. 20세부터 '제나라와 조나라에서 방탕하게 지내며 갖옷과 말을 가지고 자못 어지러이 다니는(放蕩齊趙間, 裘馬頗淸狂)' 방랑 생활을 했고 일찍이 낙양에서 과거에 응시하기도 했으나 낙방하였다.

젊은 시절의 두보는 이 시기에 낙양에서 이미 불혹의 나이를 넘긴 이백과 만나게 되었다. 두 사람은 서로 벗 삼아 여행하면서 시와 세상에 대한 이야기를 나누었고 깊은 우정을 맺었다. 두보는 이백을 더욱 숭배하여 그리움이 듬뿍 담긴 감동적인 시를 많이 썼다.

죽어 이별하면 소리조차 삼키게 하나(死別已呑聲)
살아 이별하면 늘 가슴 아프다네(生別常惻惻).

– '이백을 꿈에 보다(夢李白二首)' 중 첫 수의 일부분

사흘 밤 연이어 꿈에 그대를 보니(三夜頻夢君)
정에 사무친 그대의 마음 보임이런가(情親見君意).

– '이백을 꿈에 보다' 중 둘째 수의 일부분

이 시들은 깊은 애정이 담겨 있어, 읽는 이로 하여금 눈물 흘리게 만든다.

두보는 35세에 수도인 장안으로 돌아왔다. 그는 황제와 권문세가들에게 재능을 인정받아 관직을 얻고자 했지만 줄곧 기회를 얻지 못했다. 여러 차례 권문세가들에게 시문을 바쳤으나 아무런 소득이 없었다.

천보 10년(751), 현종이 종묘에서 제사 지낼 때 이를 기회 삼아 3편의 '대례부(大禮賦)'를 지어 올려서 찬사를 받았다. 그러나 관직을 얻지는 못했고 몇 년이 흐른 후에야 겨우 우위솔부(右衛率府) 주조참군(胄曹參軍)에 임명되었다. 일찍이 실의와 곤궁에 찬 장안에서의 10년 세월 동안 두보는 의식(衣食)조차 궁핍하여 상당히 어려운 생활을 했다. 이처럼 고통스러운 현실은 그로 하여금 하층 빈민들의 삶에 더욱더 가까이 다가가게 만들고 그들의 삶을 깊이 이해하도록 했다. 또한 그는 생계를 잇기 위해 귀족들의 잔치에 참석하여 시를 지으며 살아가기도 했는데 그들의 화려한 저택에 드나들면서 사치스럽고 방탕한 귀족들의 생활을 직접 목격했다. 가난함과 부유함이라는 두 가지 생활

상의 크나큰 차이는 시인의 강렬한 불만과 분노를 자극했고 이는 두보의 시에서 완벽하게 구현되었다.

그는 '여인행(麗人行)'에서 장안의 부귀한 집안 여인에 대해 묘사했다.

수놓은 비단옷 저문 봄빛 비치고(繡羅衣裳照暮春)
금공작새, 은기린 눈부시게 돋보이네(蹙金孔雀銀麒麟).
머리엔 무엇이 있는가(頭上何所有)?
비취색 머리장식 귀밑까지 드리웠네(翠微盍葉垂鬢唇).
등뒤엔 무엇이 보이는가(背后何所見)?
진주 박힌 허리띠 온몸에 어울리네(珠壓腰衱穩稱身).

이처럼 여인들이 화려한 치장을 한 것은 그녀들의 신분이 높기 때문이다.

"가인 중에 양귀비의 일가친족 있으니 책봉받은 괵국 진국 부인도 끼어 있네(就中雲幕椒房親, 賜名大國虢與秦)."

현종은 양귀비(楊貴妃)의 일가에 상당한 은혜를 베풀어서 그녀의 두 언니를 괵국 부인과 진국 부인에 봉했다. 시인은 이 작품을 통해 암울한 정치를 비판하면서 이러한 권문세족들은 '손을 델 정도의 대단한 세도가(炙手可熱勢絶倫)'라고 분명히 지적하고 있다. 그리고 우리 같은 평민들은 '승상이 노할지니 다가가지 말아야(愼莫近前丞相嗔)' 한다며 황음무도하고 사치스러운 귀족들에 대해 풍자하고 분노를 드러냈다.

두보는 그의 대표적 장시 '자경부봉선현영회오백자(自京赴奉先縣咏懷五百字)'에서 현실에 대한 불만을 심각하게 표현했다.

붉은 대문 안에서는 술과 고기 썩은 냄새 풍기는데(朱門酒肉臭)
길에는 얼어 죽은 시체가 뒹구네(路有凍死骨).

현대 서연손(徐燕蓀)의 〈병거행(兵車行)〉(일부분)(중국 미술관 소장)

영화와 빈곤이 지척 사이에 있으니(榮枯咫尺異)
처량한 마음 이루 말할 수 없네(惆悵難再述).

이처럼 심각한 양극화와 불공평으로 점철된 현실적 상황 때문에 두보는 곤궁한 생활을 하면서 온갖 노역의 고초를 겪는 백성들에 대해 더욱더 동정심을 갖게 되었다. 이 시기의 중요한 작품으로 '병거행(兵車行)'이 있다. 이 작품은 하층민이 부지런히 일하지만 배불리 먹지 못하고 게다가 영토를 확장하고 변경을 개척하려는 통치자의 야심 때문에 온갖 노역에 시달리면서 자신의 삶과 생명까지 희생해야 하는 고통스러운 현실에 대해 묘사했다.

수레는 삐거덕 말 울음소리 구슬픈데(車轔轔, 馬蕭蕭),
장정들 허리엔 활과 화살 꽂혀 있네(行人弓箭各在腰).

부모처자 달려나와 전송하니(爺娘妻子走相送),

먼지 자욱하여 함양교가 보이지도 않네(塵埃不見咸陽橋).

옷깃 잡고 발 구르며 길 막고 우는데(牽衣頓足攔道哭),

통곡 소리 곧바로 구중천을 흔드누나(哭聲直上干雲霄).

길 가던 나그네 장정에게 물으니(道旁過者問行人),

장정은 오로지 징집 잦다 말하네(行人但云點行頻).

열다섯에 북에 가서 황하를 지키고(或從十五北防河),

마흔이면 서영에서 농사를 짓지요(便至四十西營田).

나갈 때 마을 이장이 머리를 싸주고(去時里正與裹頭),

돌아오면 백발인데 수자리 또 나가요(歸來頭白還戍邊).

변경에 흘린 피가 바닷물 이루어도(邊庭流血成海水),

무황의 변경 개척의 뜻 흡족함 없다네(武皇開邊意未已).

그대는 보지 못했는가(君不聞),

한나라 산동 땅 이백 주마다(漢家山東二百州),

잡초 밭 되어버린 천만 개 촌락을(千村萬落生荊杞).

건강한 아낙들 밭 갈고 김매어도(縱有健婦把鋤犁),

곡식 난 밭이랑마저 동서가 없다네(禾生隴畝無東西).

하물며 북방의 병사들 악전에 능하여(況復秦兵耐苦戰),

쫓기는 그 신세 개 닭과 같소(被驅不異犬與雞).

연장자 비록 물어보지만(長者雖有問),

역부가 어찌 감히 마음속 원한을 토하리까(役夫敢申恨)?

하물며 금년 겨울도 예와 같이 관서 땅 병졸들 쉬게 하지 않으리라(且如今年冬, 未休關西卒).

현의 관리들은 부세 성화 급하지만(縣官急索租),

조세를 무엇으로 내는가(租稅從何出)?

아들 낳은 불행이 이럴 줄 알았다면(信知生男惡),

차라리 딸 낳았으면 좋았을 텐데(反是生女好).

낳은 딸은 그래도 이웃에 시집가지만(生女猶得嫁比鄰),
낳은 아들 오히려 백초 속에 묻힌다네(生男埋沒隨百草).
그대는 청해호의 저쪽 땅을 보지 못했는가(君不見青海頭),
예로부터 백골 거두는 자 없음을(古來白骨無人收).
새 귀신 원망하고 옛 귀신 흐느낄 제(新鬼煩冤舊鬼哭),
궂은 날 내리는 빗소리마저 애절하구나(天陰雨濕聲啾啾).

장정이 고향을 떠나 출정할 때, '부모처자 달려나와 전송하니 먼지 자욱하여 함양교가 보이지도 않네. 옷깃 잡고 발 구르며 길 막고 우는데 통곡소리 곧바로 구중천을 흔드누나'라는 한 가족이 생이별하는 장면은 너무나 가슴 아파서 눈물이 날 정도다.

한나라 악부시(樂府詩)*에도 늙은 병사가 '열다섯에 종군하여 팔십이 되어서야 돌아왔네(十五從軍征, 八十始得歸)'라는 비참한 백성의 삶을 묘사한 부분이 있다. 이곳에서는 남자가 막 성년이 되었을 때 강제로 징집되어 나갔다가 나이 들어 돌아온 후에도 여전히 병역을 벗어날 수 없다면서 '나갈 때 마을 이장이 머리를 싸주고 돌아오면 백발인데 수자리 또 나가요'라고 했다. 통치자는 오로지 영토 확장에만 혈안이 되어 백성들의 목숨을 하찮게 여겨 조금도 동정심을 갖지 않았고 백성들은 마음 편히 살 수 없어 촌락이 황폐해졌다. 압박받는 이들의 고통과 처량함에 대해 당사자인 백성들은 감히 자신들의 마음을 털어놓을 수 없어 '아들 낳은 불행이 이럴 줄 알았다면, 차라리 딸 낳았으면 좋았을 텐데. 낳은 딸은 그래도 이웃에 시집가지만 낳은 아들 오히려 백초 속에 묻힌다네'라며 한탄만 할 뿐이다.

전쟁은 백성의 생활을 고통스럽게 만드는 주요 원인이다. 현종 천보 14년(755)에 안사의 난이 발생했다. 이 사건은 당 제국이 흥성기에서 쇠망기로 넘어가는 전환점이 되었으며 백성들에게는 무거운 고통을 안겨주었다. 두보는 몸소 이 동란을 체험했다. 그는 고생스럽게 이

* **樂府詩**: 악부에는 두 가지 의미가 있다. 한나라 때 음악을 관장하는 관청을 뜻하기도 하고, 그곳에서 수집한 각 지방의 민간 가요와 악부에서 작곡하여 조정 행사에 사용하던 노래를 뜻하기도 한다. 또한 이러한 노래의 가사를 악부시라고 한다.

곳저곳 도망 다니면서 국난을 가슴 아파하고 민생을 근심하는 시를 여러 편 지었다. '삼리(三吏)'와 '삼별(三別)'은 안사의 난을 묘사한 서사시다.

이 시는 모두 여섯 수로 이루어졌으며 각각 '신안리(新安吏)', '동관리(潼關吏)', '석호리(石壕吏)', '신혼별(新婚別)', '수로별(垂老別)', '무가별(無家別)'이다. 이 작품들은 전쟁이 국가를 파괴하고 백성을 고통스럽게 만드는 상황을 구체적으로 생동감 있게 묘사했다. '삼리'와 '삼별'은 침통하게 병역의 잔혹함을 고발하고 구체적 사건으로 백성에 대한 동정과 슬픈 탄식을 표현하였다.

'신안리'에서 시인은 길 가는 도중 직접 목격한 현 관리의 징병 장면을 서술하고 있다.

신안길 걸어가던 나그네(客行新安道),
떠들썩한 징병 농성 들었네(喧呼聞點兵).
넌지시 신안의 관리에게 물었네(借問新安吏),
마을이 작아 뽑을 만한 적령기의 사내가 없는 것이요(縣小更無丁)?
어젯밤 지부님 징병 명령 내려서(府帖昨夜下),
미성년 사내도 마구 뽑아 오랍니다(次選中男行).
키 작고 힘없는 사내애가(中男絕短小)
어찌 왕성을 지킬 수 있답니까(何以守王城)?
견실한 사내애 옆에는 배웅하는 어머니 있으나(肥男有母送),
수척한 사내애는 의지 없이 홀로 서 있네(瘦男獨伶俜).

흰 강물 저녁 무렵에 동쪽으로 흘러들고(白水暮東流),
푸른 산은 흐느끼며 우는 듯하네(青山猶哭聲).
눈물을 너무 흘려 눈이 마르게 하지 마라(莫自使眼枯),
줄줄 흐르는 눈물을 어서 멈추어라(收汝淚縱橫).

눈물이 마르면 사람이 죽게 되니(眼枯即見骨),

이 넓은 세상 무정도 하구나(天地終無情).

아군이 상주 땅을 수복하여(我軍取相州),

조만간 난을 평정하길 바랐는데(日夕望其平),

적의 반격 어찌 생각이나 했으랴(豈意賊難料).

돌아온 우리 병사 별 같이 흩어졌네(歸軍星散營).

군량미 있는 곳을 가까이 해 옛 요새에 진을 치고(就糧近故壘),

낙양성 지키고자 군사 조련하네(練卒依舊京).

파 놓은 전호가 물이 고이지 않을 정도로 얕고(掘壕不到水),

말먹이는 부역도 어렵지 않다네(牧馬役亦輕).

하물며 천자의 떳떳한 군대이니(況乃王師順),

군량미 조달도 어김이 없다네(撫養甚分明).

배웅하는 이들이여, 흐느껴 울지 마시오(送行勿泣血).

좌복야는 어버이 같은 분이시라오(僕射如父兄).

반란을 평정하기 위해서 조정에서는 끊임없이 징병하고 원래부터 온갖 수탈을 당해 온 백성들의 짐은 더욱 가중되었다. 수많은 성년 남자들은 전쟁터에 끌려나가 죽었으며 아직 미성년인 열 몇 살짜리 사내애나 머리가 하얗게 센 병약한 노인까지 전쟁터에 끌려나가게 되었다. 곳곳에서 처자와 생이별하며 가정이 깨지고 사람들이 죽으니 슬픈 울음소리가 온 천지를 뒤덮어 산천도 통탄하여 '흰 강물 저녁 무렵에 동쪽으로 흘러들고 푸른 산은 흐느끼며 우는 듯한' 정황이 펼쳐졌다. 그러나 시인은 사람들에게 더 이상 울지 말라고 한다. 설사 피눈물이 흐를 정도로 울어대 눈이 메말라 죽는다 해도 조정에서는 냉혹하고 무정한 마음을 절대 바꾸지 않으리란 것을 알기 때문이다.

청나라 때 양륜(楊倫)은 두보의 '삼리'와 '삼별'에 대해 '홀로 당시에 깊이 느낀 바가 있어 위로는 국난을 걱정하고 아래로는 곤궁한 백

'춘망'의 시의도로, 현대 진혜관(陳惠冠)의 그림이다.

성들의 삶에 가슴 아파하였다'라고 평가했다. 이것 역시 두보가 지은 대다수 시들의 특징을 요약한 평가라고 할 수 있다.

'춘망(春望)'은 예로부터 지금까지 많은 사람들의 사랑과 칭송을 받아왔으며 초등학교 국어 교과서에도 실려 있다.

나라는 깨졌어도 산천은 의구하여(國破山河在)
봄 맞은 장안성에 초목이 우거졌네(城春草木深).
시절을 슬퍼하니 꽃도 눈물 흘리고(感時花濺淚)
이별을 한하니 새 소리에도 마음 놀라네(恨別鳥驚心).
봉화가 석 달이나 이어졌으니(烽火連三月)
집에서 온 편지는 만금 값어치 나가네(家書抵萬金).
하얗게 센 머리 긁을수록 더욱 짧아져(白頭搔更短)
이제는 비녀도 꽂지 못할 지경이구나(渾欲不勝簪).

시인은 국가와 백성들에 대한 깊은 애정과 비통함을 시 속에 반영하였다. '나라는 깨졌어도'라는 표현으로 시를 시작하면서 시인은 황폐해진 도성의 처량함과 쓸쓸함을 여실히 드러내었다. 반란군이 도성인 장안을 공격해 함락시킨 후, 대대적으로 노략질하고 방화하여 화려하고 번화했던 도성이 일시에 폐허가 되었고 백성들은 쉴 곳 없이 이리저리 떠돌아다녔다.

'시절을 슬퍼하니 꽃도 눈물 흘리고 이별을 한하니 새소리에도 마음 놀라네'라는 부분에서는, 어떤 정경을 보고 감개무량하여 촉발된 슬픈 감정을 의인법으로 생동감 있게 전달하였다. 전쟁의 불길이 오래 지속되어 고향 땅을 떠나 유랑하다 보니 자연 가족과 소식이 끊어지고 46세의 장년기에 들어선 시인은 결국 머리가 하얗게 되어 숱이 적어져서 머리에 비녀를 꽂을 수 없는 처량한 신세가 되어버렸다. 그러나 조정이 빼앗겼던 지역을 되찾았다는 소식을 듣게 되자 그는 미친 듯이 기뻐했다.

홀연 계북 수복 소식이 검각 밖에서 전해져 오니(外忽傳收薊北)
처음 듣는 순간 눈물이 흘러 옷을 적시었네(初聞涕淚滿衣裳).
아내를 돌아보면서 하는 말, 이제 무슨 걱정이 있으리오(却看妻子愁何在).
시문을 두루 말아 챙기며 미칠 듯 기뻐했네(漫卷詩書喜欲狂).
한낮에 노래하며 맘껏 술 마시고(白首放歌須縱酒)
무르익은 봄 벗 삼아 고향에 돌아가세(青春作伴好還鄉).
곧 파협에서 무협을 뚫고(即從巴峽穿巫峽)
양양으로 내려간 뒤 낙양으로 향하리(便下襄陽向洛陽).

– '관군이 하남과 하북을 수복했다는 희소식을 듣고(聞官軍收河南河北)'

결국 시인의 감정은 국가와 백성의 운명에 따라 변화하고 있으며 정경(情景)과 사회적 사건을 융합한 시를 통해 넓고도 애정 가득한 마

현재 성도(成都)에 있는 두보의 초당으로 두보가 성도에 흘러 들어왔을 때 기거했던 곳이다. 두보는 이곳에서 여러 해 동안 비교적 안정된 생활을 했으며 그 시기 7언 율시의 예술은 최고도의 경지에 이르렀다.

음을 유감없이 발휘하고 있다.

두보는 만년에 거처할 곳이 없어 가족을 이끌고 이리저리 떠돌아다니다가 59세에 상강(湘江)의 작은 배 위에서 병사하였다. 그의 일생은 불우했고 생활은 곤궁했으며 한때는 옷과 음식도 충분치 않았다. 인생의 후반부는 더욱더 처량하여 의지할 곳조차 없어서 어린아이가 배곯아 굶어죽는 고통까지 겪었다. 그러나 그의 붓끝에서 흘러나오는 시들은 스스로의 고통과 슬픔에 대해서가 아니라 우국우민의 거대한 고통이었다. 그는 시를 통해 절절하게 천하 백성에 대한 근심을 드러냈고 백성들이 고통스러운 삶에서 벗어나기를 바랐다. 자신이 살고 있던 초당에 광풍이 불어 부서졌을 때도 이렇게 소리쳤다.

어찌하면 넓은 집 천만 칸을 마련하여(安得廣廈千萬間)

세상의 가난한 선비들을 크게 감싸 안아 모두가 기쁜 얼굴 갖게 하여(大庇

天下寒士俱歡顔)

비바람에도 끄떡없이 산처럼 평안히 살게 할까(風雨不動安如山).

— '초당이 가을바람에 부서진 것을 노래하며(草屋爲秋風所破歌)' 중

시인은 만약 이런 소원이 이루어진다면, '내 초당이 부서져 얼어 죽는다 해도 만족하리(吾廬獨破受凍死亦足)'라고 하였다.

청나라 사람인 포기룡(浦起龍)은 『독두심해(讀杜心解)』에서 이렇게 말했다.

"소릉의 시는 한 사람의 성정으로 황제 3대의 일을 훌륭하게 전하고 있다(少陵之詩, 一人之性情, 而三朝之事會寄焉者也)."

두보의 시 창작은 시대와 밀접한 관련을 맺고 있어서 당나라 현종(玄宗), 숙종(肅宗), 대종(代宗)의 3대에 걸친 정치, 경제, 군사, 백성들의 생활과 관련된 문제들을 주요 내용으로 다루고 있다. 그중 가장 중요한 것은 글자와 행간 곳곳에 시인의 진심 어린 마음과 현실 감각이 투영되어 있다는 점이다.

두보는 유가의 한 사람으로 사회 부패와 백성의 고통에 대해 불만과 비애를 느꼈으며 『시경』 이래의 현실주의 문학 전통을 계승하여 발전시켰다. 그는 중국 고대 시가 발전에 있어서 중요한 교량 역할을 한 셈이다. 두보의 시는 송나라 이후에 널리 중시되었고 많은 사람들이 그의 시를 배웠다. 그는 '시성(詩聖)'으로 추대되었으며 중국 문학사에 있어서 큰 영향력을 지닌 인물이 되었다.

제8장 • 소이두(小李杜)

- 만당(晩唐) 시대의 애절하고 화려한 시음(詩音)

* **唯美主義**: 본래는 19세기 서양에서 일어난 문예 운동을 말하나 중국에서의 유미주의는 내용상 감상적이고 화려한 경향을 의미한다.

초당(初唐)의 청신함과 성당(盛唐)의 웅대함을 거친 중국 시가는 중당(中唐)에 이르러 고조된 분위기가 하락했고 만당(晩唐)에 이르자 가냘프면서 화려한 경향이 드러났다. 당나라 사회가 이미 쇠락했기 때문에 문인들의 심리도 그에 따라 변하여 감상적이고 우울한 유미주의(唯美主義)* 시풍이 문단에 널리 퍼졌다.

이런 측면에서 이상은(李商隱)[1]과 두목(杜牧)[2]은 만당의 시가를 대표한다고 할 수 있다. 후세에 그들을 이백과 두보에 비유하여, '소이두(小李杜)'라고 불렀다.

이상은(李商隱)

이상은은 만당 시기에 두보의 시를 배웠다. 그는 시적 재능이 뛰어나고 높은 시적 성취를 이룬 시인이다. 그의 시가는 '농염한 가운데 때로는 침울한 분위기'를 드러내는 것이 특징이다. 특히 애정과 심리를 묘사한 무제시(無題詩)들은 예로부터 찬사를 많이 받았다. 그중에서 아름답고 세련된 구절들은 악곡에 편입되어 노래로 널리 불려졌다. 인구에 회자되는 '봄누에 죽어서야 실뽑기 다하고, 초는 타서 재가 되어야 눈물이 마른다네(春蠶到死絲方盡, 蠟炬成灰淚始乾)'와 '몸에 아름다운 봉황의 두 날개 없어도, 마음은 무소의 뿔처럼 통하네(身無彩鳳雙飛翼, 心有靈犀一點通)'라는 구절들은 뜨거운 사랑에 빠진 청춘 남녀가 서로의 마음을 고백하는 말이 되어버렸다. '마음에 무소의 뿔이 있다(心有靈犀)'는 표현은 서로 마음이 맞는다는 것을 노골적으로 드러내는 속어다.

이상은은 자칭 당나라 황실의 종친이라 했으나 그의 집안은 일찍이 몰락한 귀족 가문으로 조상 몇 대 동안 현령 같은 낮은 관직을 지냈을 뿐이었다. 그는 10세에 부친을 여의고 모친과 함께 청빈하게 살아왔다. 이상은은 어려서부터 총명하여 5세에 경서를 암송하고 7세에 붓과 벼루를 사용했다고 한다. 16세에는 고문을 잘 지어 그의 이름이 널리 알려지기 시작하였다. 그는 몇 차례 과거에 응시했으나 낙방했고 후에 진사에 합격했지만 끝내 중용되지 못했다.

이상은(李商隱)

이상은은 현실 정치에 관심이 있었으며 나라를 바로잡고 세상을 위해 일할 마음을 품고 있었다. 그래서 100여 수에 달하는 정치시를 지어서 역사와 현실 속에 존재하는 많은 사회문제를 깊이 있게 파헤치고 비평했다. 젊어서는 고문의 대가 영호초(令狐楚)의 인정을 받았다. 그러나 관직에 나간 지 얼마 되지 않아 당나라의 유명한 '우이당쟁(牛李黨爭)'에 연루되어 권력가들로부터 배척받았다. 그는 평생 뜻을 이루지 못했고 관직 생활이 평탄치 못하여 하급 막료로 전락하고 말았다. 오랫동안 이곳저곳 떠돌면서 막료(幕僚) 생활을 했고 심지어는 10년 동안 도성에서 추위에 떨고 배고픔에 고통받는 처량한 생활을 하다가 50세가 채 되기도 전에 우울함이 병이 되어 인생을 마쳤다.

이상은 시집은 대부분 자신의 포부를 읊거나 처지를 한탄하는 데 치중하여 '옥쟁반에 하염없이 눈물 흘려 슬픈 마음 더해가고, 아름다운 거문고 줄에 놀라 재차 꿈에서 깨어나네(玉盤迸淚傷心數, 錦瑟驚弦破夢頻)'와 같이 처연하면서도 화려한 미를 지니고 있다. 성당 시인들의 호방한 기질과는 달리, 이상은은 자신의 내면세계 탐색에 심혈을 기울였다. 그는 애절하며 온유한 정서를 몽롱하고 아름다운 시경(詩境)과 융합하는 데 뛰어났다. 그래서 민감하고 세심한 기질과 쓸쓸하고 불우한 처지는 그의 시 속에서 서로 조화를 이루어 감상적 정서를 형성했으며 섬세하고 그윽하며 훌륭하고 아름다운 미적 감각을 구축하였다.

잘 알려진 '등낙유원(登樂游原)'을 감상해 보자.

저녁 무렵 마음이 울적하여(向晩意不適)
수레 몰아 낙유원에 올랐네(驅車登古原).
석양은 그지없이 좋건만(夕陽無限好)
오로지 황혼이 아쉽구나(只是近黃昏).

붓을 들 때는 울적한 마음이 가득해서, 수레를 타고 낙유원에 올라가서 지는 해를 바라보았는데 황혼이 가까워지니 끝없는 슬픔이 이어졌다. 마지막 두 구는 후세인들이 시간이 빨리 흘러가는 것을 탄식하거나 아름다운 사물이 끝을 바라볼 때 상용하는 구절이 되었다.

이상은의 무제시는 성당 시가의 발전을 계승한 탁월한 창조의 결과물이다. 그중 애정을 묘사한 시는 슬프고도 감동적이며 처연하고 아름다워서 영원히 기억될 만하다.

만나기도 어렵고 이별하기도 어려운 법(相見時難別亦難)
봄바람 힘이 없어 온갖 꽃 다 시드네(東風無力百花殘).
봄누에 죽어서야 실뽑기 다하고(春蠶到死絲方盡)
초는 타서 재가 되어야 눈물이 마른다네(蠟炬成灰淚始乾).
새벽 거울에 근심으로 귀밑머리 희어지고(曉鏡但愁雲鬢改)
밤에 시 읊조리다가 달빛이 차가워진 것 알리라(夜吟應覺月光寒).
봉래산 여기에서 멀지 않으니(蓬山此去無多路)
파랑새야 몰래 날아가 찾아보아라(靑鳥殷勤爲探看).

어젯밤의 별 어젯밤의 바람(昨夜星辰昨夜風)
화려한 누각의 서쪽 둔덕 계당의 동쪽(畫樓西畔桂堂東).
몸에 아름다운 봉황의 두 날개 없어도(身無彩鳳雙飛翼)

'야우기북(夜雨寄北)'의 시의 도로, 현대 대돈방(戴敦邦)의 그림이다.

마음은 무소의 뿔처럼 통하네(心有靈犀一點通).
떨어져 앉아 송구놀이에 봄날의 술은 따뜻하고(隔座送鉤春酒暖)
편 갈라 사복놀이에 촛불은 붉구나(分曹射覆蠟燈紅).
아! 새벽 종소리 듣고 나는 관아에 가야 하네(嗟余聽鼓應官去).
난대로 말 달려가니 떨어진 쑥 같구나(走馬蘭台類轉蓬).

솔솔 부는 봄바람에 보슬비 내리고(颯颯東風細雨來)
연꽃 연못 밖 하늘엔 천둥소리 은은하네(芙蓉塘外有輕雷).
금섬향로 입에 물려 향불 연기 타오르고(金蟾嚙鎖燒香入)
옥호난간 두레 줄로 우물 길어 돌아오네(玉虎牽絲汲井回).
가씨는 주렴 사이로 한수를 엿보고(賈氏窺簾韓掾少)
복비는 위왕에게 옥 베개를 주었다네(宓妃留枕魏王才).
춘심은 봄꽃을 질투하지 말라(春心莫共花爭發).
한 치의 그리움이 한 줌의 재가 될 것이니(一寸相思一寸灰).

이 시들은 이상은이 제목 없이 지은 애정시 중에서 가장 대표적인 작품들이다. 그는 비유와 은유, 상징의 수법으로 대량의 전고와 환상적이며 그윽한 의미를 취하여 몽롱하면서도 공허한 시적 분위기를 창조해냈다. '만나기도 어렵고 이별하기도 어려운 법'으로 시작되는 무제시에서는 봄날은 다 가고 꽃은 모두 지고, 사랑하는 이가 멀리 떨어져 있어 느끼는 처연함을 묘사하고 있다. '봄누에 죽어서야 실 뽑기 다하고, 초는 타서 재가 되어야 눈물이 마른다네'의 부분은 오랜 세월 사랑받아 온 명구다. 봄누에는 죽을 때까지 실을 뽑아내고, 촛불은 다 타버려야만 촛농이 흐르지 않는다는 의미다. 이는 그리움의 고통을 비유한 것으로 '실(絲)'은 '그리움(思)'과 음이 같으며 실로 '한 치의 그리움이 한 줌의 재가 될 것이니'라는 슬픔이 깃들어 있다. 이상은은 훌륭하고 아름다운 시로 젊은 남녀의 사랑을 아름답고도 가슴 아프게 표현하였다. 그의 시는 전편에 걸쳐 함축미가 담겨 있고 그윽하고 슬프면서 아름다운 분위기가 느껴지며 상당히 뛰어난 사유를 하여 독자들은 항상 시어의 의미를 제대로 파악하기 어렵다. 제목을 '무제'라고 이름 지은 것이 당연한 듯도 싶다.

이런 종류의 시 중에 시의 첫머리 단어를 제목으로 삼은 경우도 있다. '금슬(錦瑟)'의 경우, 앞에 언급했던 시들에 비해 그 의미가 가물가물하고 희미하며 몽롱하여 이해하기가 어렵지만 상당한 예술적 매력을 지녔다.

금슬은 까닭없이 오십 현인데(錦瑟無端五十弦)
한현 한기둥이 젊은날을 생각나게 하는구나(一弦一柱思華年).
장자는 새벽꿈에 나비가 되어 헤매었고(莊生曉夢迷蝴蝶)
망제는 춘심을 두견새에 부치었네(望帝春心托杜鵑).
푸른 바다에 달이 밝아 진주가 눈물인 듯(滄海月明珠有淚)
남전산의 햇살은 따스하여 옥돌에 안개가 서리네(藍田日暖玉生煙).
이러한 마음 어찌 추억이 되길 바라겠는가(此情可待成追憶).
단지 당시에도 이미 망연자실했다네(只是當時已惘然).

'금슬'은 25개의 현을 가진 악기인데 지금 현이 끊어져서 50개의 현이 되었다. 그런데 왜 시인의 말처럼 '까닭 없이' 그렇게 되었단 말인가? 그 의미를 우리는 알아맞힐 수도 없고 분명히 말할 수도 없다.

다음 부분에서는 전혀 논리적이지 않은 네 가지 경관을 나열하였다. 장자가 꿈에서 나비가 되었는데 깨어나서 홀연 사람과 사물의 차이가 없다는 것을 깨닫게 되었다거나 망제의 원혼이 두견새가 되어 밤낮으로 슬피 울었다든지, 밝은 달이 푸른 바다 속의 진주를 비치는데 마치 눈물이 샘솟는 것 같다든지, 햇살이 남전산의 아름다움을 비추는데 연무가 일어나는 듯하다든지 구절구절이 모두 매력적이고 아

* **經世致用**: 세상을 다스리고 현실 생활에 쓰임새가 있다는 것을 의미한다.

름답다. 그러나 이처럼 슬프고도 아름다운 분위기에 빠져서 시인이 무엇을 표현하려 했는지 명확히 알 수 없다.

'이러한 마음 어찌 추억이 되길 바라겠는가, 단지 당시에도 이미 망연자실했다네'라는 마지막 부분을 보면 추억하는 것이 어떤 감정인지 단지 그 자신만이 알고 있는 듯하다. 우리는 다만 시를 통해 망연자실한 슬픔을 맛보고 이처럼 깊이 있고 슬프면서도 아름답고 기이한 분위기에 감동받을 뿐이다.

두목(杜牧)

두목의 시가는 화려하고 아름다우며 정취와 품격이 있고 신비롭고 산뜻하며, 수려하고도 웅장한 특징이 있다. 가장 널리 알려진 시는 단연 '청명(淸明)'이다.

청명절에 비는 부슬부슬 내리고(清明時節雨紛紛)
길 가는 사람 마음이 끊어지는 듯하네(路上行人欲斷魂).
술집이 어디에 있는가 물으니(借問酒家何處有)
목동은 멀리 보이는 살구꽃 핀 마을을 가리키네(牧童遙指杏花村).

두목

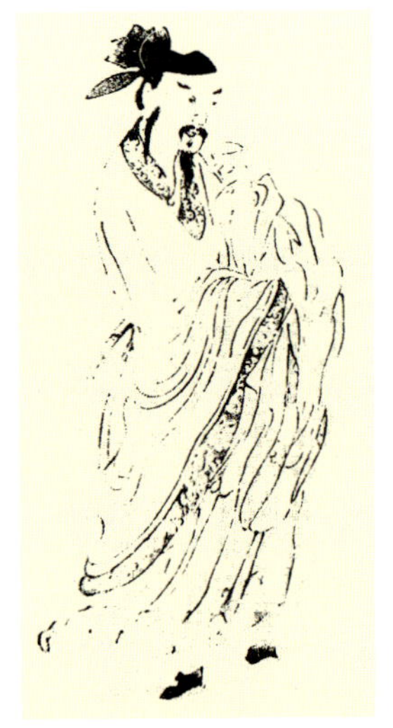

안개비 속을 거니는 한 폭의 그림으로 생동감이 있으면서 몽롱한 분위기가 느껴진다. 청명은 24절기 중의 하나로 봄에 조상에게 제사 지내는 특별한 날이다. 두목은 이 날의 특히나 음침하고 저조한 정서를 함축적이면서 분명하게 표현하여, 오늘에 이르기까지 많은 사람들의 강렬한 공감을 불러일으킨다.

두목은 어려서부터 경세치용(經世致用)*의 학문에 힘썼으며 문무를 겸비한 인재가 되고자 하는 정치적 포부가 있었다. 그러나 점차 쇠락하는 만당 시기의 사회 현실은 그의 정치적 포부를 실현할 기회를 주지 않았다. 두목은 26세에 과거 시험에 참가하여 진사가 되었으나 이상은처럼 오랜 세월 지방의 하급 관리를 지냈다. 다시 말해서 그는 10년 동안 막부의 관리로 일했으며 중년 이후에 승진했지만 어떤 실제적인 활동을 하지는 못했다. 그는 뜻을 이루지 못한 답답함에서 오는 고민과 당시 사회 정세에 대한 우려를 시가 속에서 구현해냈다.

두목의 조부는 중당 시기 유명한 재상이며 역사가였던 두우(杜佑)다. 그가 지은 『통전(通典)』은 중국에서 최초로 법령 제도를 기술한 통사다. 두목은 어려서부터 조부의 영향을 받아 역사와 정치에 조예가 깊었다. 그의 시가 중에서 가장 뛰어난 것은 역사적 사실을 읊은 것과 당시 정치를 논한 작품으로 어떤 일을 구실삼아 정치에 대한 자신의 감개와 식견을 토로하거나 현실 사회 문제를 풍자하였다. 이러한 작품들은 보통 망국의 도래에 대한 근심과 비애로 가득 차 있다.

'박진회(泊秦淮)'를 감상해 보자.

안개는 차가운 물을 감싸고 달빛은 모래 위를 비추는데(煙籠寒水月籠沙)
밤이 되어 진회에 배를 대니 술집이 가까워라(夜泊秦淮近酒家).
가녀들 망국의 한도 모르고(商女不知亡國恨)
강 건너에서 여전히 후정화 노래를 부르는구나(隔江猶唱後庭花).

이 시는 '안개는 차가운 물을 감싸고 달빛은 모래 위를 비추는데'라고 시작하면서 처량하고 아득한 분위기를 조성하였다. 늦은 밤 시인은 해안가에 정박한 배에 앉아서 술집의 가녀들이 부르는 '후정화'를 듣고 있다. '옥수후정화(玉樹後庭花)'는 오대(五代) 시기 진(陳)나라의 후주(後主)가 지은 악곡이다. 진의 후주는 향락에 빠져 황음무도한 생활을 하다가 나라를 망하게 하였다. 나라가 망하기 전날 저녁에 여러 비빈들과 연회를 즐기다가 이 악곡을 지었으며 그는 중국 역사상 유명한 망국의 군주가 되었다. '옥수후정화'는 후세에 '망국의 음'으로 불렸다.

'과화청궁(過華淸宮)'의 시의도로, 현대 화지천(華之川)의 그림이다.

'가녀들 망국의 한도 모르고 강 건너에서 여전히 후정화 노래를 부르는구나'에서는 존망의 위기에 처한 나라의 상황을 전혀 모른 채 노래를 팔아 살아가는 가녀(歌女)들을 비난하는 것이 아니라 조정의 상하가 부패한 정치 상황을 개선할 조짐을 보이지 않고 일신의 안일만을 추구하는 것을 은연중에 책망하고 있다. 역사적 교훈으로 당시 정치를 풍자하고 있어서 날카로움과 침통함이 동시에 느껴진다. 후세의 중국인들은 나라가 존망의 위기에 처하거나 파란이 일 때마다 항상 이 시구로 경계를 삼았다.

청나라의 문인 심덕잠(沈德潛)[3]은 시론집 『설시수어(說詩晬語)』에서 이 작품을 절창(絶唱)으로 높이 평가하면서 당나라 시인의 절구시(絶句詩) 중에 '최고의 작품'이라고 찬사를 보냈다.

'과화청궁 1(過華淸宮 · 其一)'에서는 역사적 교훈의 도움 없이 당시 조정의 부패상을 직접적으로 비판하고 있다.

장안에서 돌아보면 수놓은 그림인데(長安回望繡成堆)
산꼭대기의 천 층 궁문 차례로 열리네(山頂千門次第開).
한 필의 흙먼지에 양귀비가 웃음 지을 때(一騎紅塵妃子笑)
여지 열매 오는 줄 그 누구도 모르더라(無人知是荔枝來).

이 시는 두목이 여산(驪山)의 화청궁을 지나면서 느낀 바가 있어 지었다. 당나라 현종과 양귀비의 이야기를 다루고 있다. 현종은 당나라 통치 후기에 향락적인 생활과 미색에 빠져서 무절제한 낭비를 일삼았다. 그는 여산에 화청궁을 지어서 양귀비와 온갖 환락을 추구했다. 양귀비가 영남(嶺南)의 과일 여지를 즐겨 먹자, 현종은 천 리마다 빠른 말을 배치시켜 남방의 여지를 가져오게 했고 이로 인해 여지를 운반하는 사람과 말이 도중에 과로로 죽는 상황까지 벌어졌다. 당나라의 수많은 시문들은 현종과 양귀비의 사랑을 칭송했으나 두목은 황제의 황음무도한 생활을 비판하고 백성들의 고통을 가슴 아파하였다.

사회 현실을 깊이 있게 반영한 뛰어난 작품으로 '조안(早雁)'이 있다.

금하의 가을 오랑캐의 노랫소리에(金河秋半虜弦開)
구름 밖으로 놀라 사방으로 흩어지며 슬피 우네(雲外驚恨飛四散哀).
선장궁의 달 밝은데 외로운 기러기 지나가고(仙掌月明孤影過)
장문의 등불 어두운데 기러기 소리 들리네(長門燈暗數聲來).
오랑캐의 말 어지러이 날뛰는데(須知胡騎紛紛在)
어찌 봄바람은 듣고만 있는가(豈逐春風一一回)?
소상에 인적 드물다고 싫어하지 말라(莫厭瀟湘少人處).
물에는 향초의 열매 많고 언덕에는 이끼가 끼었네(水多菰米岸莓苔).

이 시는 아침 기러기를 머물 곳 없어 이리저리 떠돌아다니는 난민들에 비유하고 있다. 백성은 오랑캐의 침략을 받아 고통당하지만 조정에서는 동란을 평정할 방법이 없어 백성을 보호할 수 없는 상황이다. 백성들은 놀란 슬픈 기러기 마냥 쫓겨 다니면서 처자식과 생이별하고 사방으로 도망쳐 다닌다. 시인은 조정의 무능함을 신랄하게 비난하고 난민들의 불행한 처지에 깊은 동정을 표현하고 있다.

두목은 사랑을 제재로 한 시도 많이 지었다. 그는 개성적이고 풍류가 있었으며 사소한 일에 얽매이지도 않았고 마음껏 가무와 주색을 즐겼다. 번화한 양주(揚州)에서 관직 생활을 할 때, 두목은 연회 때 시중드는 기녀를 사랑한 적이 있었다. 풍치 있고 멋들어진 이 이야기는 오랜 세월 민간에 전해 내려왔다. 그는 사랑하는 기녀에게 사랑의 시를 지어 주기도 했다.

다정은 도리어 무정함과 같으니(多情却似總無情)
이 술잔 들고도 웃지 못하네(唯覺樽前笑不成).

촛불도 마음있어 이별이 아쉬운 듯(蠟燭有心還惜別)

사람 대신 흘리는 눈물에 날이 새는구나(替人垂淚到天明).

– '증별2(贈別 · 其二)'

의인법으로 촛불이 사람 대신 눈물을 흘린다고 표현하면서 사랑하는 이와 이별할 때의 아쉬움과 가슴 아파 밤새 잠 못 이루는 마음을 묘사하였다.

이상은의 사랑을 표현한 시와 비슷한 정감을 드러내었다. 이처럼 애절한 그리움의 시구 역시 두목 자신의 신세와 연관이 있다. 그 스스로 '실의에 차 강호에 술 마시고 다닐 때(落魄江湖載酒行)'라고 말했듯이 방탕하고 얽매임이 없었던 그의 행위는 정치적 실의로 인한 번뇌와 여러 해 막료 생활로 전전하던 고통에서 기인된 것임을 분명히 알 수 있다. 재주가 있었으나 펼치지 못했고 어린 시절의 이상을 실현시키지 못해서 남은 것이라곤 '십 년 세월 양주 꿈을 하루아침 깨어보니, 남겨진 건 청루의 박정한 남아라는 이름뿐이로다(十年一覺揚州夢, 贏得青樓薄幸名)'라면서 감회를 드러내었다.

유희재(劉熙載)는 『예개(藝槪)』에서 두목과 이상은의 시풍을 '두번천(杜樊川)의 시는 웅대한 모습이 뛰어나며 이번남(李樊南)의 시는 깊은 정이 끝없이 흐른다'라고 비교하였다. 두 사람은 만당 시인으로서의 공통점이 있다. 나라가 망해가는 동란의 시대에 처해서 그들의 작품에 슬픔은 가득하지만 웅장한 맛은 적으며 처량한 기운이 스며들어 있다. 이 역시 몰락하는 왕조의 어두운 그림자를 투영한 것이다. 중국 시가는 이 시기에 이르러 시의 경지를 더 이상 개척하기 어려웠다.

1| **이상은**(李商隱, 813~858): 당나라의 시인. 자는 의산(義山), 호는 옥계생(玉谿生). 굴절이 많은 화려한 서정시를 썼으며 『이의산시집(李義山詩集)』이 있다.

2| **두목**(杜牧, 803~853): 당나라 말기의 시인. 자는 목지(牧之), 호는 번천(樊川). 두보(杜甫)에 상대하여 소두(小杜)라 부르며 시풍은 호방하면서도 청신(淸新)하며 특히 칠언 절구에 뛰어났다. 작품에 '아방궁부(阿房宮賦)', '산행(山行)' 등이 있다.

3| **심덕잠**(沈德潛, 1673~1769): 자가 확사(確士), 호는 귀우(歸愚)이며 강소(江蘇) 장주현(長洲縣) 출신이다. 67세에 진사가 되어 건륭제의 신임을 받아 예부상서까지 올랐다. 격조설(格調說)을 제창하여 성당시를 추앙했으며 한위육조의 시를 모아 『고시원(古詩源)』을 편찬하고 당, 명, 청의 시로 『별재집(別裁集)』을 편찬했다. 작품집으로 『귀우시집(歸愚詩集)』이 있다.

제9장 • 사(詞)

- 노래 부를 수 있는 시

* **婉約**: 부드럽고 화려함

사(詞)는 민간에서 시작되었다. 당나라의 신흥 문학 양식으로 송나라 때 크게 성행했으며 오대십국 시기에는 사의 체제가 확립되고 크게 발전하였다.

사는 본래 노래의 가사로 음악과 어우러진 서정시다. 당, 오대 시기에는 '곡자사(曲子詞)'라고 불렀다. 모든 사는 일정한 사조(詞調)를 가지고 있으며 대부분 상하 2편으로 이루어졌고 구마다 길이가 일정치 않아서 '장단구(長短句)'라고도 한다. 전통적인 시가와 비교해 보면 사의 사작 영역은 비교적 협소한 편이다. 보통 자연과 여인들의 정을 묘사했으며 예술적 기풍은 비교적 화려하고도 아름답다. 송나라 소식(蘇軾) 등에 이르러서야 사의 '아화(雅化)'가 근본적인 변화를 모색하게 되었다.

만당 오대 시기에 사회가 혼란해지자 경제, 문화 등은 심각한 타격을 받았으며 나라는 점차 쇠락해갔다. 그러나 오대십국 시기의 남방은 비교적 안정적인 몇 개의 정권을 형성하고 있었다. 상대적으로 독립적이고 안정적인 정치 국면과 향락적인 생활에 탐닉하여 주색에 빠져 있던 남방의 권력자들은 소일하기에 적합한 문체인 사가 발전할 수 있는 온상을 제공하였다. 특히 서촉(西蜀)과 남당(南唐)이 사의 두 중심축이 되었다.

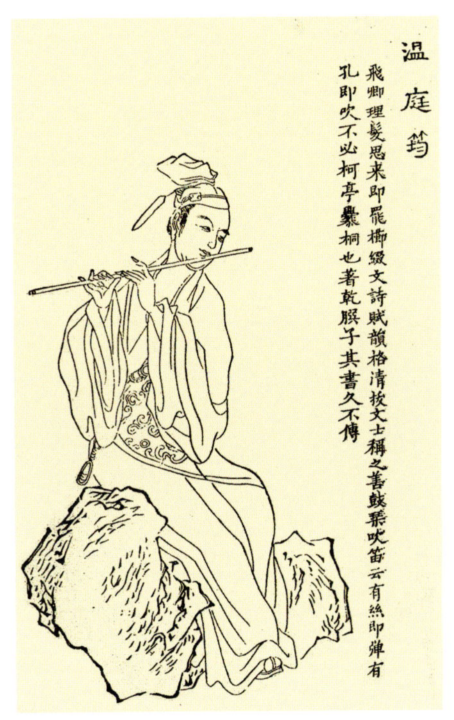

화간파(花間派)의 시조 온정균(溫庭筠)은 후세의 완약(婉約)* 한 사풍에 큰 영향을 끼쳤다.

서촉의 사파(詞派)는 보통 '화간파(花間派)'라고 부르는데 후촉(後蜀)의 조숭조(趙崇祚)가 편찬한 『화간집(花間集)』에 수록된 사인 집단을 지칭한다. 화간파의 대표 작가는 온정균(溫庭筠)[1]과 위장(韋莊)[2]이다. 온정균은 자가 비경(飛卿)으로 시(詩), 사(詞), 부(賦)의 창작에 있어서 그 성취가 두드러졌다. 시 창작에 있어서는 이상은과 그 이름을 나란히 하여 '온이(溫李)'로 함께 불렸으며, 사 창작에서는 화간파의 시조로 추앙받았다.

온정균은 최초로 사 창작에 전심전력을 기울인 시인이다. 그는 문사와 기풍, 경지에 있어서 기본적으로 부드럽고 화려한 전통적 사풍을 정립했다. 가장 유명한 작품으로 '보살만(菩薩蠻)'이 있다.

둘러친 병풍에 금빛 반짝이고(小山重疊金明滅)
귀밑머리는 향기로운 백설 같은 뺨을 지나려 하네(鬢雲欲度香腮雪).
늦게 일어나 아미 그리며(懶起畫蛾眉)
느릿느릿 씻고 빗으며 몸치장하네(弄妝梳洗遲).
앞뒤 거울로 꽃을 비추니(照花前後鏡)
꽃과 얼굴 서로 어울려 환히 비치네(花面交相映).
새로 입은 수놓은 비단 저고리에(新貼繡羅襦)
쌍쌍의 금빛 자고새(雙雙金鷓鴣).

위장의 사는 예로부터 온정균과 함께 언급되곤 했다. 그의 사는 완곡하고 아름다우며 남녀의 애정을 묘사하여 화간파의 기풍을 지녔다. 동시에 필법이 깨끗하며 감정 표현이 명백하여 비교적 청신하고 밝은 느낌을 준다. 내용에 있어서도 온유하고 충실하여 화간파의 또 다른 기풍을 지녔다고 할 수 있다.

'보살만(菩薩蠻)'을 감상해 보자.

사람마다 모두들 강남이 좋다고 말하는데(人人盡說江南好)
나그네야말로 강남에서 늙어야 하네(遊人只合江南老).
봄물은 하늘보다 더 푸르고(春水碧於天)
화려한 배에서 빗소리 들으며 잠드네(畫船聽雨眠).
술집의 사람은 달과 같아(壚邊人似月)
새하얀 손목 서리나 눈이 엉긴 듯(皓腕凝霜雪).

남당 시대 고굉중(顧閎中)의 〈한희재야연도(韓熙載夜宴圖)〉(일부분). 남당 상층 문인들의 심리적 모순과 사치스러운 생활상을 생동감 있게 표현했다(북경 고궁 박물관 소장).

늙기 전에는 고향으로 가지 말라(未老莫還鄉).
고향으로 가면 반드시 애 끊으리(還鄉須斷腸).

남당의 사단은 서촉보다 약간 뒤늦게 흥성했다. 남당도 나라가 혼란할 때 서촉처럼 상대적으로 폐쇄적이고 독립적인 정치 국면을 구축했으며 강렬한 지역 색채를 띤 문화를 형성했다. 남당 사의 주요 작가는 중주(中主) 이경(李璟)[3]과 후주(後主) 이욱(李煜)[4]이다. 이욱은 남당의 마지막 군주이며, 보통 '이후주'라고 불렀다. 그가 제위를 계승했을 때 남당은 이미 북쪽의 송을 받들면서 강남 한 귀퉁이에서 구차하게 지내고 있었다. 송나라 개보(開寶) 8년(974)에 송의 군대가 남당의 도성을 공격하였다. 후주는 웃옷을 벗어 상체를 드러낸 채 항복했고 변경(汴京)에 포로로 끌려가서 위명후(違命侯)로 봉해졌다.

이욱의 사는 전반기에는 화려하고 고귀했으며 궁중의 호사스러운 생활을 묘사하여 화간파의 화려한 흔적을 엿볼 수 있다. 아울러 부드럽고 아름다우면서도 절도가 있어 젊은 군주의 풍류와 호방하며 청아한 심정, 짙은 애정과 안일함을 생동감 있게 표현했다. 후반기에는 부드럽고 아름다운 기풍이 사라졌고 직접적으로 감정을 표현하여 사람의 심금을 울렸다. 절실한 심정이나 깊은 비통함과 애수는, 화려하고 장엄하며 슬픔과 울분이 깃든 제왕의 기상을 띠면서 당당한 기백을 드러냈다.

'상견환(相見歡)'을 감상해 보자.

숲 속 꽃은 꽃잎 지는 것이(林花謝了春紅)
너무도 빠르구나(太匆匆).
아침에 찬 비 내리고 저녁에 바람 부니 어쩔 도리가 없구나
(無奈朝來寒雨晩來風).
연지에 흐르는 눈물(胭脂淚)
서로 만류하며 취하니(相留醉)
어느 때나 다시 만나려나(幾時重).
당연히 인생은 긴 한을 품고 물은 길게 동쪽으로 흐르는 법
(自是人生長恨水長東).

소식(蘇軾)

사는 소식에 이르러 기풍이 획기적으로 변화했다. 소식은 사풍에 있어서 호방파를 창조했다. 호방파는 남송의 신기질(辛棄疾)에 이르러 크게 발전하였다.

소식은 자가 자첨(子瞻)이며 호는 동파거사(東坡居士)다. 사천성 미산(眉山) 출신으로 시, 사, 산문 등의 창작에 뛰어난 재능을 보였다. 그의 집안에는 대대로 전해 내려오는 학풍이 있어서 부친 소순(蘇洵)은 일찍이 이름을 날렸으며 모친은 그에게 『한서』를 가르칠 수 있을 정도였다. 소식은 어렸을 때 총명하고 비범했으며 해박한 지식이 있었

고 다재다능했다. 20세에 진사가 되어 한림학사겸시독(翰林學士兼侍讀), 병부상서겸시독(兵部尚書兼侍讀) 등의 관직을 역임했다. 그러나 왕안석(王安石)[5]의 신법에 반대하여 여러 차례 외지로 좌천되었다. 아주 먼 곳에 있는 경주(瓊州)까지 쫓겨난 적이 있었는데 이곳이 바로 오늘날의 해남도(海南島)다.

소식

소식의 저작으로는 『동파전집(東坡全集)』 100여 권과 2,700여 수의 시, 300여 수의 사, 풍부한 산문 등이 있다.

사는 본래 민간에서 기원하여 기루로 흘러들어가 오랫동안 소일거리의 오락용 수단으로 인식되어 연회의 흥을 돋우는 역할을 해왔다. 소식은 사의 경지를 확대시켰다. 그는 시를 가지고 사를 창작했으며 사의 형식을 취하여 시의 정신을 읊었다.

일반적으로 소식을 호방파의 원조로 간주하는데 '호방'이라는 말은 사의 기풍과 그 안에 보여지는 사인(詞人)의 성정(性情)을 포함한다. 유희재는 『예개(藝概)』 「사곡계(詞曲槪)」에서 '동파의 사는 두보의 시와 같아서 취하지 못할 뜻이 없으며 말하지 못할 일이 없다. 그 호방함의 정취는 이백에 가깝다'라고 하였다. 이는 소식 사의 기풍에 대해 언급한 것이다. 소식은 슬프고 아름다우며 그윽한 정을 묘사하던 사의 한계를 타파하여 '취하지 못할 뜻이 없으며 말하지 못할 일이 없는' 경지에 이르렀다. 소식은 전통 문인들이 시로써 표현하던 내용을 사로써 표현했다. 역사에 대해 읊고 회고하거나 시대와 정치를 비판하고 타인을 애도하고 전원을 찬미하는 것 등을 그 예로 들 수 있다. 소식 사의 경지 역시 상당히 풍부하여 거친 파도와 화려한 궁전, 농토와 장원, 빠르게 달리는 거마(車馬) 등이 사 속에 모두 등장한다.

육유(陸游)는 『노학암필기(老學庵筆記)』 5권에서 다음과 같이 언급하였다.

> "세상 사람들은 소동파가 노래를 부르지 못하여 그가 지은 악부가 대부분 음률이 맞지 않는다고 말한다. 조이도(晁以道)[6]는 '소성(紹聖) 초에 동파와 변상(汴上)에서 이별했다. 동파는 주흥이 무르익자 직접 고양관(古陽關)을 불렀다'고 하였다. 곧 소동파는 노래를 부르지 못하는 것이 아니라 호방함을 음률로 가위질하는 것을 원치 않을 뿐이다. 소동파의 모든 사를 노래 불러보면 하늘에서 부는 바람과 바다에 내리치는 비가 엄습해 오는 듯하다."

이는 성정(性情)의 측면에서 소식의 '호방함'을 논한 것이다. 육유의 기록에 의하면 소식은 진실로 음률을 이해하지 못하는 것이 아니라 그의 성격이 호방하여 음률의 구속을 받고 싶지 않아서 사를 지을 때 마음 따라 붓을 움직여 격률에 얽매이지 않았다. 호방한 기풍의 사가 300여 수에 달하는 소식의 사 중에서 차지하는 비율은 그다지 높지 않다. 수적으로 열세지만 이러한 호방한 사는 사 발전의 새로운 방향을 제시했다.

사의 언어에 있어서도 소식은 원래 사인들이 추구하던 상당히 정교하고 화려한 작풍을 변화시켜 도연명, 이백, 두보, 한유 등의 시구를 사용했으며 약간의 구어를 사용하여 청신한 느낌을 주었다.

소식의 호방한 사 중에서 가장 유명한 것은 '염노교(念奴嬌)·적벽회고(赤壁懷古)'이다. 이 사는 소식이 중년에 이르러 여러 차례 좌천되어 황주(黃州)에 있을 때 지었다. 전하는 이야기에 따르면 소식이 한림학사로 있을 때 막하의 선비에게 '내 사가 유영(柳永)[7]과 비교해서 어떠한가?'라고 물었다고 한다. 막하의 선비는 이렇게 대답했다. "유영의 사는 17, 8세의 여자애들이 붉은 아판(牙板)*을 끼고 '버드나무

* **牙板**: 박자 맞출 때 사용하는 상아로 만든 타악기의 일종

금나라 무원직(武元直)의 〈적벽도(赤壁圖)〉. 이 그림은 소식과 그의 벗이 적벽에 배를 띄우고 노니는 정경을 묘사하였다(대만 고궁 박물관 소장).

늘어선 강 언덕, 새벽바람에 조각달(楊柳岸曉風殘月)'을 부르기에 딱 맞습니다. 한림학사님의 사는 관서(關西)의 대장부가 동으로 만든 비파와 철로 만든 타악기를 들고 '큰 강물 동쪽으로 흘러드니(大江東去)'라며 노래하기에 적합합니다."

'큰 강물 동쪽으로 흘러드니(大江東去)'는 바로 '염노교 · 적벽회고'에 있는 명구다.

큰 강물 동쪽으로 흘러드니(大江東去)
물결과 함께 천고의 멋진 인물들도 가버렸는가(浪淘盡千古風流人物).
낡은 보루의 서쪽이(故壘西邊)
사람들이 말하는 삼국 시대 주유가 활약했던 적벽이라네(人道是三國周郎赤壁).
어지러이 늘어선 바위들 구름을 뚫고(亂石穿空)
놀란 파도는 강 언덕을 찢으며(驚濤拍岸)
천 무더기의 눈 같은 물 말아 올리네(捲起千堆雪).
강산은 그림 같은데(江山如畫)
한때 얼마나 많은 호걸이 활약했던가(一時多少豪傑).

멀리 주유가 활약했던 그 때를 생각해 보니(遙想公瑾當年)

소교가 갓 시집을 왔었고(小喬初嫁了)

영웅의 모습은 뛰어난 기상을 드러냈었지(雄姿英發).

새 깃 부채에 윤건 쓰고(羽扇綸巾)

이야기하고 웃는 사이(談笑間)

강한 적은 재가 되어 날리고 연기가 되어 사라졌네(檣櫓灰飛煙滅).

옛 지역에 마음 쓰며 즐기니(故國神遊)

다정한 이는 당연히 나를 비웃으며(多情應笑我)

벌써 흰머리가 났다고 하겠지(早生華髮).

인생은 꿈과 같은 것(人生如夢)

한 잔 술을 강물에 비친 달 위해 붓네(一樽還酹江月).

소식은 왕안석의 변법에 반대하여 황주(黃州)[8]로 유배되었다. 그는 일찍이 황주성 밖의 적벽에 두 차례 유람 가서 두 편의 부와 이 사를 지었다. 사에 언급된 삼국 시대 주유의 적벽은 바로 삼국 시대 동오의 대장 주유가 조조의 군대를 격파한 적벽을 말한다. 그러나 정확한 지점은 호북성 가어(嘉魚) 부근이지, 황주의 적벽은 아니다. 소식은 순간 흥이 일어 황주의 적벽에 감흥을 기탁한 것이다. 이 사는 적벽의 강변 정경을 '어지러이 늘어선 바위들 구름을 뚫고, 놀란 파도는 강 언덕을 찢으며, 천 무더기의 눈 같은 물 말아 올리네'라고 묘사하여 사람들에게 분명하게 '강산이 그림 같다'는 느낌을 주며 웅장한 기세가 엿보인다. 적벽은 주유가 공을 세운 곳으로 동오의 옛 지역이면서 주유의 영웅적 모습이 뛰어난 기세를 드러냈던 곳이라 사인들이 동경하는 지역이다. 스스로 이루어놓은 일 없이 머리가 일찌감치 허옇게 되었는데 만약 주유가 옛 지역을 노닐다가 자신과 만난다면 반드시 비웃을 것이니 사인은 '인생은 꿈과 같은 것'이라고 느낀다.

후세 사람들은 이 사의 제목은 회고이나 사실은 자신의 웅대한 포부가 다 사라졌음을 이야기하는 것이라고 말했다. 소식은 옛 사람의 위대한 업적을 추모하며 아무 일도 이루지 못한 자신에 대해 탄식하고 있다. 그러나 장자 사상과 불가 사상에서 자아해탈을 찾아 결국에는 '인생은 꿈과 같은 것'이라고 결론 내렸다. 여전히 그 자신의 낙관적 태도와 진취적 정신을 완전히 차단하지는 못했다.

또 다른 명편 '강성자(江城子)·밀주출렵(密州出獵)'에서 소식은 나라를 위해 공을 세우려는 웅대한 포부를 더욱 명확히 드러냈다.

늙은이 잠시 젊은이의 광기 부려(老夫聊發少年狂)
왼쪽에 누렁이 오른쪽에 수리개(左牽黃, 右擎蒼).
비단 모자에 담비 옷(錦帽貂裘)
기마대 내몰아 둔덕을 휩쓰네(千騎卷平岡).
온 성안 백성들 태수를 뒤따르니(爲報傾城隨太守)
내 직접 호랑이 쏘아(親射虎)
손랑(孫郎)[9] 이 되리(看孫郎).
거나한 취기에 담이 커졌으니(酒酣胸膽尚開張)
귀밑머리 센들 무슨 상관이리오(鬢微霜, 又何妨).
부절 들고 운중(雲中)[10] 에 머물며(持節雲中)
언제쯤 풍당을 만나려나(何日遣馮唐).
만월같이 활을 당기는 그날(會挽雕弓如滿月)
서북을 향해(西北望)
천랑(天狼)[11] 을 쏘아 맞히리(射天狼).

'흉담개장(胸膽開張)'은 호방한 사의 특징을 명확히 드러내고 있으며, 사 전체의 기풍은 만당 오대 이래의 사소한 것에 신경 쓰던 사의 경지와는 판이하다.

'수조가두(水調歌頭)'의 사의도(詞意圖)*로 현대 유대위(劉大爲)의 그림이다.

---

* **詞意圖**: 사의 내용을 주제로 그린 그림

'수조가두(水調歌頭)·명월기시유(明月幾時有)' 역시 호방한 기풍의 사로 아주 유명하다.

밝은 달은 언제부터 있었던가(明月幾時有)
술잔 들어 하늘에 물어본다(把酒問青天).
하늘의 궁궐은(不知天上宮闕)
오늘 밤이 어느 해인지 모르겠구나(今夕是何年).
바람 타고 돌아가고자 하나(我欲乘風歸去)
하늘의 궁궐
너무나 높아 추위를 이기지 못할까 두렵구나(又恐瓊樓玉宇, 高處不勝寒).
일어나 춤을 추니 그림자도 따라 돌고(起舞弄清影)
어찌 인간 세상과 비기겠는가(何似在人間).
달 그림자 붉은 누각 돌고(轉朱閣)
곱게 조각한 창문에 드리우더니(低綺戶)
잠 못 들어 뒤척이는 이 몸을 비춘다(照無眠).
더 이상 번뇌하지 말아야지(不應有恨).
어이해 이별할 때도 저리 둥글단 말인가(何事長向別時圓).
인간에게는 슬픔과 기쁨, 이별과 만남이 있고(人有悲歡離合)
달에는 흐리고 맑고 둥글고 이지러짐이 있으니(月有陰晴圓缺)
이 일은 예로부터 온전키 어려웠다(此事古難全).
다만 멀리 떨어져 있지만(但願人長久)
천 리에서나마 이 아름다운 달빛 함께 즐기기를(千里共嬋娟).

이청조(李清照)

이청조는 호가 이안거사(易安居士)이며 산동(山東) 제남(濟南) 출신이다. 중국 문학사에서 매우 드문 여성 작가 중 한 사람이다. 그녀의 부친 이격비(李格非)는 문장으로 소식과 교류했으며 모친 왕씨(王氏)

역시 글을 알고 문장을 지을 수 있었다. 이청조는 어려서부터 시로 이름을 날렸고 19세에 태학생(太學生) 조명성(趙明誠)과 결혼하였다. 부부는 취향이 비슷하여 마음이 잘 통했다. 그들은 함께 금석 골동품을 수집하고 고서를 교감(校勘)*하는 일을 상당히 즐겨했으며 책 읽는 것을 즐거움으로 삼아 시와 사를 서로 주고받으며 행복한 생활을 했다. 건염(建炎) 원년(1127)에 이청조가 조명성과 강남으로 피란 가는 바람에 골동품과 서화 대부분이 유실되었다. 조명성이 병으로 세상을 떠난 후 이청조는 항주(杭州)와 월주(越州), 금화(金華) 일대를 전전했으며 만년에는 고독하고 쓸쓸한 생활을 했다.

이청조

이청조가 창작한 사는 그녀가 겪었던 생활의 변화로 인해 남쪽으로 내려간 시점을 경계로 전반기와 후반기로 나뉜다. 그녀는 전반기 사를 통해서 소녀와 젊은 부인의 생활을 묘사했다. '여몽령(如夢令)'에서는 소녀시절 야외에 한 차례 놀러 나갔다가 술에 취한 경험을 묘사했다.

일찍이 골짜기 정자에 갔다가 날이 저물었었지(常記溪亭日暮).
잔뜩 취해서 돌아오는 길을 찾지 못했네(沉醉不知歸路).
흥이 다하여 돌아올 배에 늦게 올랐고(興盡晩回舟)
연꽃이 피어 있는 깊은 곳으로 잘못 들어갔네(誤入藕花深處).
그곳을 지나려 애쓰다가(爭渡, 爭渡)
못가의 갈매기와 해오라기를 놀라게 했다네(驚起一灘鷗鷺).

이청조는 밖에 나가 날이 저물 때까지 놀았고 술이 잔뜩 취해서 집으로 돌아가는 길을 찾지 못해 연꽃이 피어 있는 깊은 곳까지 들어가게 되었다. 그곳에서 급히 길을 찾다가 다시 쉬고 있는 한 무리의 갈

* **校勘**: 어떤 서적을 다른 판본이나 관련 자료와 비교해서 서적의 내용이나 문자의 같고 다름을 밝혀내는 작업

매기와 해오라기를 놀라게 하였다. 술에 취해 길을 잃었던 소녀, 이청조는 이 일을 회상하며 생동감 있게 글을 지었다. 이 사를 통해 그녀의 대담함과 천진난만함, 자유롭고 활발한 면모를 엿볼 수 있다. 그녀와 동시대의 대가집 규수 대부분은 집에 갇혀 있으면서 밖에 마음대로 나갈 수 없었다. 이로써 이청조 집안의 개방적이고 여유로운 분위기를 엿볼 수 있다.

결혼 후에 남편이 외지로 부임해서 따라갈 수 없게 되자 그녀는 사를 통해 남편에 대한 그리움의 정을 솔직하게 토로했다. 이에 대해 사람들은 '예로부터 관리 집안의 글 잘하는 여인 중 이처럼 거리낌 없는 이는 없었다'라고 평했을 정도다.

'취화음(醉花陰)'을 감상해 보자.

열은 안개 짙은 구름에 긴 낮 시름으로 보내는데(薄霧濃雲愁永晝)
서뇌향은 구리 향로에서 타오르네(瑞腦消金獸).
좋은 계절에 또 중양절이라(佳節又重陽).
옥침 베고 비단 휘장 안에 누워 있으니(玉枕紗櫥)
한밤중 서늘한 기운 스며드네(半夜涼初透).
황혼 무렵 동쪽 울타리에서 술잔 기울일 제(東籬把酒黃昏後)
그윽한 향기 소매에 가득 차네(有暗香盈袖).
말해서 무엇하랴, 풀 길 없는 이내 수심(莫道不消魂)
서풍에 주렴 휘말릴 제(簾卷西風)
사람이 국화보다 더 말랐구나(人比黃花瘦).

정강(靖康) 원년(1126)부터 이청조는 나라가 망하고 집안이 망하며 남편이 죽는 불행을 연달아 겪었다. 오랜 기간 동안 유랑 생활을 하며 사를 지었는데 주로 개인의 불행을 묘사했다. 그러나 '고향이 어디인지, 술에 취하는 것 외에는 다 잊어버렸네(故鄉何處是, 忘了除非醉)',

'상심하여 삼경까지 베개 벤 채 뒤척이는데 비는 내리고 뚝뚝 장마비는 계속 내리네. 뚝뚝 장마 비는 계속 내려서 북방 사람을 가슴 아프게 하니 빗소리 듣는 것도 괴롭다네(傷心枕上三更雨, 點滴霖霪. 點滴霖霪, 愁損北人, 不慣起來聽)' 등의 사구들은 남쪽에 피란 간 사람들의 공통된 느낌을 표현하였다.

결론적으로 말하자면 이청조는 문체의 운용에 있어서 비교적 자각의식을 지녀 그녀의 사에는 주로 개인의 태산 같은 근심걱정을 그리고 있으며 더욱 광대한 정서를 시로 표현하기도 하였다.

'성성만(聲聲慢) · 심심멱멱(尋尋覓覓)'은 그녀가 남쪽으로 내려간 후에 지은 대표적 작품이다. 이 작품은 '수심(愁)'을 읊은 것으로 유명하다.

찾고 또 찾아봐도(尋尋覓覓)
차갑고도 맑아서(冷冷清清)
처참하고 쓸쓸하네(凄凄慘慘戚戚).
잠깐 따뜻했다가 추워지면(乍暖還寒時候)
가장 견디기 어려워라(最難將息).
두세 잔 맑은 술 마셔도(三杯兩盞淡酒)
어찌 감당하랴(怎敵他).
저녁에 부는 세찬 바람을(晩來風急)
기러기 지나가(雁過也)
정말 마음이 아프구나(正傷心).
도리어 지난날에 아는 사이라(却是舊時相識).
온 땅에 국화꽃 쌓여(滿地黃花堆積)
시들어 비틀어졌네(憔悴損).
이제는 그 누가 따겠는가(如今有誰堪摘).
창문을 지키며(守著窗兒)
홀로 어찌 어둠을 지킬까(獨自怎生得黑).

'여몽령(如夢令)'의 사의도

오동잎에는 가랑비까지 내려(梧桐更兼細雨)

황혼 되자 뚝뚝 뚝뚝(到黃昏點點滴滴).

지금 이 상황을(這次第)

어찌 수심이란 글자에 담아내리오(怎一個愁字了得).

이 사는 망국의 고통과 홀로된 슬픔, 유랑 생활의 괴로움을 융합하여 상당히 깊고도 넓으며 장중한 느낌을 준다. 잠시 따뜻했다가 추워지는 날씨에 사람은 병에 걸리기 쉽다. 약한 술기운과 세차게 불어오는 가을바람, 땅에 가득한 낙엽은 모두 '시름'의 세계를 구성하고 있다. 사는 이청조에게 슬픔의 소리여서 '처참하고 쓸쓸한' 정서는 그녀의 사에 항상 등장한다. 그러나 그녀의 시 중에는 '살아서는 인걸이 되고, 죽어서도 귀신의 영웅의 되었네. 지금까지 항우를 생각하니, 그는 기꺼이 강동 땅을 건너지 않았다네(生當作人傑, 死亦爲鬼雄. 至今思項羽, 不肯過江東)'라는 호방한 정서를 노래한 것도 있다. 또한 '강을 건너 남으로 내려온 사대부 중에 왕도 같은 이가 부족하고, 북에서 온 소식 중에 유곤에 대한 것이 드물구나(南渡衣冠欠王導, 北來消息少劉琨)'라며 격분해서 꾸짖은 경우도 있다.

이청조의 사는 대부분 애정과 인생을 위주로 읊으며 여성의 섬세함으로 내면 심리를 표현하고 있다. 함축적이고 완곡하며 경쾌하면서도 섬세하고 부드러운 여성의 아름다움을 갖추고 있어서 '완약한 사의 시조'라 해도 모자람이 없을 정도다. 사 유파의 기풍을 '완약'으로 명명한 것은 비교적 뒤의 일이다. 이청조가 생활했던 송나라 때 사람들은 사체(詞體)를 '화간체(花間體)', '남당체(南唐體)', '유체(柳體)', '이안체(易安體)'라고 불렀다. 명나라 때 이르러 비로소 '사체에는 대략 두 가지가 있는데 하나는 완약이고 다른 하나는 호방이다'라고 말하는 사람이 등장하였다. 이후에 사람들은 점차 '호방'과 '완약'으로 송나라의 사를 평가하기 시작했다.

'완약'이라는 말은 『국어(國語)』의 「오어(吳語)」에 최초로 등장한다.

"무릇 군왕이 위엄을 갖추고 이기기를 좋아하시는 것을 알고서 그 말을 완약하게 하여 군왕의 뜻에 영합하려는 것입니다(夫固知君王之意蓋威以好勝也, 故婉約其詞, 以從逸王志)."

본래의 의미로 볼 때, '완약'은 바로 여성들의 언사로 부드럽고 완곡한 것을 말한다. 이런 점에서 '완약이 이청조를 시조로 한다'는 판단은 작가의 문체 사용에 대해 주의를 기울인 것이다. 즉 그녀의 사, 특히 후반기의 사는 확실히 완곡하고 애절하다. 작가는 단지 이러한 문체를 빌려 자신의 슬픔과 시름을 충분히 드러냈다. 이것이 바로 작가의 전체적 풍모이며, 그녀의 시와 문장에도 비분강개와 슬픔이 함께 어우러져 있다.

신기질(辛棄疾)

신기질(辛棄疾)[12]은 자가 유안(幼安)이고 호는 가헌(稼軒)이며 『가헌장단구(稼軒長短句)』 12권이 있다. 제남에서 출생했으며 성장기에 중원이 함락되자 북방 백성의 재난은 그에게 깊은 인상을 남겼다. 1161년에 금(金)나라의 왕 완안량(完顔亮)이 남하하여 송을 침입하자 신기질은 2,000여 명을 모아 농민 지도자 경경(耿京)이 이끄는 항금(抗金) 의병군에 참가했다. 후에 경경이 반도(叛徒) 장안국(張安國)에게 살해당한 후, 신기질은 50명을 이끌고 말을 달려 50,000명이 모여 있는 적진으로 돌진했다. 그 안에서 장안국을 사로잡아 무리를 거느리고 남송으로 돌아왔다. 그러나 신기질은 남송 정부에서 중용되지 못했다.

그는 남송에서 말단 관직에 머물렀지만 항상 조국의 안위에 관심을 갖고 『미근십론(美芹十論)』을 지어 효종(孝宗)에게 바쳐서 군대를 일으켜 북벌을 해야 한다고 주장했다. 그의 의견은 남송 왕조에 전혀 받아들여지지 않았으나 신기질은 줄곧 애국보민(愛國保民)의 입장을 견지했다. 호남, 호북, 강서, 복건 등지에서 지방관을 지낼 때 그는 나라를 강하게 하고 백성을 이롭게 하는 많은 조치를 취했다. 만년에 진강(鎭江)의 지부(知府)로 있으면서도 여전히 북벌을 위한 전쟁 준비를 했다. 그가 강남으로 내려온 지 벌써 43년이 되었다. 남송의 군대가 패하자 그는 사람들의 중상모략을 받아 고통과 침울함 속에서 삶을 살다가 생을 마감했다.

후세 사람들은 신기질을 평가하여 '그는 관중(管仲)[13]과 악의(樂毅)[14]의 재능을 지녔으면서 그 능력을 다 펼치지 못했다. 그로 인해 충성심과 분노를 발설할 방법이 없자 진동보(陳同父)[15]와 흉금을 털어 놓고 이야기했다. 고로 그 슬픈 노래는 강개하고 침울하면서도 무료한 기세를 지녔고 이 모든 것을 사에 기탁했다'라고 말했다. 신기질은 주로 사를 통해서 자신의 심정을 토로했으며 620여 수의 사가 현존한다.

신기질

신기질은 일찍이 직접 항금 운동에 참가한 적이 있어 나약한 보통 선비들과는 완전히 다른 인물이다. 그는 사 속에서 늠름하고 생기 있는 인물을 흠모하여 유유(劉裕)[16]의 북벌을 칭송하면서 '그 기세가 호랑이 같아 만 리를 집어 삼킬 정도였다네(氣呑萬里如虎)'라고 표현했고 자신이 젊었을 때를 '창을 비껴놓고 그 기세 드높으니(橫槊氣憑陵)'라고 묘사하기도 했다. 그의 사에는 항상 전투 생활을 묘사한 사구들이 등장한다.

* **金僕姑**: 화살의 일종

> 군마는 적로인 양 날 듯이 빠르게 달리고 날아가는 화살 소리 벼락 치듯 요란하네(馬作的盧飛快, 弓如霹靂弦驚).

> 연나라 군대(실제로는 적군인 금나라 군대를 나타냄)는 밤에 은 화살통을 차고 한나라(실제로는 송나라를 나타냄) 화살은 아침에 금복고(金僕姑)*를 쏘았다네(燕兵夜娖銀胡䩮, 漢箭朝飛金僕姑).

신기질은 만년에 지은 사에서 하우(夏禹)를 상당히 흠모하여 '아득히 만대에 이르는 공덕, 쉼 없이 일하던 그 당시의 고통(悠悠萬世功, 兀兀當年苦)'이라고 그에 대해 표현하기도 했다.

진강(鎭江)에 있을 때 신기질은 이미 반백의 나이가 되었지만 옛 국토를 수복하고자 하는 영웅적 기개는 여전히 남아 있었다. 그는 웅장한 기개를 표현한 '영우락(永遇樂) · 경구북고정회고(京口北固亭懷古)'를 지었다.

> 강산은 천년만년 그대로이나(千古江山),
> 손권 같은 영웅호걸은 더 이상 찾지 못하리(英雄無覓, 孫仲謀處).
> 정자와 누대에서 춤추고 노래 부르며(舞榭歌臺),
> 풍류 가득한 일들은 모두 비바람에 씻겨 갔는가(風流總被, 雨打風吹去).

* 狼居胥: 내몽고 자치구에 위치한 산

석양은 풀숲을 비추고(斜陽草樹),

평범한 거리와 골목뿐(尋常巷陌),

사람들은 일찍이 이곳에 유유가 있었다 하네(人道寄奴曾住).

창 번뜩이며 말 달리던 그 당시(想當年, 金戈鐵馬),

그 기세가 호랑이 같아 만리를 집어 삼킬 정도였다네(氣呑萬里如虎).

원가(元嘉)[17] 시대에 경솔하게(元嘉草草),

낭거서(狼居胥)*에서 제를 지내고자 하더니(封狼居胥),

결국 허겁지겁 도망을 쳤다네(贏得倉皇北顧).

사십삼 년의 세월(四十三年),

지금도 강북의 양주를 바라보면(望中猶記),

불길에 싸였던 그 모습 생각나네(烽火揚州路).

어찌 차마 돌이켜 보랴(可堪回首),

불리사 아래에는(佛狸祠下),

까마귀 울고 제사의 북소리 끝없이 울리네(一片神鴉社鼓).

그 누가 물어주랴(憑誰問),

연로하신 염파(廉頗)[18] 장군님, 아직도 식성은 좋으신지(廉頗老矣, 尙能飯否)?

신기질은 남송이 일시적 평화에 안주하는 것을 보고 줄곧 유감을 표명하면서 남송 조정을 암암리에 풍자하고 '안개 서린 버들 숲에 석양이 비껴 애간장이 끊어지네(斜陽正在烟柳斷腸處)'라는 표현을 통해 나라를 걱정하는 마음을 드러냈다. 조정의 인물들은 자신의 안위와 명성만을 구하는 자들로 밝은 햇볕 속에 날아다니는 먼지와 같은 존재들이어서 햇볕 속의 먼지를 자세히 들여다보면 비로소 인간 세상 곳곳이 어지럽다는 것을 알 수 있다고 했다.

산에 올라 옛날을 회고한 명작 '수룡음(水龍吟) · 등건강상심정(登建康賞心亭)'에서는 비바람에 흔들리는 국가의 정세에 대한 비분함을 드러냈다.

'영우락(永遇樂)·경구북고정회고(京口北固亭懷古)'의 사의도로, 현대 왕국신(汪國新)의 그림이다.

초나라 가을 하늘 천 리에 맑고(楚天千里淸秋),

물은 가을 하늘 따라 끝없이 뻗었네(水隨天去秋無際).

멀리 산봉우리 바라보니(遙岑遠目),

수심과 원한만 서리는데(獻愁供恨),

산천은 비녀와 쪽처럼 아름답네(玉簪螺髻).

날 저문 누각에(落日樓頭),

무리 잃은 기러기 구슬피 우니(斷鴻聲里),

강남을 떠도는 나의 신세여(江南游子).
오지의 보검을 들여다보고(把吳鉤看了),
난간 기둥을 두드릴 때(欄杆拍遍),
어느 누가 누각에 오른 이내 맘 알리(無人會, 登臨意).
농어회 맛 좋다고 말하지 마오(休說鱸魚堪膾).
가을바람 불고 불어도(盡西風),
어찌 계응처럼 고향으로 돌아가리(季鷹歸未).
땅과 집을 얻는 데 관심을 쏟았다면(求田問舍, 怕應羞見),
유랑의 재주 앞에서 마땅히 부끄러웠을 것이니(劉郎才氣).
흐르는 세월 애석해라(可惜流年),
비바람에 시름겨운데(憂愁風雨),
나무는 이렇게 자랐구나(樹猶如此).
그 누가 아름다운 여인 불러내어(倩何人),
비취빛 소매로 붉은 비단 손수건 들어(喚取紅巾翠袖),
이 영웅의 눈물을 닦아주게 하라(搵英雄淚).

신기질은 소식의 호방한 사풍을 계승하였다. 그는 항상 광활한 장면과 전투를 벌이는 영웅적 모습 등을 표현해냈고 모든 사물은 그의 붓끝에서 줄곧 견고하고 강한 성격을 부여받았다. '하늘 저 멀리에 의지(倚天萬里)'하는 장검이나, '천 길에 달하는 맑은 무지개(千丈晴虹)' 같은 긴 다리, '뜨거운 목욕물 위에 이는 안개 같은 잔물결이 만경에 달하는 듯한(湯浴烟波萬頃)' 수선화 화분의 모습 등이 그 예다.

그는 사를 통해서 심정을 토로하고 사물의 모습을 표현했으며 사건을 기록하고 의론을 했다. 그리고 시가와 산문, 사부 등 각종 형식의 장점을 조화시켜 사의 표현 수법과 언어 기교를 풍부하게 만들어서 호방파의 기풍을 확립하였다.

신기질은 항상 자신의 사 속에 대량의 전고(典故)와 경(經), 사(史),

제자(諸子), 초사(楚辭), 이백과 두보의 시, 한유와 유종원의 문장 등을 즐겨 사용하였다. 그를 칭송하는 이들은 신기질이 옛 이야기를 끌어내어 현재를 풍자하기 위해 전고를 사용했다고 여겼다. 그러나 그를 비난하는 이들은 전고나 어려운 말을 사용해서 자신의 재학(才學)을 드러내고자 하는 의도가 있다고 간주하였다. 또한 신기질은 언어에 있어서 소식이 그랬던 것처럼 고체시와 근체시의 구법(句法)을 사용하였다. 그리고 산문과 변문, 민간 구어를 채용하여 사가 표현할 수 있는 공간을 더욱 확대시켰다.

1| **온정균**(溫庭筠, 약 812~870): 당나라 말기의 시인. 본명은 기(岐), 자는 비경(飛卿). 염시(艷詩)를 많이 지었으며 저서에 『온비경시집』, 『건손자』 등이 있다.

2| **위장**(韋莊, 836~910): 당나라 말기의 시인. 자는 단기(端己). 온정균과 쌍벽을 이루었다. 작품에 '진부음(秦婦吟)', '완화집(浣花集)' 및 당시(唐詩) 선집 『우현집(又玄集)』이 있다.

3| **이경**(李璟, 916~961): 자는 백옥(伯玉)으로 남당(南唐)의 두 번째 황제이다. 정치적 능력은 없었으나 문학적 재능은 뛰어났다. 작품으로 '완계사(浣溪沙)' 3수가 현존한다.

4| **이욱**(李煜, 937~978): 오대(五代) 남당의 마지막 황제로 자는 중광(重光), 호는 종은(鍾隱)이다. 송나라에 패하여 유폐되었다가 독살되었다. 음률에 정통하였으며 사(詞)를 서정시로 완성하는 데 결정적인 역할을 하였다.

5| **왕안석**(王安石, 1021~1086): 북송의 저명한 정치가, 문학가, 사상가이다. 자가 개포(介浦)이며 호는 반산(半山), 무주(撫州) 임천(臨川; 지금의 강서성(江西省) 임천시(臨川市)) 사람이다. 송 인종 경력(慶曆) 2년(1042) 21세에 진사에 급제하여 근현령(鄞縣令), 서주통판(舒州通判), 삼사도지판관(三司度支判官), 지제고(知制誥) 등을 역임하며 상당한 정치적 업적을 이루었다. 송 신종(神宗) 희녕(熙寧) 2년(1069) 48세에 참지정사(參知政事)가 되며 다음해 중서문하평장사(中書門下平章事)가 되어 신법을 추진했다. 그러나 보수파의 강한 반대에 부딪치고 신법의 추진 과정 중에 폐단이 드러나자 결국 실패했다. 왕안석은 만년에 강령(江寧; 지금의 남경(南京)) 반산원(半山園)에 거주하며 서국공(舒國公)에 봉해지고 후에 다시 형공(荊公)에 봉해져 보통 왕형공(王荊公)이라 부른다. 왕안석은 시문(詩文)에 모두 뛰어나며 그 문장이 깨끗하면서도 간결하고 웅장하며 기세가 느껴진다. 저서로 『임천집(臨川集)』 130권이 있다.

6| **조이도**(晁以道, 429~500): 남북조 시대의 수학자, 역학자인 조충지(晁冲之)를 말한다. 자는 문원(文遠)이며 대명력(大明曆)을 만들어 중국 고대의 가장 중요한 산서(算書)인 『구장산술』을 주해하였다. 원주율을 발견하였고 지남차를 만들었다. 소식의 문도인 조보지(晁補之)의 사촌형이다.

7| **유영**(柳永): 북송(北宋)의 시인. 복건(福建) 숭안(崇安) 출신으로 자는 기경(耆卿)이다. 사집으로 『악장집(樂章集)』이 있으며, 도시인의 향락과 감상을 내용으로 한 만사(慢詞)를 본격적으로 지었고 당대에 널리 유행하였다. 우리나라 『고려사(高麗史)』「악지(樂志)」에도 그의 사가 실려 있다.

8| **황주**(黃州): 지금의 호북황강(湖北黃岡)

9| **손랑**(孫郞, 182~252): 삼국 시대 오나라의 초대 황제(222~252 재위)인 손권(孫權)을 일컫는다. 자는 중모(仲謀)이며 손견(孫堅)의 아들로 유비와 더불어 조조를 적벽에서 무찌르고 위와 제휴하여 제위에 올랐다. 연호를 황룡(黃龍)이라 하고 도읍을 건업(建業)으로 옮겨서 중국 남방 강소(江蘇) 일대를 다스렸다.

10| **운중**(雲中): 내몽고 자치구에 있는 지역

11| **천랑**(天狼): 천랑성(天狼星)을 말하며 보통 침입자를 비유한다. 이곳에서는 서하(西夏)를 지칭한다.

12| **신기질**(辛棄疾, 1140~1207): 남송의 문신. 자는 유안(幼安), 호는 가헌(稼軒). 남송 최고(最高)의 시인으로 우국(憂國)의 정열을 노래한 작품이 많으며 사(詞) 형식을 실험, 확대하는 데 크게 기여하였다. 저서에 『가헌장단구(稼軒長短句)』 등이 있다.

13| **관중**(管仲): 춘추 시대 제나라 환공의 재상이다. 이름은 이오(夷吳)이며 환공(桓公)을 도와 군사력의 강화, 상공업의 육성을 통하여 부국강병을 꾀하였고 환공을 중원(中原)의 패자(霸者)로 만들었다. 포숙아와의 우정으로 유명하며 이들의 우정을 관포지교라고 이른다. 저서에 『관자(管子)』가 있다.

14| **악의**(樂毅): 전국 시대 연나라의 무장. 소왕(昭王)의 부름을 받고 장군이 되어 제나라를 치고 임치(臨淄)를 함락하여 창국군(昌國君)에 봉하여졌으나 소왕이 죽은 후 혜왕(惠王)에게 쫓겨서 조나라로 도망갔다.

15| **진동보**(陳同父, 1143~1194): 진량(陳亮)을 일컫는다. 그는 남송 시대에 북벌을 강력하게 주장했으며 호방하고 힘찬 사를 지었다.

16| **유유**(劉裕, 356~422): 남조(南朝) 송나라의 제1대 황제(420~422 재위)인 고조(高祖)의 본명이다. 자는 덕여(德輿)이며 남연(南燕)과 후진(後秦)을 멸망시키고 제위에 올랐다.

17| **원가**(元嘉, 424~453): 중국 남북조 시대 송나라 문제(文帝) 때의 연호

18| **염파**(廉頗): 전국 시대 조나라의 명장이다. 당시 염파의 용맹함은 여러 제후들에게 널리 알려졌다. 조나라 혜문왕(惠文王) 16년에 제나라를 거쳐 석양(昔陽, 현재 하북성에 속하는 지역)을 얻어 상경(上卿)이 되었다. 조나라 재상 인상여(藺相如)와의 갈등을 다룬 에피소드가 유명하다.

제10장 • 원곡(元曲)의 양대 산맥

* **元曲**: 중국 북방계의 가곡(歌曲) 및 그것을 바탕으로 한 희곡. 원나라 때 희곡이 성하여 원곡(元曲)이라 불렸으나 남방계의 남곡(南曲)에 밀려 쇠퇴하였다. 북곡(北曲), 원잡극(元雜劇)이라고도 한다.

** **書會才人**: 송원 시기에 희극이나 연예물을 창작하던 이들을 재인(才人)이라 했고 그들이 조직한 동업자 조합을 서회(書會)라고 불렀다.

관한경(關漢卿)

원곡(元曲)*의 출현은 중국의 희극이 황금시대로 들어섰음을 상징한다.

관한경(關漢卿)[1]은 원 잡극 분야에 있어서 가장 중요한 작자다. 그는 13세기 중국 북방에서 활동하면서 원나라의 대도(大都)[2]를 주요 활동 무대로 삼았다. 평생 동안 관한경은 60여 부의 극본을 창작했으며 세상에 전해지는 것은 10여 부에 이른다. 아직도 희극 무대에서 연출되는 작품으로 「두아원(竇娥寃)」, 「망강정(望江亭)」, 「단도회(單刀會)」가 있다.

관한경은 1958년에 세계평화이사회에서 '세계 문화 명인'으로 지정되었다. 『영국간명백과전서(英國簡明百科全書)』에서는 그를 '문예 이론계에서 공인한 중국에서 가장 위대한 희극 작가'라고 평가했다. 현재 그의 작품들은 영국, 프랑스, 독일, 일본 등 여러 나라의 언어로 번역되어 전해진다.

관한경은 진지하고 엄숙한 전통적 유생(儒生)과는 달리 자유분방하고 호방하며 소위 '천박'하다고 인식되었던 '서회재인(書會才人)**'으로 다양하고 풍부한 삶을 경험하였다. 그는 일찍이 의사 노릇을 했고 금나라의 태의를 지내기도 했다.

현대 이곡(李斛)이 그린 관한경(국가 박물관 소장)

원나라는 금나라를 멸망시킨 후 '한족(漢族)'을 계급상 세 번째 등급으로 정했다. 게다가 원나라가 중원을 통치할 때 문인들의 지위는 저하되어 정치적 포부를 실현할 방법이 거의 없었다. 그들은 시정의 서회와 같은 하층 문인과 예술인들의 조직 속에 들어가서 극본이나 화본을 써서 재능을 펼치는 수밖에 없었다. 관직에 인연도 없고 관심도 없었던 관한경은 옥경서회(玉京書會)에서 가장 유명한 재인이었다. 그는 박학다식하고 문장을 잘 지었으며 기지와 풍류가 있었고 가무에 뛰어났으며 음률에도 통달했다.

산서(山西) 직산(稷山) 금묘(金墓)에서 발굴된 잡극을 조각한 벽돌. 잡극 속 인물의 형상과 표정을 생동감 있게 형상화했으며 이는 잡극이 흥성했던 시대의 역사를 반영하고 있다.

원곡에 있어서 그는 각본을 쓰는 작가이면서 배우였고 극단의 책임자였다. 당시 기루(妓樓)의 여성들과 연극배우들의 사회적 신분은 같아서 강호를 떠돌던 관한경은 기녀들과 함께 어울리며 즐거운 삶을 만끽했다. 그와 가까웠던 여배우 주렴수(朱簾秀) 역시 양가집 여인이 아니었다. 관한경은 '귀공자 중의 우두머리'나 '방탕한 극단 책임자'라는 신분에 만족하며 일찍이 자신을 '동완두(銅豌豆)'라고도 했는데 이는 전문 오입쟁이를 희롱조로 부르는 이름이다. 그러나 그는 '쪄도 문드러지지 않고 삶아도 익지 않으며 채찍질해도 납작해지지 않고 볶아도 타지 않으며 타닥타닥 소리를 내는 동으로 만든 한 알의 완두'였다. 이를 통해 어찌할 도리가 없는 상황에서도 절대 복종하지 않는 굳은 마음과 풍류, 그리고 그의 해학적 재능을 엿볼 수 있다.

관한경의 극작은 대부분이 희극 작품이다. 지금까지 전해져 내려오는 「망강정」은 호색가이면서 탐욕스러운 양아내(楊衙內)를 풍자한 희극이다. 그가 만년에 창작한 비극의 결정판 「두아원」에서도 우스운 연기나 대사를 넣어 관객의 웃음을 자아내는 부분과 풍자와 조롱이 담긴 부분을 볼 수 있다.

「두아원」은 관한경의 대표작으로 두아라는 여인의 억울한 사정을 이야기하고 있다. 가난한 서생인 두아의 부친 두천장(竇天章)은 과거 시험을 보러 떠나기 전에 자기 딸을 고리대금업자인 채(蔡) 노파에게 부탁한다. 두아는 사실 채 노파의 며느리로 저당 잡힌 셈이다. 남편이 죽은 후 그녀는 시어머니와 함께 생활한다. 고리대금업을 하는 채 노파는 빌려준 돈을 재촉하다가 살해당할 뻔했는데 다행히도 장려아(張驢兒) 부자의 도움을 받아 목숨을 건진다. 뜻하지 않게 장씨 부자는 채 노파와 며느리가 모두 과부인 것을 알게 되고 이 홀아비 부자는 자신들 마음대로 과부인 두 여인과 결혼할 생각을 한다.

[장려아] 아버지, 노파가 하는 말 들으셨죠? 집에 또 며느리가 있대요. 목숨을 구해 주었으니 당연히 우리에게 보답을 하겠죠. 차라리 아버지가 노파를 취하고 내가 며느리를 취해 버리죠. 그러면 누이 좋고 매부 좋은 격이잖아요. 아버지가 노파에게 말을 건네 봐요.

[장영감] 이봐 할멈, 할멈에게는 서방이 없고 내게도 마누라가 없으니 내 마누라가 되는게 어떻겠소?

[채노파] 그게 무슨 말이오? 내가 집에 돌아가서 재물을 넉넉히 갖추어 보답하리다.

[장려아] 할멈은 우리 말대로 하기 싫어서 일부러 돈으로 우리를 어르는 거지? 새로의(塞盧醫)*의 밧줄이 아직 여기 있으니, 내가 할멈을 목 졸라 죽이면 그만이야.

황당하고 이치에도 맞지 않는 요구지만 장려아는 당연하다는 듯 당당하게 말했다. 작가는 소박하고 자연스럽게 이야기를 전개하면서 무뢰한 같고 파렴치한 장려아를 생생하게 그려내고 있다. 채 노파는 위협에 못 이겨 어쩔 수 없이 대답하지만, 며느리 두아는 단호히 거

* **塞盧醫**: 작품에 등장하는 노(盧)씨 성을 가진 돌팔이 의사

절한다. 장려아는 독약을 먹여 채 노파를 죽이려 하는데 뜻하지 않게 장씨 노인이 먹는 바람에 대신 죽게 된다. 장려아는 탐관오리를 매수하고 두아는 시아버지를 독살했다는 죄명으로 참수된다. 이 작품에서 관한경은 탐관오리를 예리하게 풍자하였다. 그는 탐관오리가 무대 위에서 고소하는 사람에게 무릎 꿇는 모습을 연출하여 탐관오리가 '고소하러 오는 이들은 바로 나를 먹여 주고 입혀 주는 부모다'라는 생각을 지니고 있음을 드러내고 있다. 아울러 탐관오리가 원고와 피고에게 뇌물을 받아 부를 축적하고 있음을 날카롭게 풍자했다.

「감천동지두아원(感天動地竇娥冤)」의 삽화

「두아원」에 대해 한마디로 말하자면 슬픔이 가득한 한 편의 비극이라 할 수 있다. 억울함을 당한 두아는 형이 집행될 때 자신의 억울함을 풀기 위해 세 가지 소원을 빈다. 하나는 '만일 진실로 나 두아가 억울하다면 반 방울의 뜨거운 피도 땅을 적시지 않고 모두 8척의 깃대 위에 걸린 흰 비단 위로 날아가기를 바라는' 것이었다. 자신의 피가 절대 땅으로 흐르지 않고 전부 높이 매달려 있는 흰색 깃발에 뿌려지기를 원했다. 두 번째는 형이 집행되는 여름에 하늘에서 3척의 서설이 내려서 자신의 몸을 덮어주기를 바랐다. 세 번째는 그 지역에 3년 동안 가뭄이 들기를 소원했다. 두아의 소원에는 분노와 슬픔이 담겨 있다. 결국 3년 후에 그녀가 소원한 대로 일이 벌어졌으며 그녀의 억울한 사정은 백일하에 드러났다.

「두아원」은 비극이고 「망강정」이 희극이라면, 「단도회」는 역사극이

비단에 그린 송나라의 잡극

산서(山西) 우립(右立) 안녕사(安寧寺)의 수륙화(水陸畵)로, 원나라 때의 극단을 그린 그림

다.「두아원」과「망강정」에서는 여성과 여성의 심리 묘사에 탁월한 관한경의 특징을 보여준다.「단도회」에서는 관한경이 번개가 쳐서 산을 무너뜨리는 장면이나 기세당당한 영웅의 처지를 묘사하는 데도 뛰어난 재능을 지녔다는 것을 보여준다.「단도회」는 삼국 시대의 영웅 관우에 대해 묘사하고 있다. 관우가 단신으로 강을 건너 적진으로 들어가 연회에 참석하는데 자신의 무공과 기지로 안전하게 돌아온다는 이야기다. 관우가 강을 건너면서 노래 부르는 부분은 매우 유명하다.

큰 강 건너 동쪽으로 가니 파도가 천 겹이라.
수십 명의 사람이 끌고 일엽편주를 저어 가네.
하늘의 용과 봉황이 있는 곳에 비할 바는 못 되나
천 길에 달하는 호랑이와 승냥이 소굴일세.
대장부 마음 강직하여라.
이 단도를 보니 마을에서 겨루어 볼 만하겠구나.

관우는 자신이 찾아가는 곳이 '호랑이와 승냥이 소굴'이라는 것을 분명히 알고 있었다. 그러나 그는 단지 이번 길을 일상적인 기념일에 행해지는 무술 시합을 하러 가는 것 정도로 여길 뿐이다. 관우의 영웅적 풍모가 드러나는 부분이다. 또한 하늘 높이 넘실거리는 강물을 마주하면서 20여 년 동안의 전쟁을 회상해 보니, 강한 적과 맹약을 맺었던 벗들이 모두 세상을 떠난 뒤라 곧 강렬한 역사적 감회가 솟아오르는 것이다.

(말하기를) 아름다운 강 풍경이로다.
(노래하기를)〔말 멈추는 소리〕물은 용솟음치고 산은 겹겹이 쌓였네. 젊은 주랑은 어디에 있는가? 어느새 먼지 날리고 안개가 흩어지네. 가련하구나! 황개는 더욱더 상처를 입고 조조를 물리친 돛대와 노는 일시에 사라져 버

렸네. 적을 물리친 강물은 여전히 열렬하여 날 슬프게 하는구나.

(노래하기를) 20년이 흘러도 다하지 않는 영웅의 피여!

노래를 부르는 부분에서 언급된 주랑(周郎)과 황개(黃蓋)는 삼국 시대 오나라의 명장들이다. 20년 전 관우가 속해 있었던 촉나라는 오나라와 연합하여 적벽대전을 통해 조조(曹操)가 통솔하던 위나라 군대를 격퇴시켰다. 20년 후에 주랑과 황개는 이미 이 세상 사람이 아니었으나 20년 동안 전쟁은 끝나지 않았고 영웅의 피도 끝없이 흐르고 있다는 것이다.

관한경이 「두아원」처럼 현실을 고발하는 색채의 비극을 창작하여 사람들은 항상 그의 현실 비판적인 역량에만 관심을 기울였다. 반면 장중함과 해학성이 섞여 있는 관한경 작품의 특징은 소홀히 다루었다.

사실 해학과 조소는 중국 희극의 기본 정신이다. 중국의 희극은 어릿광대의 연기에서 시작되었다. 어릿광대는 주로 구두로 풍자하여 사람들을 즐겁게 했으며 노래도 부르고 춤도 추었다. 원나라 잡극 이전의 당나라 참군희(參軍戱)*와 송나라의 잡극은 모두 골계미가 그 특징을 이루었다. 관한경은 이러한 특징을 발전시켜서 장중함을 해학성에 기탁하여 그 작품이 장중함과 해학성에 있어서 모두 뛰어났다. 이 점은 오히려 관한경보다 350년 늦게 출생한 셰익스피어(William Shakespeare)와 서로 통하는 부분이다. 그의 극작 속에는 즐거워서 웃고 화가 나서 욕하는 부분이나 우스운 연기와 대사를 곳곳에서 볼 수 있다. 천지를 감동시키고 장엄하며 엄숙한 비극적 장면 역시 조금도 오차 없이 만들어냈다. 이는 대개 극단에서 살아남는 천재들의 공통된 특징이다. 그들은 명석하고 투철한 생존 감각을 지니고 있으며 동시에 한 시기 한 곳에서의 희로애락을 초월할 수 있어서 변화무쌍하였다. 희극 창조에 끼친 공헌을 언급하자면 두 사람 모두 유사점이 있다.

* **參軍戱**: 당송 시대에 유행한 희극의 형태로, 당시 시대와 사회 현상을 풍자하는 내용으로 이루어져 있다.

원 잡극의 체재는 상당히 엄격하여 일반적으로 하나의 '설자(楔子)'와 네 개의 '절(折)'로 구성된다. 설자는 대부분 희극의 시작 부분에서 극의 상황을 설명하는 데 사용된다. 절은 중국 희극의 음악인 '궁조(宮調)'의 투수(套數)*에 의해 나누어지며 굳이 비유하자면 바로 희극의 '막'에 해당된다. 이처럼 원 잡극의 체재는 관한경이 창시한 것이며 서양 문예의 신기원을 이룬 셰익스피어에 대해서는 굳이 언급할 필요가 없을 것이다.

왕실보(王實甫)

왕실보(王實甫)[3] 역시 원나라 때 극작가다. 그는 관한경과 비슷한 점이 상당히 많다. 그 역시 서회재인이지만 관한경처럼 직접 무대에서 활약하지는 않았다. 그의 극본은 책상에서 읽기에 적합한 것이었다.

왕실보가 명성을 누리게 된 작품은 바로 「서상기(西廂記)」다. 「서상기」의 체재는 일반 원 잡극보다 복잡하여 원나라 때 협소하고 허술한 구란(句欄)과 와사(瓦舍)에서 연출하기에는 적합하지 않았다. 일반 백성들은 박도곤봉(朴刀棍棒)**의 떠들썩한 분위기에 익숙해서 「서상기」의 맑고 아름다우며 화려한 곡사(曲辭)와 함축적이고 완곡한 기풍을 단번에 받아들이기는 어려웠다. 그래서 「서상기」는 원나라 때는 유행되지 못했다. 명나라 때 와서 「서상기」의 예술 가치는 문인들의 관심을 끌었고 그 지위가 점차 관한경의 작품을 뛰어넘어 원 잡극의 제1인자가 되었다.

「서상기」는 당나라 전기 소설(傳奇小說)*** 『회진기(會眞記)』[4]를 개작한 것이다.

원작의 내용은 젊은 서생이 묘령의 여인을 농락하고 결국 배신한다는 이야기다. 주인공 장생(張生)은 '성격이 온순하고 풍채가 뛰어났으며 의지가 굳어 예의에 어긋난 일은 상종하려 들지 않았다(性溫茂, 美豊容, 內秉堅孤, 非禮不可入)'고 한다. 장생은 외모가 영명하고 준수하며

* **套數**: 투곡(套曲) 또는 대령(大令)이라고 부르며, 짧은 곡인 여러 개의 소령(小令)으로 구성된 것이다.

** **朴刀棍棒**: 무협류에 속하는 내용

*** **傳奇小說**: 전기 소설은 당나라 때 성행했다. 기이한 이야기 서술과 세밀한 인물 형상화, 작가의 인생관 투영, 당시 사회상 반영 등으로 위진 남북조의 지인 소설, 지괴 소설보다 한층 발전된 면모를 보여주었다. 문인들이 직접 자신의 이름을 걸고 작품을 창작했으며 전기 소설 독자로서의 역할도 담당했다. 전기 소설은 과거 제도와 온권의 성행, 고문 운동의 성공, 상업 경제의 발전, 불교 문화의 영향 등으로 크게 성행했으며, 후세 문학의 소재나 구성, 인물 형상 등에 있어서 큰 영향을 끼쳤다.

명나라 구영(仇英)의 〈최앵앵 조상(崔鶯鶯造像)〉. 잡극 속의 한 장면으로 앵앵이 향을 사르고 달에 기원하는 모습이다.

성격이 온화하고 이성에 대해 상당히 까다로웠다. 그는 23세가 되었는데도 아직 여색을 가까이 하지 않았는데 길을 가다가 우연히 17세 소녀 최앵앵(崔鶯鶯)을 만나게 되었다. 최앵앵은 총명하고 지혜로우며 매우 아름다운 여성이었다. 장생은 그녀에게 완전히 매료되었다. 그는 최앵앵의 시녀 홍낭(紅娘)의 도움을 받아 최앵앵과 서로의 간절한 마음을 주고받을 수 있었다. 몇 개월이 지난 후 장생이 장안으로 과거 시험을 보러 떠난 후 최앵앵은 장문의 편지를 써서 장생에 대한 그리움의 정을 표현하였다. 그러나 장생은 매정하게 최앵앵을 버렸다. 장생은 앵앵처럼 뛰어난 사람은 일단 부귀한 운을 만날 기회를 포착하면 요물로 변하므로 차라리 버리는 게 좋다고 생각했다. 『회진기』의 작가는 장생이 앵앵을 농락하고 결국은 배신한 행동을 덮어주었으나 「서상기」는 이 이야기를 개작하여 애정 찬가로 만들어 버렸다.

이야기는 당나라를 배경으로 한다. 19세의 귀족 소녀 최앵앵은 어머니를 따라 부친의 영구(靈柩)를 모시고 고향으로 돌아가고 있었다. 길은 멀고 외지에서의 말할 수 없는 고통으로 온 가족이 잠시 보구사(普救寺)의 서상(西廂)에 머물렀다. 서생 장군서(張君瑞)는 집안이 이미 몰락한 터라 우연히 보구사에 왔다가 마침 최앵앵을 보고 하늘에서 내려온 듯한 그녀의 자태에 깜짝 놀랐다. 그는 구실을 만들어 앵앵과 벽 하나를 사이에 두고 절에 묵게 되었다. 한밤중에 앵앵이 화원에서 향을 사르고 있을 때 장생은 '휘영청 달 밝은 밤, 꽃그늘에 적적한 봄날. 어이할까 달 속의 선녀 보이지 않는 것을(月色溶溶夜, 花陰寂寂春. 如何鶯皓魄, 不見月中人)'이라는 시 한 수로 앵앵에게 자신의 마음을 전했다. 앵앵 역시 회답시를 지어 보내고 두 사람은 서로 상대의 재능에 빠져들게 되었다. 후에 둥근 달이 뜬 밤에 앵앵이 향을 사르고 있을 때 장생은 거문고를 뜯어 앵앵을 유혹했다. 앵앵 역시 분명 장생의 지음(知音)인지라 거문고 소리 속에 내포된 장생의 감정을 알아챘다.

그 소리 웅장하여(其聲壯)
철기마에 창칼 소리 가득 찬 듯하네(似鐵騎刀槍冗冗).
그 소리 그윽하여(其聲幽)
낙화 흐르는 물 넘실거리듯 하네(似落花流水溶溶).
그 소리 드높아(其聲高)
맑은 바람 밝은 달에 학이 허공에서 우는 듯하네(似風清月朗鶴唳空).
그 소리 나지막하여(其聲低)

아이와 여인네 말소리가(似聽兒女語)

작은 창가에서(小窓中)

소곤소곤거리는 듯하네(喁喁).

그 때 장군 손비호(孫飛虎)가 앵앵이 아름답다는 소문을 듣고 군사를 보내 잡아오려고 했다. 긴박한 상황 중에 앵앵은 군사를 물리쳐 주는 사람에게 시집가겠다고 말했다. 앵앵은 이미 마음으로 생각하는 바가 있어서 장생이 군사를 물리칠 계책이 있으리라 기대하였다. 과연 장생은 그 기대를 저버리지 않았다. 그는 함께 동문수학한 벗 두확(杜確) 장군의 도움을 받아 손비호를 물리칠 수 있었다. 그러나 앵앵의 어머니는 약혼을 파기하고 장생과 앵앵에게 서로 형제자매처럼 지내도록 하였다. 이 일로 앵앵은 더 이상 어머니를 믿지 않았고 어머니와 얼굴을 맞대지 않는 등 반항하기 시작하였다.

홍낭의 도움을 받아 앵앵과 장생은 마침내 밀회를 하게 되었다. 그들은 밤에 만났다가 아침에 헤어지는 방식으로 한 달 동안 밀회를 즐

『서상기』의 삽화. 주인공 최앵앵이 사랑하는 사람의 편지를 읽고 있을 때 시녀 홍낭이 병풍 뒤에 숨어서 몰래 보고 있다.

원나라 때의 연극 공연장

겼다. 그러나 앵앵의 어머니가 이 사실을 알고 홍낭을 추궁하였다. 홍낭의 교묘한 변론에 앵앵의 모친은 말문이 막혔다. 결국 장생에게 과거 시험에 응시하여 급제한 후 다시 돌아오면 앵앵과 혼인시켜 주겠다고 약속하는 수밖에 없었다. 장생은 마침내 다행히도 과거에 급제하여 앵앵과 가정을 이루게 되었다.

예로부터 남녀의 사사로운 정과 은밀한 만남을 묘사한 작품은 많았다. 「서상기」의 뛰어난 점은 이러한 사사로운 정과 은밀한 만남을 시나 그림처럼 아름답게 묘사하고, 남녀 주인공이 물론 육체적 욕망의 달콤함에 심취하기도 하지만 진실한 마음으로 서로를 대한다는 점에 있다. 동시에 외부의 압력으로 「서상기」 안에 전개된 애정은 반역의 격정적 감정으로 충만해 있다. 외부의 압력이란 다시 말해서 추상적으로 표현하자면 봉건 예교를 지칭하며 그 직접적인 주체는 바로 최앵앵의 모친인 상국 부인(相國夫人)이다.

작품에서 가장 생동감 있게 형상화된 인물은 최앵앵과 그녀의 시녀 홍낭이다. 최앵앵은 주관이 뚜렷하고 대담하며 생각이 치밀한 여성이다. 그녀는 장생의 구체적 상황을 확신할 수 없었을 때 그를 시험해 보기도 했다. 장생이 그녀가 보낸 시의 뜻을 오해하여 당돌하게 그녀의 방으로 왔을 때 그녀는 엄한 말로 그를 질책했다. 귀족 소녀의 이러한 긍지는 장생으로 하여금 자신의 역량을 알고 물러서도록 했다. 이와 동시에 두 사람의 애정 관계를 통해 앵앵이 상당히 적극적인 여성이라는 것을 보여주고 있다. 홍낭의 형상 역시 「서상기」이후에 다른 사람의 애정을 성취시켜 주는 이상적 인물의 대명사로 자리 잡았다.

「서상기」의 언어와 문장은 화려하다. 왕실보는 이전 사람들의 시구를 채용하여 새로운 의미를 창출하는 데 상당히 뛰어났다. 그중 가장 유명한 것은 '높푸른 하늘, 누런 국화 핀 땅에 서풍은 세차게 불고, 기러기 남으로 날아가네. 새벽녘 서리 내린 숲 누가 취한 듯 물들였는가. 모두 이별하는 이들의 눈물이라네(碧雲天, 黃花地. 西風緊, 北雁南飛. 曉來誰染霜林醉, 總是離人淚)'라는 시구다. 이는 바로 송나라 범중엄(范仲淹)의 명구인 '벽운천, 황엽지(碧雲天, 黃葉地)'를 차용한 것이다. 왕실보는 '황엽지(黃葉地)'를 '황화지(黃花地)'로 바꾸어서 장생이 장안으로 과거를 보러 가는 바람에 이별하게 된 슬프고 괴로운 여성으로서 앵앵의 심정을 훌륭하게 표현하고 있다.

중국 고전 문학에 있어서 국화꽃과 여성을 관련짓는 시사는 상당히 많다. 가장 유명한 것은 이청조의 사로 '말해서 무엇하랴 풀 길 없는 이내 수심, 서풍에 주렴 휘말릴 제, 사람이 국화보다 더 말랐구나(莫道不消魂, 簾卷西風, 人比黃花瘦)'라는 부분이다. 그리고 '성성만(聲聲慢)' 중의 '지는 국화 꽃잎 땅 위에 쌓이고, 누런 국화 시들어 초췌한데, 지금 그 누가 꺾으려 들겠는가(滿地黃花堆積, 憔悴損, 如今有誰堪摘)'라는 부분도 있다. '황화(黃花)'는 이청조 자신의 초췌한 모습을 비유한 것이며 마찬가지로 수심에 찬 심정을 투영한 것이다. 이로써 황화가 근심과 수심에 찬 정서와 연결됨을 알 수 있다. 황화는 바로 국화이며 날씨가 점차 서늘해지는 가을에 피기 시작해서 눈과 서리를 이겨내어 '꽃 중의 왕'이라고 칭송되었다. 굴원에서부터 시작해서 중국의

현대 왕숙휘(王叔暉)의 〈청금(聽琴)〉. 이 그림은 「서상기」를 모티브로 하였다.

시인들은 국화를 고결한 정신적 품격의 상징물로 간주했다. 굴원 역시 스스로 '아침에는 목란에 떨어지는 이슬을 마시고, 저녁에는 가을 국화 떨어진 꽃잎을 먹노라(朝飮木蘭之墜露兮, 夕餐秋菊之落英)'라고 하였다. 동진의 시인 도연명도 '동쪽 울타리 아래서 국화 꺾어들고, 멀리 남산을 바라보네(采菊東籬下, 悠然見南山)'라고 하면서, 자신의 은거 생활 중에 국화를 벗으로 삼아 '쌀 다섯 말 때문에 허리를 굽히지는 않겠다'는 심정을 드러냈다. 『회진기』의 작가인 원진(元稹) 역시 '국화꽃이 다 피고 나면 다시 필 꽃이 없다네(此花開花後更無花)'라고 국화를 찬미했다. 그들은 모두 정신이 고결하다는 측면에서 국화를 찬미한 것이다. 그래서 왕실보는 '황화지(黃花地)'라는 표현을 통해 이별에 대한 앵앵의 심정과 수심에 찬 그녀의 심경, 그리고 어느 정도 강직한 성품을 구현해냈다.

1| **관한경**(關漢卿): 원나라의 극작가. 잡극(雜劇), 즉 원곡(元曲) 창시기의 중심인물로 성격과 심리 묘사에 뛰어났으며 특히 여성의 심리 묘사에 탁월하였다. 작품에 「두아원(竇娥冤)」, 「구풍진(救風塵)」 등이 있다.

2| **대도**(大都): 현재의 북경

3| **왕실보**(王實甫): 원나라의 극작가. 이름은 덕신(德信)이며 실보는 자다. 애정 심리 묘사에 뛰어나고 필치가 청려(淸麗)하고 낭만이 넘치는 최고의 원곡(元曲) 작가다. 작품에 「서상기」, 「여춘당(麗春堂)」, 「파요기」 등이 있다.

4| 『**회진기**(會眞記)』: 『회진기』는 『앵앵전(鶯鶯傳)』이라고도 한다.

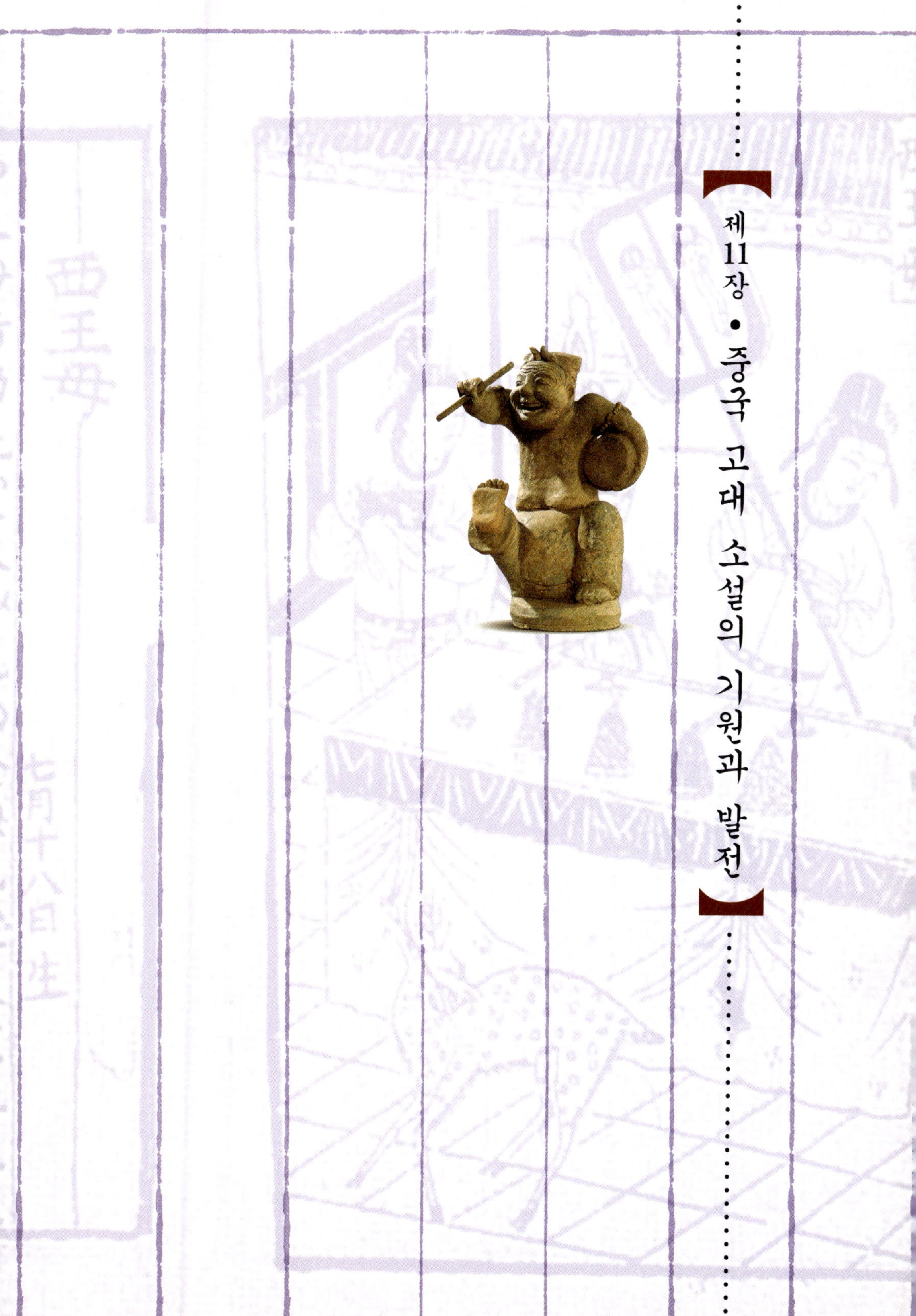

제11장 • 중국 고대 소설의 기원과 발전

* **葉公好龍**: 섭공이 용을 좋아한다는 의미로, 용 전문가였던 섭공은 실제 용이 나타나자 본인이 생각했던 용과 달라 기절해 버렸다는 이야기다.

** **刻舟求劍**: 뱃전에 새겨 칼을 찾는다는 의미로 사리에 어두워 어리석은 행동을 하는 사람을 비유한다.

*** **守株待兎**: 그루터기를 지켜 토끼를 기다린다는 의미로, 고지식하고 융통성이 없으면서 어리석게 요행을 바라는 경우를 비유한다.

중국에서 '소설(小說)'이라는 단어가 가장 먼저 출현한 책은 『장자』다. 『장자』에서 '소설'은 '자질구레한 말'을 의미하였다.

선진 양한 시대에 소설은 사실 거리의 이야기나 골목에 떠도는 이야기로 황당무계하고 천박한 내용과 단편적이면서 자질구레한 잡기(雜記)식의 형식을 지니고 있었다. 이후의 소설이라는 문학 체재의 의미와는 완전히 다른 것이었다. 진정으로 고사성(故事性)을 지니고 후대 소설의 기원이 되는 것은 바로 신화(神話)와 종교 전설, 사전 문학(史傳文學), 제자 산문(諸子散文) 속의 우언들이다.

신화와 전설은 상상력이 풍부하다. 그 내용은 대부분 천지창조와 만물창조, 자연물, 전쟁, 발명 등과 관련 있다. '여와보천(女媧補天)[1]', '대우치수(大禹治水)[2]', '황제전치우(黃帝戰蚩尤)[3]', '후예사일(后羿射日)[4]' 등은 자연스럽고 질박하며 신비스럽고 기이한 제재를 창출하여 후세 소설 발전에 있어서 모티프와 상상 공간을 제공하였다.

선진제자서는 비유적 표현으로 이치를 설명하는 데 뛰어나서 생동감 있는 상당수의 우언 고사를 남겼다. '섭공호룡(葉公好龍)*', '각주구검(刻舟求劍)**', '수주대토(守株待兎)***' 등은 평이한 내용과 간단한 형식으로 이루어졌지만 치밀하면서도 예리하다.

후한(後漢) 시기의 북치는 설창용(說唱俑)

사전 문학은 고도의 서사 예술이 되는 요건을 갖추고 있으며 중국 고대 소설의 기본 서사 구조를 정립하였다. 그리고 인물 묘사나 역사적 제재, 교화 작용 측면에 있어서 소설에 미친 영향은 상당하다.

중국 고대 소설은 위진 남북조 시기에 비로소 그 모양을 갖추게 되었다. 이 시기의 작품 수는 비교적 많은 편이며 내용이 풍부하다. 크게 두 가지로 나눌 수 있는데 천신(天神)과 인귀(人鬼)에 대해 이야기한 '지괴(志怪)'와 인물의 언행과 생활을 기록한 '지인(志人)'이다.

'지(志)'는 '기록한다'는 뜻이다. 지인 소설과 지괴 소설은

'사실을 기록한다'는 사전 문학의 관념에 깊은 영향을 받았다. 이 시기의 작품은 비록 구조나 줄거리, 인물 묘사 등에 있어서 기본적 형태는 갖추었지만 예술적 허구성이 결핍되었다.

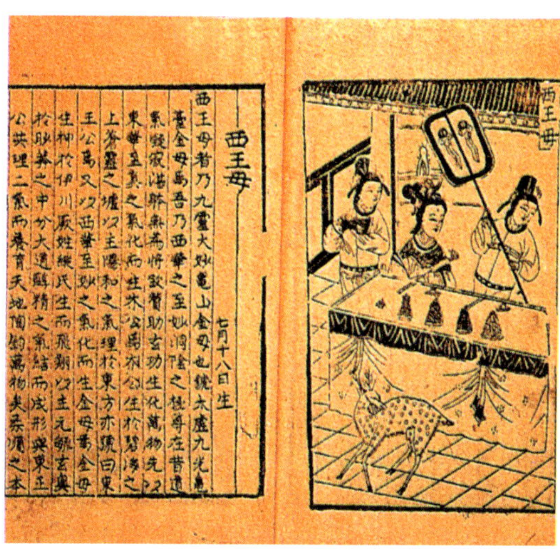
『수신기(搜神記)』

지괴 소설집 『수신기(搜神記)』의 작가 간보(干寶)는 동진의 사학자이다. 그는 『수신기서(搜神記序)』에서 그 자신이 '실(實)'과 '신(信)'의 태도를 힘써 추구하고 있으며 작품을 지은 목적은 귀신의 존재를 알리기 위해서라고 표명하였다. 『수신기』의 내용은 지리박물(地理博物), 귀신영괴(鬼神靈怪), 불법영이(佛法靈異) 등으로 구성되어 있다. 그중 춘추전국 시대의 역사 전설을 제재로 한 괴이한 이야기들은 사회 현실을 반영하면서 백성의 심리를 표현하였다. '간장막야(干將莫耶)[5]' 같은 원수를 갚는 내용의 이야기는 오랫동안 호평받고 있다.

이 시기의 중요한 지괴 소설로 남조(南朝) 사람인 유의경(劉義慶)이 편찬한 『유명록(幽明錄)』이 있다. 이 작품은 대부분 도인과 속인에 관한 기이한 이야기를 기록하고 있다. 유의경은 위진 남북조 시대의 가장 중요한 지인 소설집인 『세설신어(世說新語)』도 편찬하였다. 『세설신어』는 주로 위진 시대 명사들의 일문일사(逸聞軼事)를 기록하고 있는데 일종의 인물 품평서다. 그 언어가 간략하면서도 생동감 있고 특히 인물 형상화에 있어서 상당히 높은 예술적 성취를 이루었으며 후세에 큰 영향을 끼쳤다.

일반적으로 중국 소설의 진정한 시작은 당대(唐代)부터라고 생각한다. 노신(魯迅)은 『중국 소설사략(中國小說史略)』에서 '당나라 때 이르러 사람들은 비로소 의식적으로 소설을 짓기 시작했다'고 언급하였다.

당나라 때 문인들이 창작한 많은 문언 단편 소설이 출현했으며 후

돈황(敦煌) 막고굴(莫高窟) 제 114호 굴의 기악(伎樂) 벽화

세에 이를 '전기(傳奇)'라고 불렀다. '앵앵전(鶯鶯傳)', '임씨전(任氏傳)[6]', '남가태수전(南柯太守傳)[7]', '곤륜노(崑崙奴)[8]' 등이 있다. 전기 소설은 위진 남북조의 지괴 소설을 뒤이어 당나라 때 새로 발흥한 문학 양식으로 중당 시기에 크게 발전하여 흥성하였다. 애정, 호협(豪俠)*, 역사, 선몽(仙夢)** 등의 제재를 바탕으로 했고, 그중 애정을 제재로 한 작품이 큰 비중을 차지하며 예술적 가치도 상당히 뛰어나다.

애정을 제재로 한 전기 소설은 진실하고 열렬하며 생동감 있고 절절한 남녀의 사랑을 묘사하여 감동을 주면서, 희귀한 이야기와 애정을 결합하여 현실 사회를 반영하고 있다. 작품 안의 여주인공은 대부분 젊음에 대해 낭만적 이상을 지녔고 과감하고 대담하게 애정을 추구하며 완강한 항쟁을 하고 용감하면서도 곧고 올바른 품격을 갖추고 있다. 그녀들은 진실한 애정을 추구하며 생사를 초월하는 행동을 하지만 비천한 신세로 인해 처참하고 잔혹한 비극적 결말을 초래하

* **豪俠**: 호걸과 협객을 말한다.

** **仙夢**: 신선이나 꿈에 관련된 이야기를 말한다.

기도 한다. 그러나 애정 전기 소설의 흥성은 당나라 전기 소설의 성숙된 면모를 반영하며 애정이라는 제재는 전기 소설이 성행하던 시기의 주요 내용이었다고 할 수 있다.

당나라 전기 소설의 언어는 화려하고 줄거리는 곡절이 있고 완전무결하며, 인물의 성격은 선명하여 중국 단편 소설의 체재가 성숙했다는 것을 상징하고 있다.

송나라, 금나라, 원나라에 이르러 소설은 전면적으로 발전하여 상당수의 우수한 전기 소설과 지괴 소설 작품이 등장했다. 전기 소설집 『운재광록(雲齋廣錄)』과 지괴 소설집 『이견지(夷堅志)』가 그 대표적 예다. 한편 화본 소설(話本小說)이 조용히 흥기해서 문언 소설과는 별개로 발전하여 점차 후대 소설 창작의 주요 유파가 되었다.

화본은 곧 '설화(說話)'를 저본으로 한다. 설화는 시정(市井)에서 설창(說唱)의 방식으로 연출되어 청중의 비위를 맞추었던 연출 형식이다. 송원 시기에 설화는 충분한 발전을 거두어 나날이 번성하였다. 세속적인 내용과 구어를 사용하는 것이 주요 특징인데 화본 소설은 이러한 특징을 고스란히 계승하였다.

화본 소설은 일정한 형식을 갖추고 있다. 일반적으로 입화(入話), 정화(正話), 결미(結尾)의 세 부분으로 나뉘며 보통 시작 부분에서는 한 수나 일련의 시사(詩詞)를 사용하여 화제를 이끌어낸다. 결미 부분에서도 다시 한 수의 시사로 이야기를 결말짓는다.

제재와 내용은 애정과 공안(公案)*을 위주로 하며 영괴(靈怪), 박도간봉(朴刀杆棒), 신선요술(神仙妖術) 등이 포함된다. 대표작으로는 『연옥관음(碾玉觀音)』[9], 『간첩화상(簡貼和尚)』[10], 『착참최녕(錯斬崔寧)』[11], 『서호삼탑기(西湖三塔記)』를 들 수 있다.

원나라 말, 명나라 초는 중국 소설 발전의 중요한 시기였다. 이 때 『삼국지통속연의(三國志通俗演義)』와 『수호전(水滸傳)』 등의 장편 장회소설(章回小說)이 출현하였다. 장회 소설은 중국 고대 장편 소설의 유

* **公案**: 공안은 소설의 제재 분류의 한 유형으로 사건과 관련된 관부의 공문서나 판결문, 민사 사건과 형사 사건을 포함을 소송 사건을 의미한다.

청나라 임이(任頤)의 〈풍진삼협도(風塵三俠圖)〉. 당나라 전기 소설 『규염객전(虯髯客傳)』의 내용으로, 규염객(虯髯客)이 처음 홍불녀(紅拂女)를 만나는 장면을 묘사하고 있다. '풍진삼협'은 수나라 말엽 당나라 초, 3인의 협객인 규염객과 이정(李靖), 홍불녀를 가리킨다.

일한 형식으로 송원 시기 강사화본(講史話本)을 기초로 발전한 것이다. 장(章)을 나누어 서술하고 회(回)를 나누어 제목을 표시하며, 각 장회의 내용은 비교적 완비되어 있어서 하나의 단락을 이룰 수 있고 각 장회가 서로 연결되어 하나의 총체를 이룬다.

장편 장회체 통속 소설은 명청 시대 문학을 대표한다. 명나라의 '사대기서(四大奇書)'인 『삼국지통속연의』, 『수호전』, 『서유기(西遊記)』, 『금병매사화(金甁梅詞話)』는 역사 연의 소설(歷史演義小說), 영웅 전기 소설(英雄傳奇小說), 신마 소설(神魔小說), 인정 소설(人情小說)의 번영을 선도하였다.

장편 소설의 창작은 점차 역대 누적된 자료를 바탕으로 집체적(集

體的) 창작을 하던 방식에서 벗어나 개인 창작이 이루어졌다. 그리고 내용 면에 있어서 역사적으로 중대한 사건을 묘사하던 방식에서 벗어나 일상생활을 서술하게 되었다. 인물 형상 역시 영웅적 인물에서 일반 백성으로 교체되어 더욱더 세속적이고 평범해졌으며 언어도 구어화(口語化)되었다. 게다가 현실 사회의 모습과 시대적 특징을 구현하였다.

화본은 명나라 때 대량으로 간행되었다. 일부 문인들은 의식적으로 화본을 모방하여 책상머리에서 읽을 수 있는 단편 소설을 창작했다. 바로 '의화본(擬話本)'이다.

명나라의 백화 단편 소설집으로 유명한 것은 풍몽룡(馮夢龍)[12]의 『유세명언(喻世明言)』, 『경세통언(警世通言)』, 『성세항언(醒世恒言)』과 능몽초(凌蒙初)[13]의 『초각박안경기(初刻拍案驚奇)』와 『이각박안경기(二刻拍案驚奇)』이다. 이 작품들은 보통 '삼언(三言)'과 '이박(二拍)'이라고 통칭한다. 이 당시 문언 단편 소설 창작 역시 여전히 대량으로 이루어졌다.

청나라에 이르러 장편 장회체 소설 창작이 최고봉에 이르렀다. 오경재(吳敬梓)가 창작한 『유림외사(儒林外史)』는 중국 고대 풍자 문학의 거작이다. 이 작품은 독특한 구성 방식으로 과거 제도하의 지식인들의 처지를 깊이 있고 심각하게 묘사하여 당대 문인들의 운명에 대한 작가 자신의 생각을 충분히 드러냈다. 조설근(曹雪芹)의 『홍루몽(紅樓夢)』은 상당한 경지에 이른 고도의 예술성과 깊이 있는 사상으로 세상에 널리 전해졌다.

근대에도 소설은 계속 발전하였다. 협의공안(俠義公案)과 인정세태(人情世態) 등의 제재는 사회 문화적 변화에 따라 필연적으로 전향하여, 견책 소설(譴責小說)과 원앙호접파(鴛鴦蝴蝶派) 소설 등 대량의 작품이 출현하여 탁월한 창작 성과를 얻었고 '5·4 운동' 이후 백화 소설 발전에 새로운 방향을 제시하고 큰 영향을 끼쳤다.

1| **여와보천**(女媧補天): 수신 공공(共工)이 하늘을 받치고 있던 부주산(不周山)을 머리로 떠받자, 하늘의 반쪽이 무너져 구멍이 생기고 땅도 두 조각으로 갈라졌다. 천신 여와는 오색의 돌을 불에 구워 풀처럼 끈끈한 액체로 만들어서 하늘의 구멍을 메웠다. 또한 거북이의 네 다리를 잘라 하늘의 기둥으로 삼았다.

2| **대우치수**(大禹治水): 세상이 홍수로 인해 혼란해지자 요(堯)는 곤(鯀)에게 치수를 맡겼다. 곤은 단순히 물을 막고 둑을 쌓는 것에만 치중하여 치수에 실패하였다. 그의 아들 우(禹)는 아버지의 실패를 거울삼아 막고 쌓는 방법 대신 물길을 터주는 방법으로 치수에 성공하여 중국 최초의 왕조 하(夏)의 개국 시조가 되었다.

3| **황제전치우**(黃帝戰蚩尤): 황제는 신농씨를 대신해 탁록(涿鹿)에서 치우를 정벌하고 중국을 처음으로 세우는 개국시조가 되었다.

4| **후예사일**(后羿射日): 요가 천하를 다스릴 때 열 개의 태양이 동시에 떠올라 인간 세상에 엄청난 재앙을 안겨주었다. 요는 세상을 구해달라고 하늘에 기도했고 하늘에서는 명궁인 천신 예(羿)를 지상에 파견하였다. 예는 아내 항아(嫦娥)를 데리고 지상으로 내려와 활을 쏘아서 아홉 개의 태양을 떨어뜨렸다.

5| **간장막야**(干將莫耶): 오(吳)나라 왕 합려(闔閭)가 대장장이 간장에게 두 자루의 명검을 만들어 바치라고 명령하였다. 간장이 명검을 만들기 위해 청동을 녹이는 데 3년이 지나도 녹지 않았다. 그의 아내 막야가 남편의 머리카락과 손톱을 용광로에 넣으니 청동이 녹았다. 간장은 명검 두 자루를 만들어서 양의 기운이 있는 검을 간장이라 하고 음의 기운이 있는 검을 막야라고 명명하였다.

6| **임씨전**(任氏傳): 임씨는 본래 여우가 사람으로 변한 요괴였다. 그녀는 가난한 정육(鄭六)을 만나 생활하면서 집안을 풍요롭게 만들었다. 어느 날 정육의 친척 중 권세 있는 이가 임씨를 강제로 취하려 하나 그녀는 정조를 지켰다. 그러나 정육의 몰이해로 결국 개에게 물려죽게 되는데 작가는 정절을 지킨 여우보다 못한 여인네가 많다면서 당시의 타락한 부덕을 풍자하였다.

7| **남가태수전**(南柯太守傳): 순우분(淳于棼)의 꿈을 통해 당시 사회를 풍자하고 '인생은 꿈과 같다'는 주제를 드러내고 있다.

8| **곤륜노**(崑崙奴): 곤륜노는 동남아 지역 출신의 노예로 피부가 검고 힘이 세었는데 당나라 때 명문 귀족들이 그들을 고용해서 노예로 부렸다고 한다. 이 작품은 최생이 마음에 품은 여인을 마륵(磨勒)이라는 곤륜노의 도움으로 얻게 된다는 이야기다. 곤륜노의 능력과 기량에 대해 환상적이면서 신비롭게 표현하고 있다.

9| 『**연옥관음**(碾玉觀音)』: 거수수(璩秀秀)와 최녕(崔寧)의 불행한 운명을 통해 수공업자에 대한 봉건 통치 계급의 압박을 묘사하며 인신의 자유가 없는 하층민의 불행한 삶을 그렸다.

10| 『**간첩화상**(簡貼和尙)』: 황보송(皇甫松)은 아내의 미모를 탐하는 승려의 계략에 말려들어 아내 양씨(楊氏)를 의심하여 결국 관에서 이혼 판결을 받아낸다. 양씨는 탈속한 승려에게 재가를 하는데 모든 음모가 밝혀지는 바람에 다시 본 남편의 곁으로 돌아간다. 봉건 사회에서 부권의 횡포, 여성의 운명, 무능한 관리의 행태 등을 보여주고 있다.

11| 『**착참최녕**(錯斬崔寧)』: 최녕과 진이저(陳二姐)가 15관의 돈 때문에 억울하게 사형당한다는 내용으로 사법 제도의 부패와 무능하고 잔인한 혼관(昏官)들에 대해 비판하고 있다.

12| **풍몽룡**(馮夢龍, 1574~1645): 자가 유룡(猶龍), 호는 묵감재주인(墨憨齋主人) 또는 용자유(龍子猶)로 강소성 소주(蘇州) 출신이다. 의화본 소설집 『삼언』을 편찬하였다. 『삼언』에는 120편의 작품이 수록되어 있는데 대부분 전래되던 화본을 윤색한 것이다. 명나라 때의 사건을 제재로 한 것은 풍몽룡의 창작으로 보인다.

13| **능몽초**(凌濛初, 1580~1644): 자가 현방(玄房), 호는 초성(初成) 또는 즉공관주인(卽空觀主人)으로 절강 출신이다.

제12장 • 초기 장편 장회 소설(章回小說)

– 『삼국연의(三國演義)』, 『수호전(水滸傳)』, 『서유기(西遊記)』

14세기 이탈리아에서 조반니 보카치오는 『데카메론(Decameron)』을 지었다. 이 작품은 역사적 사건과 중세 시기의 전설, 동방의 민간 전설에서 제재를 취했다. 16세기 프랑스의 프랑수아 라블레는 『가르강튀아와 팡타그뤼엘(Gargantua et Pantagruel)』[1]을 지었다. 주인공은 프랑스 민간 고사 속의 중심인물이다. 중국에서는 마침 14, 15세기에 역사와 민간전설에 바탕을 둔 장편 소설이 탄생하였다.

중국 최초의 장편 소설은 원나라 말, 명나라 초에 출현하였다. 바로 나관중(羅貫中)의 『삼국지통속연의(三國志通俗演義)』이다. 나관중은 기본적 역사 사실과 역사에 대한 판단을 주로 진(晋)나라 진수(陳壽)가 지은 『삼국지(三國志)』와 남조(南朝) 송(宋)나라의 사학자 배송지(裴松之)의 『삼국지』 주석에 의거하였다. 그리고 송원 이래의 강사 화본과 희곡 고사가 소설의 줄거리 구성에 있어서 하나의 원동력으로 작용했을 것이다. 다시 말해서 『삼국지통속연의』는 역사와 전설의 토대 위에서 확대되고 발전되어 완성된 장편 이야기다.

『삼국연의』는 세상에 모습을 드러낸 후, 끊임없이 새로이 간행되었고 간행 과정 중에 항상 변동이 있었다. 현존하는 최초의 판본은 가정(嘉靖) 원년(1522)에 간행된 『삼국지통속연의』이다. 전체 24권으로 구성되어 있고 240개의 부분으로 이루어졌는데 후에 2개의 부분을 합해 1회(回)로 만들어서 전체 120회가 되었다. 청나라 강희(康熙) 연간에 모륜(毛綸)과 모종강(毛宗崗) 부자가 책 전체에 걸쳐 회목(回目)과 줄거리, 문자에 대해 전면적으로 윤색을 가하여 개작하였다. 이들의 개작과 비평을 통해 전체 구성이 완벽해졌으며 문자도 막힘이 없었다. 마침내 지금 전하는 120회의 『삼국연의』가 만들어졌다. 소설은 '회(回)'로 구성되고 각 회는 모두 대구(對句)로 회목을 만들었다. 이는 이후에 등장하는 중국 장편 소설의 공통된 형식이 되었다. 『삼국지연의』와 민간 강사(講史)* 사이의 진화 관계는 초기 중국 고전 장편 소설의 보편적인 생성 방식이었다.

* **講史**: 역사적 사실을 제재로 한 이야기를 말한다.

송나라 장택단(張擇端)의 〈청명상하도(淸明上下河圖)〉(일부분). 송나라 도시 경제의 발전은 도시 문화의 번영을 촉진하였다. 화본 소설은 이러한 시대 배경하에 생존과 발전의 기회를 잡았다(북경 고궁 박물관 소장).

『수호전』의 이야기는 남송 시대 이래로 민간에서 유행되었다. 이야기의 주인공인 송강(宋江)은 실존 인물이다. 송원 시대에 유행한 화본 『대송선화유사(大宋宣和遺史)』 속의 일부분 및 원나라 잡극과 민간 고사가 『수호전』 창작의 기초가 되었다.

또 다른 화본 『대당삼장법사취경기(大唐三藏法師取經記)』는 『서유기』의 전신이다. 중국 최초의 장편 소설은 모두 강사 화본에서 발전되어 왔기 때문에 구성에 심혈을 기울여 구상할 방법이 없어 항상 관련된 이야기를 연결할 뿐이었다. 만약 서양의 엄격한 현실주의 장편 소설에 입각해서 구성이나 규칙적인 표준을 중국 소설에 요구한다면 중국 소설을 부정하는 견해가 나올 것이다. 그러나 거의 동일한 시기, 혹은 더 이른 시기의 조반니 보카치오나 프랑수아 라블레의 저작을 읽는다면 당연히 문학사에 있어서 중국 소설의 의의를 찾을 수 있다.

송원 이래 도시 발전에 따라 시민 문화가 발전하고 오락업이 성행

* 神怪: 신과 괴물에 대한 기이한 이야기를 말한다.

하였다. 민간의 설서장(說書場)에서 연출되는 이야기를 '설화(說話)'라 했으며 이를 전문적으로 분류하면 '강사'는 역사 이야기를 하는 것이고 '박도간봉'은 싸우는 이야기다. 이러한 이야기의 저본이 바로 최초의 시민 문학이었다. 시민들은 도시의 협소한 공간에서 생활하며 관련 있는 일상생활의 세계에 흥미를 가졌는데 이는 천성적으로 좋아하는 식욕과 성욕에 대한 관심 등이다. 또한 초월적 경험에 대한 환상을 품고 자신을 속박하는 일상적인 윤리에서 벗어나기를 갈망하여 영웅과 신괴(神怪)*에 대해서도 흥미진진하게 이야기하였다. 역사 속에 존재했던 많은 영웅들은 '역사 이야기'를 할 때 반복적으로 연역(演繹)되었다. 그 외에 '강호 세계'는 시민들의 상상 속에서 자극으로 가득 찬 알 수 없는 모험의 여정이었다. 강호는 아주 오랫동안 일상생활의 세계와 중첩되어 왔다. 물론 그것이 양산수박(梁山水泊)의 경우처럼 일상생활에서 벗어난 공간이라 해도 오랫동안 강호 인물들은 장사꾼과 패잔병, 아역과 심부름꾼 사이에서 활동했으며 단지 그들이 지키는 것은 강호의 규칙일 뿐이었다.

『삼국연의(三國演義)』

나관중(羅貫中)[2]의 『삼국지통속연의』는 후한 말에서 서진(西晋)이 통일을 이룬 90여 년간의 정치 군사 투쟁의 역사를 그렸다. 이 작품에는 중국인들이 역사적으로 인정하고 동경한 수많은 가치와 관념들이 포함되어 있다. 『삼국연의』의 시작 부분은 이렇게 된다.

"천하의 대세라는 것이 합해진 지 오래되면 반드시 분리되고 분리된 지 오래되면 반드시 합해지기 마련이라네(天下大勢, 合久必分, 分久必合)."

이는 전통적으로 500년을 하나의 역사 주기로 삼는 중국인의 기본 역사관에 부합한다. 삼국은 수많은 영웅들이 일시에 등장하여 천하가 혼란했던 시대였다. 또한 온갖 인재들이 끝없이 출현하여 천하에 한 자리를 차지하기 위해 분투하던 시대이기도 했다. 재능과 지혜, 세

청나라 손억(孫億)의 〈삼고일우도(三顧一遇圖)〉. 이 그림은 『삼국연의』 중 유비가 삼고초려하여 제갈량을 모시는 이야기를 바탕으로 한 것이다(일본 동경 박물관 소장).

력이 서로 비슷한 자들 사이의 지혜와 세력의 대결 구도는 삼국의 이야기가 사람들을 매료시키는 주요 원인으로 작용하였다. 삼국에서는 계책을 사용해서 상대의 계책을 간파하였다. 그리고 계책이 끊임없이 출현해서 같은 계책이라도 서로 다른 사람들이 서로 다른 방법으로 활용했다. 연환계(連環計)*, 반간계(反間計)**, 고육계(苦肉計)***, 미인계(美人計), 화공수전(火攻水戰)**** 등은 보는 이의 눈을 어지럽게 할 정도다.

『삼국연의』는 인물 형상화로 성공을 거두었는데, 그중 가장 뛰어난 인물은 세 사람이다. 첫째는 제갈량(諸葛亮)으로 '지혜'의 화신이 되었다. 둘째는 관우(關羽)로 그는 '의(義)'의 화신이다. 셋째는 조조(曹

* **連環計**: 여러 가지 계책을 연결한다는 의미로 적 내부를 교란시킨 후 공격하는 계책

** **反間計**: 적이 서로 의심하게 만드는 계책

*** **苦肉計**: 자신을 희생해 적을 안심시켜 공격하는 계책

**** **火攻水戰**: 수전에 불리한 북방 출신 군대의 배를 묶도록 만든 후, 불화살로 공격하는 계책

操)이며 그는 '간웅(奸雄)'의 화신이 되었다.

원나라 말, 명나라 초 나관중이 『삼국연의』를 지을 때 중국 사회는 삼국 시대 인물에 대한 기본적 견해가 이미 형성되었고 송나라 민간 설서예인(說書藝人)들 사이에서는 유비를 높이고 조조를 폄하하는 경향이 뚜렷해졌다.

당나라 때 시인 두보의 시 '촉상(蜀相)'의 일부분을 감상해 보자.

삼고초려한 번거로운 일도 천하 위한 계책이요(三顧頻煩天下計)
두 임금 섬겨 나라 다스린 것도 노신의 충성심이네(兩朝開濟老臣心).
출사했으나 이기기도 전에 먼저 죽으니(出師未捷身先死)
길이 후대의 영웅들 옷깃에 눈물 가득 차게 하네(長使英雄淚滿襟).

관우가 독화살에 맞자 명의 화타(華佗)가 뼈를 깎아 독을 제거했다. 관우는 화타가 독을 제거하는 동안 아무렇지도 않은 듯 담소하며 장기를 두고 술을 마셨다. 이를 통해 비범한 영웅의 기개를 엿볼 수 있다.

이 시는 역사상 제갈량의 대한 존경의 마음을 명확하게 드러냈다. 제갈량은 유가의 가치를 긍정한 인물 형상이다. 그는 진정으로 '궁하면 홀로 그 몸을 바르게 하고 통하면 천하를 아울러 바르게 한다(窮則獨善其身, 達則兼濟天下)'는 신조를 실행하였다. 은거 생활을 할 때 그는 즐겁게 노닐었고 출사해서는 나라를 위해 온몸을 바쳤다.

관우는 그 정의로움이 하늘에 닿을 정도였고 붉은 얼굴에 충성심이 그득했으며 신비로운 무예는 세상을 덮을 정도였다. 그중 '천리주단기(千里走單騎)*', '단도부회(單刀赴會)**', '온주참화웅(溫酒斬華雄)***', '괄골료독(颳骨療毒)****' 등은 관우의 충성심과 의로움, 용맹에 관한 훌

* 千里走單騎: 천 리 길을 말 한 필 타고 가다.

** 單刀赴會: 칼 한 자루만 들고 연회에 참석하다.

*** 溫酒斬華雄: 더운 술이 식기 전에 화웅을 죽이다.

**** 颳骨療毒: 뼈를 깎아 독을 치료하다.

륭한 이야기들로 오랜 세월 전해 내려오고 있다.

일반 시민 소설 속에 등장하는 강호의 사나이들 역시 용감하고 비범하지만 그들은 술을 탐닉하고 기생을 데리고 즐기며 싸움질을 하는 악습이 있다. 『삼국연의』 속의 제갈량과 관우는 뛰어난 지혜와 힘, 용기를 지니고 있으며 평범한 사람들의 결함은 전혀 찾아볼 수 없다. 이는 유비(劉備) 쪽을 한나라 황실의 정통으로 여기는 나관중 자신의 관념과 깊은 관련이 있다. 그는 유비 쪽 인물들의 정신적 기풍을 드높였으며 인물의 특징을 더욱 집중적으로 그리고 과장되게 묘사했다. 제갈량의 '신묘한 지략과 기묘한 계책(神機妙算)'이 바로 그 전형적인 예다. 그리고 『삼국연의』를 통해 전 중국인은 일반적으로 조조를 간신의 전형으로 받아들이는데, 이는 중국인들이 역사 속에 실존했던 인물을 문학 속으로 끌어들이면서 그들의 본래 모습과 성향을 변화시킨 것이다.

'삼국 시대'는 중국 역사상 실존했던 시기로 『삼국연의』의 커다란 줄거리와 틀은 이를 바탕으로 했다. 『삼국연의』는 『수호전』, 『서유기』와 마찬가지로, 작품 속 인물들이 중국인 누구나가 알고 있는 익숙한 이들이다. 독자는 『삼국연의』를 읽으면서 역사적 사실에 비추어 현실을 인식하고 항상 소설에서 역사로 간주하여 쓴 것들을 실제 있었던 사실로 취급했으며 소설 속 인물들은 역사 인물로 간주하였다.

소설의 영향력을 고려해 보면 『삼국연의』를 비평하는 사람들은 이 작품이 '70%의 사실과 30%의 허구로 보는 이를 미혹시킨다'고 간주하였다. 예를 들어 제갈량의 경우, 역사상 근거는 있으나 소설에서 지나치게 과장하여 '제갈량은 상당히 지혜로우나 요사함에 가깝다'라고 잔혹한 평가를 하는 경우도 있었다.

『삼국연의』에서 제갈량의 두드러진 행적은 주공근(周公瑾)[3]을 세 번 화나게 하여 피를 토해 죽게 만든 것이다. 그러나 역사상 주유(周瑜)가 제갈량을 질투하여 죽었다는 기록은 없다. 작가는 지혜 대결 과

제갈량은 상당히 지모가 있는 인물로, 성을 비우는 공성계를 써서 사마의(司馬懿)의 대군을 물리쳤다. 이는 『삼국연의』에서 가장 훌륭한 계책 중 하나다. 지금까지도 사람들은 공성계에 대해 흥미진진하게 이야기하고 있으며 제갈량은 '지혜로운 자'의 대명사가 되었다.

정 중에 인간의 심리적 대결을 덧붙인 것이다.

『삼국연의』는 영웅들이 할거한 난세를 묘사하였다. 소설의 장면은 방대하며 전체적 분위기는 기세등등하고 격앙되어 있다. 그리고 유비 쪽을 정통으로 보는 시각을 통해 전통 유가 정치가 인정(仁政)을 중요시하고 전통적 인격은 신의를 중시한다는 것을 드러내고 있다. 또한 평등하게 서로 돕는 인간관계를 찬양하면서 동경하고 있다.

작가는 조조를 폄하하고 유비를 높여서 한나라 정권의 정통성을 강조하였다. 아울러 원의 통치에 대해 규탄과 질책을 가하고 있다. 그러나 영웅은 끝내 하늘로 돌아가 무력해지고, 작품 속 인물 중 유가의 정신을 완벽하게 지닌 제갈량이 온몸 바쳐 나라를 위해 일하며 위를 정벌하기 위해 출사했다가 성공하지 못하고 죽는다는 것으로 최후의 결말이 맺어진다.

『수호전(水滸傳)』

송나라의 설서(說書) 중 '강사'와 '박도간봉'이 결합하여 장편 장회소설 『수호전』이 탄생하였다. 이 책은 『삼국연의』와 비교적 가까운 시기에 등장했으며, 작가는 시내암(施耐庵)[4] 이다.

『수호전』 속의 인물은 대부분 강호에서 활동하였다. 동시에 그들이 집중적으로 활동한 곳은 양산(梁山)으로, 이곳은 일반 시민이 생활하던 일상 세계를 벗어난 곳이었다. 예로부터 많은 독자들은 『수호전』 속의 인물을 영웅호걸로 간주하여, 그들이 '체천행도(替天行道)*'의 기치를 내걸고 양산에 모여들었다고 생각했다. 『수호전』의 영웅 노지심(魯智深)과 무송(武宋)은 확실히 길을 가다 불의를 보면 칼을 빼들어 도와주었고, 약자가 곤경에서 빠져나올 수 있도록 도와주는 호걸의 행위를 했다. 『수호전』은 수호의 영웅들이 은혜와 원한을 분명히 하고, 큰 사발로 술을 들이키며, 커다란 고깃덩어리를 먹는 강호 생활을 묘사하여 일상생활에 얽매이는 평범한 이들이 강호 생활을 동경하도록 만들었다. 동시에 강호 생활을 하는 이에게는 가정이 없어서, 이곳에서는 중국 남성들 간에 벌어지는 감동적인 일과 생사고락을 함께 하는 사나이들의 의리를 볼 수 있다.

* **替天行道** : 하늘을 대신해 도를 행하다.

『수호전』은 이야기로서의 가치가 커서 작품 속에서 사람을 황홀하게 만드는 줄거리가 곳곳에 등장한다. '권타진관서(拳打鎮關西)', '지취생진강(智取生辰綱)', '대뇨야저림(大鬧野猪林)', '풍설산신묘(風雪山神廟)', '무송타호(武松打虎)', '혈천원앙루(血濺鴛鴦樓)', '삼타축가장(三打祝家庄)' 등은 줄거리의 변화가 풍부하고 기복이 있다.

현대 안소상(晏少翔)이 그린 『수호전』의 삽화

소설의 구성이 간단하여 기본적으로 단선적 발전이 이루어졌다. 한 영웅 인물의 영웅적 행위로 줄거리를 조직하여 다시 내용에 따라 연결하고, 몇 개의 회(回)를 합하면 곧 강호 영웅의 소전(小傳)이 되므로 단독적인 이야기의 감상이 가능하다.

『수호전』 인물들의 출신은 상당히

현대 유계유(劉繼卣)의 〈무송타호(武宋打虎)〉. 『수호전』을 모티브로 하고 있다.

복잡하다. 그들은 지주나 관리 출신도 있고, 살인을 저지르거나 약탈 행위를 한 강도도 있고, 모함을 당한 고급 관리도 있으며, 사회의 유민(游民)들도 많다. 그들은 양산에 모여들어 '하늘을 대신해 도를 행한다'는 사명감을 지녔다. 또한 '하늘도 두렵지 않고, 땅도 두렵지 않고, 소송도 두렵지 않으며, 금은을 나누고 특이한 비단 옷을 입고 큰 사발로 술을 들이키며 커다란 고깃덩어리를 먹는 것'에 관심을 갖는 직접적인 물질을 향한 욕망도 있었다.

그들은 의를 중히 여겨 협객 노릇을 했지만, 무고한 이를 함부로 죽이기도 했다. 영웅 무송의 경우, 그는 '혈천원앙루'에서 그의 원수는 단지 세 사람이었는데 열다섯 명을 죽이고 나서야 만족하였다. 영웅 이규(李逵)는 '강령겁법장(江寧劫法場)'에서 노하여 살인을 저지르는데, 날이 넓고 편평한 큰 도끼 두 개로 수많은 무고한 이의 생명을 빼앗았다. 오랫동안 미국에 거주한 한 학자가 이러한 내용들은 생명의 가치에 대한 중국인의 경시를 드러낸 것이라고 지적하였다. 현대적 각도에서 옛날 사람들을 자세히 살펴보면 이 결론이 틀렸다고 할 수 없다. 『수호전』이라는 책이 민간의 설서(說書)*로 이루어졌다는 것을 고려해 보면, 이처럼 피비린내 나는 살육이 표현하는 '최고의 경험'은 아마 설서인(說書人)**들이 현장의 분위기 조성을 위해 습관적으로 사용하던 방법이었을 것이다. 이에 영합하는 것은 많은 청중의 '저급한 욕망', 즉 피를 즐기는 욕망일 것이다. 그러나 이러한 욕망 역시 인류가 오래전부터 지녀온 천성이다. 우리는 『데카메론』과 『가르강튀아와 팡타그뤼엘』에서 그러한 흔적을 볼 수 있고, 현대의 공포 영화 속에서도 그 메아리를 들을 수 있다.

문인인 작가 시내암은 민간 설서를 정리하고 개작하여 자신의 소설 작품을 만들 때, 자신의 감정과 이상을 작품에 기탁하지 않을 수

* **說書**: 송나라 이후 통속 문예의 일종이다. 창(唱)과 대사를 통해 시대물과 역사물을 이야기하는 방식이다.

** **說書人**: 설서에 종사하는 사람을 의미한다.

청나라의 연화인 〈삼타축가장〉

없었다. 나관중은 한나라 황실을 정통으로 삼는 사상을 강조했고, 시내암은 문인으로서 변경에서 공을 세우는 이상을 표현하였다. 그는 수호의 영웅들에게 '하늘을 대신해 도를 행한다'는 사명감을 주었다. 영웅들은 '하늘'의 정권을 탈취할 생각이 없었고, 그들은 하늘이 자신들을 받아들여 하늘을 위해 봉사할 수 있기를 원했다. 그들은 송강을 따라 조정의 귀순 제의를 받아들여, 여러 반란을 평정하였다. 이는 변경에서 공을 세우고자 하는 문인 시내암의 이상이 반영된 것이다.

그래서 1970년대 중국은 '문화대혁명(文化大革命)' 기간에 『수호전』을 비판하였다. 『수호전』의 '탐관오리에게만 항거하고 황제에게 항거하지 않은' 일종의 '투항주의(投降主義)' 경향을 비판한 것이다. 이는 시내암의 의도와는 완전히 다른 것이다. 그러나 시내암의 이상은 마침내 물거품으로 변하여, 영웅호걸들은 결국 그 혼이 양산박(梁山泊)에 모여들었다.

『서유기(西遊記)』

5000년이 넘는 중화 민족의 역사 속에서 조상 때부터 전해 내려온 아주 오랜 옛날의 전설을 살펴보면, 중화 민족은 상당한 원동력을 지닌 민족임을 알 수 있다.

우리는 『시경』에서 서사시와 유사한 전투와 정벌에 대한 묘사를 읽어보았고 사시사철 농사와 노동에 대한 생생한 기록도 읽었고 솔개가 날아 하늘에 이르는 기상에 대해서도 견문을 넓혔다. 이러한 동적인 기세는 한나라와 당나라에 이르러 최고에 달했다가 송나라의 문인 문학에 이르러서 정적으로 변하기 시작하였다. 명나라의 『삼국연의』, 『수호전』, 『서유기』 같은 기서는 '눈을 굴려 공을 만들 듯이' 민간 설서의 내용이 변화하고 증가하여, 최종적으로 문인들의 수정 과정을 거쳤기 때문에 소설 안에 '살아 있는 사람'의 숨소리를 상당히 많이 담을 수 있었다. 특히 『서유기』의 주인공은 하늘에도 오르고 땅

속으로도 들어갈 수 있는 엄청난 신통력을 지닌 원숭이다. 원숭이 손오공(孫悟空)은 자신의 스승인 당승(唐僧)을 보호하여 서천(西天)으로 경전을 구하러 가면서 가는 도중 81가지의 재난을 만난다. 소설에서는 손오공이 요괴와 마귀를 항복시키고 81가지의 재난을 극복하는 과정을 묘사하고 있는데 그 이야기 속에 전개되는 변화무쌍함은 보는 이를 매료시킨다. 소설의 전반부 7회는 손오공이 여래불에게 승복하기 전 천궁에서 난동을 부리는 이야기를 묘사하고 있으며 이 부분은 상당히 거친 동적 매력이 있다.

손오공은 원래 화과산(花果山)의 선석(仙石)이 잉태하여 태어난 돌원숭이였다. 그는 보리조사(菩提祖師)에게 구름과 안개를 타고 하늘을 날며 72가지로 변화할 수 있는 재주를 배웠다. 그는 민첩하고 변신에 뛰어났으며 몸의 털로 무궁무진하게 변화할 수 있었다. 한 가닥의 털로 똑같은 모양을 만들어내기도 했으며 근두운으로 108,000리(약 42,419km)를 이동할 수 있었다. 그는 화과산에서 대왕 노릇을 하며 바다 밑 용궁에 가서 무기를 훔치고 저승의 궁에 가서 소란을 피웠다. 하늘의 최고 통치자는 그를 복종시키려고 '필마온(弼馬溫)'이라는 관직을 주고 '어마(御馬)'를 관리하게 하였다. 그는 관직이 낮다고 하며 천궁을 부수고 화과산으로 돌아갔다. 서열이 두 번째인 옥제(玉帝)는 그를 '제천대성(齊天大聖)'에 봉하였다. 그는 상당히 흡족하여 천궁에서 제천대성의 미명(美名)을 누리며 여러 신들과 가깝게 지냈다. 그는 마음속으로 옥제가 결코 자신을 능가할 수 없다고 여겼다. 그러나 천계의 황후왕모낭낭(皇后王母娘娘)은 '반도성회(蟠桃盛會)'를 개최하여, 여러 신선들을 초대했지만 명성이 쟁쟁한 제천대왕은 초대하지 않았다. 그는 마침내 자신이 신들과 평등하다고 생각했던 것이 모두 환상이었다는 것을 분명히 깨달았다.

오승은(吳承恩)

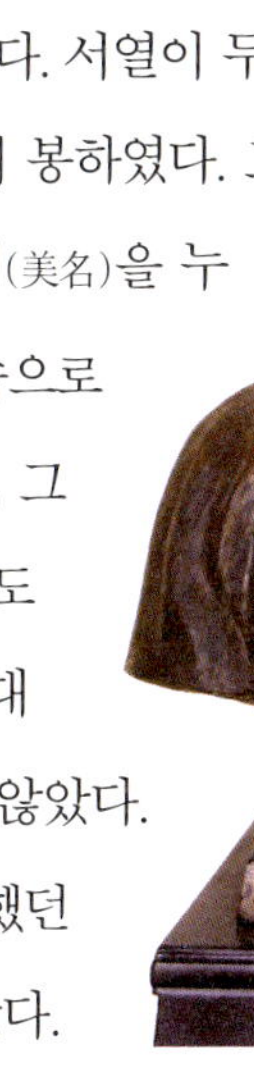

현대 유계유(劉繼卣)의 〈요천궁(鬧天宮)〉. 제천대성(齊天大聖)이 천병천장(天兵天將)과 싸우는 모습이다.

치솟는 분노를 참을 수 없어 요지(瑤池)에 돌진하여 졸음 벌레로 신선들을 혼절시키고 혼자 만취할 정도로 술을 마셔댔다. 술에 취한 후, 실수로 태상노군(太上老君)의 도솔궁으로 돌진해 들어갔다. 그는 태상노군의 금단을 몰래 훔쳐 먹고 분노하는 태상노군에게 잡혔다. 태상노군은 그를 연단로(煉丹爐) 안에 가두어서 태워 버리려고 했으나 그는 도리어 뜻하지 않게 '화안금정(火眼金睛)'을 갖게 되었다. 옥제는 그를 처리할 방법이 없었고 결국 여래불이 손오공을 항복시켰다. 여래불의 손바닥은 큰 산으로 변하여 손오공을 눌렀고 500년 후 당승이

손오공은 많은 사람들의 사랑을 받아왔다.

서행 길에 이곳을 지나다가 손오공을 구해 주었다. 손오공은 끝까지 당승을 따라 서천에 가서 경전을 구해 왔다.

손오공이 천궁에서 소란을 피운 것은 어린아이가 장난치며 소란을 피우는 것과 같아서 그에게는 어린아이처럼 전혀 구속받지 않는 즉흥성이 있다. 동시에 운명의 신처럼 제멋대로 행동하는 통쾌함과 천진난만함은 그 자신이 조물주의 권력을 지녔음을 증명하기 위해서였다. 이러한 권력은 타인의 자유와 생명을 제압하는 데 반드시 드러내는 것은 아니며 자신의 생명과 자유에 대한 장악력이면서 만물을 창조하는 능력이다. 손오공의 털은 변화무쌍하여 만물창조에 대한 환상을 내포하고 있다.

『서유기』는 동화의 색채가 농후한 신마 소설(神魔小說)이다. 이는 소설의 인물이 동물의 성향을 지니고 있다는 점에서 분명히 드러난다. 손오공은 의심할 필요도 없이 한 마리의 원숭이다. 그는 원숭이

TV 드라마 「서유기」의 한 장면

의 발랄함, 민첩성, 장난기 등을 지녔다. 손오공의 단짝은 돼지 형상의 신선인 '천봉원수(天蓬元帥)' 저팔계(豬八戒)다. 그는 포동포동 살이 쪘으며 먹는 것을 좋아하고 움직이는 것을 싫어했다. 외형과 습성이 돼지에 대한 사람들의 일반적인 인식에 가깝다. 저팔계는 성격이 까다롭고 답답한데, 사람들은 그러한 성향을 '돼지의 뇌'와 같다고 말한다. 불교 교리에서 규정한 팔계에는 '살인을 하지 않는다, 도둑질을 하지 않는다, 음란한 행동을 하지 않는다, 망언을 하지 않는다, 술을 마시지 않는다, 높고 화려한 침상이나 자리에서 자거나 앉지 않는다, 향을 바르거나 아름답게 꾸미지 않으며 가무를 보거나 듣지 않는다, 계절 음식이 아니면 먹지 않는다'의 여덟 가지가 있다. 그러나 소설 속의 저팔계는 먹기 좋아하고 잠자기 좋아하고 색을 밝히고 망언과 살생을 즐기므로 그의 이름과는 상반되는 경향이 강하다. 그러나 저팔계가 좋아하는 것은 바로 평범한 사람들이 좋아하는 것이다. 이런 점에서 작가의 조롱과 풍자가 드러나는 것이다. 저팔계는 잔꾀가 있지만 손오공 앞에서는 상당히 모자란 편이다. 여러 차례 잔꾀를 부리려 하나 항상 손오공이 먼저 알아채고 제압해 버린다. 두 사람은 결코 대립되는 면을 보여주는 것이 아니라 인성의 다양함을 보여준다.

만약 중국 문학에 있어서 『삼국연의』 속 인물들의 '지혜' 혹은 '권모술수'만 있고 『서유기』 속 손오공의 영리함과 농담이 없다면, 그리고 『수호전』이 선양하는 남성들 간의 생사를 초월한 의리만 있고 『홍루몽(紅樓夢)』 속 대관원(大觀園)의 봄꽃처럼 짧은 여성의 낙원이 존재하지 않는다면 어떨까? 이런 상황은 상상할 수도 없는 것이고 어떤 이는 민족문학의 면모에 무언가 결핍된 것이 있다고 말할 것이다.

손오공이 천궁을 소란스럽게 하고 후에 서천으로 경전을 구하러 가는 도중 만나는 신마들은 대부분 동물 요괴가 변한 것들이며 혹은 그 자체가 바로 동물이다. 종류가 상당히 다양하여 땅에서 뛰어다니는 소, 양, 말, 사슴, 코끼리, 표범, 여우, 쥐, 전갈 등이 있다. 천상을 날아다니는 것으로는 대붕과 매가 있으며 물속에서 헤엄쳐 다니는 것으로는 용, 거북, 게, 새우 등이 있다. 화과산에는 원숭이들이 있고 표두산(豹頭山)에는 사자들이 있으며 청우산(青牛山)에는 소들이 있다. 이 동물들은 그들의 특징과 습성을 유지하고 있다. 소설은 어린아이의 시각처럼 세심한 관찰과 활발한 상상력을 펼치고 있다.

당승이 불경을 구해온 것은 중국 역사상 중요한 사건이다. 당나라의 승려 현장(玄奘)[5]은 불교의 참뜻을 구하기 위해 당나라 현종 정관(貞觀) 3년(629)에 장안(長安)[6]에서 출발하여 단신으로 인도에 불경을 구하러 떠났다. 하서(河西)의 회랑 지대를 따라 걸어서 옥문관(玉門關)을 나가 신강(新疆)을 통과한 후 중국의 국경을 벗어났다. 길을 따라서 당시 서역의 100여 개 국가를 지나갔는데 그 여정은 고난과 고통의 연속이었다. 현장은 마침내 인도에 도착해서 10여 년을 머물렀고 645년에 장안으로 돌아왔다. 역사상 현장은 책임감과 행동력이 있는 훌륭한 남자였다. 그러나 소설 속의 그는 이해득실만 따지고 겉으로는 자비롭지만 마음은 여리며 항상 악인에게 관용을 베풀어 악한 짓을 하도록 조장하고 있다. 그 주요 원인은 『서유기』의 주인공이 이미 손오공으로 전환된 데 있다. 그리고 손오공의 대담성과 총명함은 당승의 소심함과 어리석음으로 인해 더욱 분명하게 돋보인다. 우리는 『서유기』를 읽을 때 이 작품을 서천으로 불경을 구하러 가는 고난의 기록이라기보다는 변화무쌍한 손오공에 관한 동화로 간주하는 것이 가장 바람직할 것이다.

1| **『가르강튀아와 팡타그뤼엘**(Gargantua et Pantagruel)』: 거인 가르강튀아와 그의 아들 팡타그뤼엘의 모험을 다룬 익살스럽고 풍자적인 이야기다.

2| **나관중**(羅貫中, 약 1330~1400): 원나라 말기에서 명나라 초기의 소설가로 본명은 본(本)이다. 작품에 『삼국지연의』, 『수호전』, 『평요전』 등이 있다.

3| **주공근**(周公瑾): 동오의 주유

4| **시내암**(施耐庵, 약 1296~1370): 원나라 말기에서 명나라 초기의 소설가. 이름은 자안(子安), 내암은 그의 자(字)이다. 『수호지』, 『삼수평요전(三遂平妖傳)』, 『지여(志餘)』 등을 지었다고 한다.

5| **현장**(玄奘, 600~664): 당나라의 승려로 속성은 진(陳)이다. 중국 법상종 및 구사종의 시조로 태종의 명에 따라 대반야경(大般若經) 등 많은 불전을 번역하였다. 저서에 견문기 『대당 서역기』 12권이 전한다.

6| **장안**(長安): 지금의 서안

제13장 • 『요재지이(聊齋志異)』

– 문언 소설(文言小說)의 최고봉

『요재지이』는 중국의 우수한 문언 단편 소설집이다. 작가는 청나라의 유명한 문학가 포송령(蒲松齡)[1]이다. 일반적으로 『요재지이』는 포송령이 남쪽으로 내려간 후에 짓기 시작해서 강희(康熙) 18년(1679)에 『요재자지(聊齋自志)』를 지어 작품들을 편집하여 이 책을 초보적으로 완성했다고 한다. 이후에 대략 40년의 시간을 거쳐 현재의 모습을 갖추었다. 이로써 『요재지이』는 결코 일시에 한 지역에서 지어진 것이 아님을 알 수 있다.

이 책의 편수는 500여 편에 달하며 상당히 복잡하고 작품의 질이 천차만별이다. 그러나 우수한 작품들이 『요재지이』의 주요 부분을 차지하고 있다. 예술적 측면에서 이 책의 뛰어난 작품들이 얻은 찬란한 성취를 비추어볼 때, 『요재지이』는 단연 단편 문언 소설의 최고봉이라 할 수 있다.

『요재지이』의 작가 포송령은 명나라 말엽 청나라 초의 몰락한 지주 가정 출신이다. 책 속에 항상 '고가자(故家子)'나 '고대가자(故大家子)'라는 표현이 등장하는데, 이는 몰락한 관료 지주 가정의 자손을 일컫는 말이다. 작가는 이런 표현을 통해 자신의 실제 삶을 반영한 것이다. 포송령의 조상은 대대로 선비 가문으로 공명을 얻은 이가 상당히 많았다. 그러나 포송령의 부친에 이르러 과거에 뜻을 얻지 못하자 어쩔 수 없이 선비의 길을 버리고 장사를 시작하였다. 명나라 말, 청나라 초에 전란이 빈번히 발생하여 포송령의 집안도 난세의 영향을 받았다. 게다가 자녀가 많고 집안은 나날이 기울어, 마침내 포송령에 이르러서는 더욱더 궁핍해졌다.

포송령(蒲松齡)

포송령은 어려서부터 총명하고 문학적 재능이 뛰어났으며 언제나 열심히 학문에 임하였다. 19세에 연달아 현(縣), 부(府), 도(道)의 시험에 합격하여 한때 명성을 날리기도 했으나 이후 여러 차례 시험에 낙방하였다. 그럼에도 불구하고 포송령은 결코 과거의 길을 포기하지 않고 인생의 절반 이상을 소비하여 마침내 71세가 되어서야 겨우 공

'촉직(促織)'은 일반 백성이 조정에 귀뚜라미를 바치면서 벌어지는 웃을 수도 울 수도 없는 이야기를 서술하고 있다(국가박물관 소장).

생(貢生)*이 되었다. 그리고 얼마 후 그는 세상을 떠났다. 실로 포송령의 일생은 재주는 있으나 때를 만나지 못하여 불우하고 곤궁한 삶의 연속이었다고 하겠다. 그는 생계의 위협으로 일찍이 관부의 막료 생활이나 현의 글방 선생을 하다가 필(畢)씨 집안의 가정교사 노릇을 하게 되면서 생활이 안정되기 시작했다. 이 30~40년 동안 기본적으로 포송령 후반부 삶의 시간이 모두 소진되고 말았다. 그는 가정교사 생활을 하면서 글을 읽거나 글을 쓰고 가르치는 일을 반복했을 뿐이었다. 이러한 생활은 포송령에게 사대부 계층과 접촉할 기회를 제공했다. 줄곧 그는 그 지역의 명사와 지방관, 문인들과 교류하였다. 과거에는 여러 차례 낙방했으나 그의 재주를 아끼는 사람은 상당히 많았

* **貢生**: 명청 시대에 각 성(省)에서 1차 과거 시험에 합격한 사람을 말한다.

다. 그러나 포송령이 아무리 유명인들과 교류한다 해도 그 자신의 신분이 미천하고 집안이 곤궁한 것은 부정할 수 없는 현실이었다. 이러한 현실이 그로 하여금 사대부들의 생활을 동경하게 했고 아울러 뜻을 이루지 못한 서생을 포함한 하층 민중에 대한 관심과 동정을 품게 하였다.

포송령이 평생 처했던 처지와 사상, 감정은 『요재지이』의 사상적 내용을 결정짓는 데 큰 영향을 미쳤다. 『요재지이』는 글자 그대로 '요재'는 포송령 서재의 이름이며, '지이'는 노신이 말했듯이 '신선과 여우, 귀신, 정령들을 기록한 이야기'를 의미한다. '신선과 여우, 귀신, 정령의 이야기'는 대개 몇 가지로 나눌 수 있다. 첫째, 재자가인(才子佳人)의 애정 이야기다. 둘째, 사람과 사람, 혹은 사람이 아닌 존재, 즉 여우, 동물, 귀신 등과의 우정에 대한 이야기다. 셋째, 어두운 사회 현실에 불만을 품은 반항적인 이야기다. 넷째는 바르지 못한 품성과 행위에 대해 풍자하는 도덕적이고 훈계적인 이야기다. 덧붙이자면 그중 일부는 하나의 이야기가 위에 언급한 몇 가지 종류를 포함한다.

첫째, 재자가인(才子佳人)의 애정 이야기를 살펴보자. 이러한 이야기는 『요재지이』에 가장 많이 등장하며 독자의 흥미를 상당히 자아낸다.

'영녕(嬰寧)', '청봉(靑鳳)', '연쇄(連瑣)', '연성(連城)', '노공녀(魯公女)' 등이 있다. 이러한 이야기의 줄거리는 대부분 재능이 풍부한 서생이나 공자가 고독하고 적막한 분위기에서 공부하는 중에 우연히 요괴나 정령이 변신한 아름다운 여인과 만난다는 데서 시작된다. 두 사람은 첫눈에 반하고 여러 가지 원인으로 잠시 헤어졌다가 온갖 어려움을 겪은 후 함께 살게 된다. 어떤 학자는 포송령 개인 생활의 정황과 연관지어, 이러한 이야기들은 그 자신의 고독하고 적막한 처지에서 발생된 환상이라고 언급하였다. 포송령은 반평생 동안 처자식과 떨어져서 홀로 관리 집안의 가정교사 노릇을 하였다. 그는 오랫동안 적막하고 고독한 독신생활을 하면서 아름다운 사랑에 대한 환상을 품게 되었다. 그러나 이런 환상은 실현 불가능한 것이어서 그는 귀신과 여우 이야기를 빌려 잠시나마 위안을 삼았다.

중요한 점은 이런 이야기들의 줄거리가 대체로 비슷하지만 작가의 붓끝에서 형상화된 인물들은 제각기 특징을 지니고 있다는 것이다. 영녕은 천진무구하고 청봉은 온유하고 수줍어하며 연쇄는 재능이 뛰어나서 사람들에게 깊은 인상을 남겨 주었다. 그녀들은 모두 귀호선괴(鬼狐仙怪)*에 속하나 요사스런 기운은 전혀 찾아볼 수 없다. 그리고 모두 인정이 많고 사근사근해서 사람들과 금방 가까워지는 성격이다. 포송령은 그녀들을 통해 이상적인 여성과 애정에 대한 동경을 기탁했다. 그녀들은 모두 재능과 미모를 겸비하고 온유하면서 선량하며 바르면서 열정적이고 여성으로서 뛰어난 품행을 갖추었다. 그녀들은 사랑하는 이를 선택할 때 신분이나 가문의 고하를 따지지 않고 재능과 덕행을 중시했다. 가장 중요한 점은 그녀들이 자신의 행복을 추구하기 위해 자아를 희생하고 현실의 장애를 뛰어넘어 마침내 사랑하는 이와 행복하게 살 수 있었다는 것이다.

둘째, 사람과 사람, 혹은 사람이 아닌 존재와의 우정에 대한 이야기를 살펴보자. 우정에 관한 이야기 역시 포송령이 중요하게 여긴 부분이다. '섭생(葉生)', '전칠랑(田七郎)', '교나(嬌娜)', '사인(蛇人)' 등이 해당된다. 이 이야기들은 기풍이나 내용에 있어서 각각 특징이 있다. 많은 학자들은 '섭생'이 작가 자신의 처지를 반영한 작품이라고 생각한다. 아울러 이 작품 역시 섭생이 절친한 벗의 은혜에 보답하는 이야기다. '전칠랑'은 절친한 벗의 은혜를 갚는 것이 아니라 친구가 도와준 의리에 보답하는 내용이다. '교나'는 애정 이야기를 다루고 있지만 우정에 대한 이야기도 주요 줄거리로 삼고 있다. '교나'에서는 동성의 우정이나 부부간의 애정과는 다른, 남녀 간의 우정을 묘사하고 있다. '사인'에서는 사람과 뱀, 뱀과 뱀 사이의 우정을 다루고 있다. 이처럼

* **鬼狐仙怪**: 귀신, 여우, 신선, 요괴를 의미한다.

'화피(畵皮)'는 사나운 귀신이 사람의 껍질을 뒤집어쓰고 아름다운 여인으로 변하여 사람을 잡아먹는 내용이다(국가 박물관 소장).

사람과 뱀, 뱀과 뱀 사이의 깊은 우정을 통해 작가는 인정이 각박한 세태를 반영하였다.

셋째, 어두운 사회 현실에 불만을 품은 반항적인 이야기를 살펴보자. 이런 이야기들은 대부분 귀괴호요(鬼怪狐妖)*에 대해 서술하고 있지만 사실은 이들을 빌려 사회의 다양한 현상들을 반영하는 것이다. 내용상으로 두 가지로 나눌 수 있다. 첫째, 조정의 부패와 암흑을 규탄하고 권문세가들이 자신의 세력만 믿고 다른 사람을 능멸하며 백성들은 억울함을 당해도 풀 길 없는 상황이 전개되자 결국 극단적 방법이나 귀호선괴의 법력을 빌거나 혹은 원수를 갚기 위해 생명의 희

* **鬼怪狐妖**: 귀신, 괴물, 여우, 요괴를 의미한다.

생도 마다하지 않는 행위를 통해 선과 악의 결과를 얻는다는 내용이다. '석방평(席方平)', '몽랑(夢狼)', '홍옥(紅玉)', '상삼랑(商三娘)' 등이 대표적이다. '석방평'은 석의 부친이 부호 양씨(羊氏)의 노여움을 사게 되는데 양씨가 죽은 후 저승의 관리를 매수하여 석의 부친을 저승으로 잡아오게 한다는 내용이다. 석방평은 저승으로 가서 부친의 억울함을 밝히려고 고소하지만 결국 실패한다. 알고 보니 지옥의 관리들이 이미 매수되었던 것이다. 그들은 뇌물을 받아먹고 법을 어겼으며 서로 결탁하여 악행을 저질렀고 억울함을 풀 길 없는 석방평을 혹독하게 때렸다. 비록 저승을 배경으로 한 이야기나 당시의 상황을 상당히 분명하게 투영하고 있다. '몽랑'에서는 당시 냉혹하고 잔인한 관리들의 호랑이나 이리 같은 면모를 심각하게 폭로하고 있다. '홍옥'은 홍옥이라는 호녀(狐女)가 자신이 사랑하는 이를 도와 악인을 징벌하는 내용이다. '상삼랑'에서는 상황이 더욱 처참하여 나약한 아녀자가 원수를 갚기 위해 자신의 생명을 희생하는 것도 마다하지 않는다는 이야기다.

둘째는 과거 제도의 폐단과 과거 시험장의 부패를 폭로하고 과거 실패로 인해 실의에 찬 모습과 불평을 표현했다. '사문랑(司文郎)', '가봉치(賈奉雉)', '왕자안(王子安)', '속황량(續黃梁)' 등을 들 수 있다. 이러한 이야기들은 대부분 풍자 수법을 사용했다. '사문랑'과 '가봉치'는 모두 해학적인 방식으로 과거 시험관의 무능함을 풍자하고 있다. '왕자안'과 '속황량' 등은 여러 차례 과거에 떨어진 독서인이 꿈속에서조차 과거에 떨어지는 슬픈 내용을 전개하고 있다. 결국 작가가 '나찰해시(羅刹海市)'에서 '부귀영화는 신기루에 있는 해시에서만 구해야 하는가 보다'라고 언급했던 상황이 펼쳐진 것이다.

넷째는 바르지 못한 품성과 행위에 대해 풍자하는 도덕적이고 훈계적인 이야기다. '노산도사(嶗山道士)', '화피(畵皮)', '매압(罵鴨)', '우전(雨錢)' 등을 들 수 있다. 이러한 이야기들은 교육적이고 훈계적인 경향이 농후하지만 전체적으로 경직된 설교는 아니다. 장자의 우언처럼 조화롭고 사람들로 하여금 깊은 생각에 잠기게 한다.

'노산도사'는 작은 이익을 끝없이 탐하며 믿는 데가 있어 두려움을 모르다가 그 상태가 더욱 심해져서 벽에 부딪쳐 나자빠지는 추태를 조롱하고 있다. '화피'에서는 탐욕으로 미색을 밝히고 시비가 분명치 않으며 진실과 거짓을 분별할 줄 모르는 어리석은 이를 풍자하고 있다.

단순히 『요재지이』를 사상적인 측면에서만 살펴보고 이 책이 중국 고대 문학사에 있어서 고도의 예술적 성취를 이루었다고 설명하기에는 부족함이 있다. 그러나 만약 『요재지이』를 중국 고대 문언 소설 발전의 맥락에 두고 고찰해 보면 그 정황은 달라진다.

중국 고대 소설은 크게 문언 소설과 백화 소설로 나뉜다. 송나라 이전에는 돈황 변문에 보존된 백화에 가까운 소수의 소설을 제외하고는 기본적으로 모두 문언 소설이었다. 게다가 주로 문언 단편 소설에 속했다. 문언 소설의 기원은 선진 시대까지 거슬러 올라갈 수 있다. 일부 일정한 줄거리가 있는 신화 전설과 우언 속에 소설의 씨앗들이 잉태되었다. 『산해경』의 일부 편목과 『장자』의 우언 고사가 그 대표적인 예다.

계속해서 위진 남북조 시대에 이르러 지인 소설과 지괴 소설 작품이 일세를 풍미하였다. 또한 이 시기에 상당수의 지인과 지괴류에 속하는 작품들을 모아 엮은 작품집이 출현하였다. 『수신기(搜神記)』, 『유명록(幽明錄)』, 『습유기(拾遺記)』 등이 대표적인 예다. 이러한 지인과 지괴류 중에도 줄거리와 성격 묘사가 비교적 완벽한 작품들이 있다. 게다가 언어 운용 능력 역시 나날이 성숙되었다. 그러나 여전히 진정한 소설과는 상당히 거리가 있어서 작품의 허구적 능력이 약하고 예술 창작에 대한 자각 역시 부족한 실정이었다. 사실 이런 기이하고 황당무계한 작품들은 당시 사람들이 볼 때는 진실성이 있는 실록이었다.

당나라에 이르러 전기 소설이 출현했고 이는 비로소 중국 고대 문학사에 있어서 진정한 의미의 소설이 생겨났음을 의미하였다. 소설의 중요한 상징 중 하나는 노신이 말했듯이 '의식적으로 소설을 창작'하는 것이다. 이때의 소설 창작은 더 이상 위진 시대처럼 사실의 기록이 아니었고 주관적 의도와 목적으로 소설을 창작하였다. 이야기의 줄거리는 곡절이 있고 완곡하여 완벽에 가까웠고 인물 성격은 줄거리 발전에 따라 묘사하는 것을 중시했으며 언어 운용에 있어서도 초보적이나마 문사의 수식에 관심을 기울였다. 제재의 범위는 육조의 유풍을 탈피하여 사회 현실 발전에 따르는 경향이 드러났다.

포송령의 생가

소설은 송나라 때 와서 더욱더 성숙되어 백화 소설이 출현하기 시작하였다. 이 때 문언 소설과 백화 소설은 나란히 발전하였다.

포송령의 『요재지이』는 문언 단편 소설집이며, 문언 소설의 최고봉이기도 하다. 노신이 '전기의 수법을 사용하여, 기이한 일을 기록했다'고 말했듯이, 『요재지이』는 육조 지괴와 당 전기의 예술 전통을 계승하여 발전시켰다. 『요재지이』는 제재나 내용상에 있어서 육조 지괴가 기술한 내용을 계승하여 대부분 귀호선괴의 이야기들이다. 그러나 양자 사이에는 근본적 차이가 있다. 육조 지괴 작품은 육조 시기에 사실에 대한 기록으로 인식되었으나 작가는 『요재지이』에서 이야기의 허구성에 대해 분명히 인식하고 있다. 또한 이러한 창작 관념이 있었기 때문에 사실의 기록이라는 지괴 작품의 속박을 벗어나서 작가의 독창성을 발휘할 수 있었고 작가 자신의 강렬한 사상 경향을 표현할 수 있었다. 동시에 직접적으로 당 전기, 송원 화본의 강렬한 이야기적 경향과 완벽한 줄거리의 특징을 계승하였다. 그러나 정교한 이야기 편집과 완곡한 서술은 당 전기, 송원 화본이 결코 따를 수 없는 부분이다.

인물 형상화에 있어서도 전대에 비해 그 성취가 두드러졌다. 당 전기는 인물 묘사가 비교적 꼼꼼하지 못했으나 『요재지이』에서는 귀호선괴가 변신한 소녀들의 형상이 세밀하고 생동감이 있다. 또한 길을 가다가 갑자기 사라지거나 종적이 분명하지 않다는 등의 보통 사람과는 다른 그녀들의 특성을 드러냈으며 현실 생활 속에서 여성이 지녀야 할 품덕(品德)과 성격을 그녀들에게 부여하기도 하였다.

주의를 기울일 만한 것은 바로 소설의 결말이다. 『요재지이』의 편목마다 결미에는 보통 작가의 평론 부분이 있다. 이를 '이사씨왈(異史氏曰)'이라 부른다. 이러한 체제는 사마천이 『사기』에서 사용한 평론 형식이다. 이사씨왈 부분에서 평론하는 내용은 대부분 자신의 처지에 대한 감회나 현실에 대한 폭로, 혹은 풍자와 권계다. 그로 인해 귀호선괴의 이야기로 사실에 입각하여 사물의 득실을 논할 뿐 아니라 이러한 평론을 통해서 작가 자신의 처지와 당시 사회 현실을 투영하는 것이다. 게다가 작가 개인의 선명한 애증을 드러내기도 한다. 이는 앞에서 언급했듯이 육조 지괴 작품을 뛰어넘은 것이며 당 전기의 새로운 창조라고 할 수 있다.

황당무계한 귀신과 여우 이야기는 오히려 실생활의 내용을 담고 있으며 웃음과 욕설이 뒤섞인 해학의 배후에는 작가의 엄숙한 현실적 사고가 감추어져 있다.

『요재지이』는 세상에 출현하여 한때 크게 유행하였다. 뒤이어 대다수의 모방작이 나왔고 청나라 중엽에 지괴와 전기류 소설이 다시 번영하였다. 그러나 이런 작품들 중 『요재지이』와 어깨를 겨룰 만한 것은 없다. 『요재지이』는 고대에 많은 독자의 사랑을 받았을 뿐 아니라 지금까지 환영받고 있다. 책 속의 많은 이야기들은 희곡, 영화, TV 드라마로 다시 만들어져 중국인들에게 큰 영향을 끼쳤다. 이 외에도 『요재지이』는 비교적 이른 시기에 일본어, 영어, 프랑스어 등 20여 국의 언어로 번역되어 전 세계에 널리 전해졌다.

1| **포송령**(蒲松齡, 1640~1715): 청나라의 소설가. 자는 유선(留仙), 호는 유천(柳泉). 환상적 기법을 구사한 기괴 소설(奇怪小說) 『요재지이』를 써서 널리 알려졌다.

제14장 • 『홍루몽(紅樓夢)』

* **康乾盛世**: 청나라 때 강희제와 건륭제가 다스리던 태평성대를 말한다.

중국 문학 속의 여성 형상은 『시경』에서부터 시작하여 끊임없이 등장해 왔다. 그중에는 경국지색의 미인도 있었고 부친을 대신해 군에 입대한 화목란(花木蘭)도 있었다. 잠시 문학작품은 옆으로 비껴놓고 역대 왕조의 역사서인 『열녀전(列女傳)』을 살펴보면 이는 여성 사적(事迹)의 기록을 사명으로 삼았다. 이른바 '사적'이란 절개를 지켜 남편을 따라 죽는 것에 불과할 뿐, 그 여성들의 이름은 상세히 언급되지 않았다.

여성에게는 본래부터 독립적 가치가 없었고 봉건 시대 후기에 이르러서는 이러한 상황이 더욱 심각해졌다. 널리 알려진 대로 여성을 경시하거나 어떤 죄나 화를 여성에게 전가하는 일이 많았다.

소설 속에는 정말 참을 수 없는 여성 형상이 많이 등장한다. 『수호전』의 '모대충(母大虫)' 고(顧)씨 부인은 상당히 사납고 잔인하며, 『금병매(金瓶梅)』의 여성들은 대부분 욕망의 노예로 전락했고, 『봉신연의(封神演義)』의 달기(妲己)는 나라와 백성에게 재앙을 가져왔다.

『홍루몽(紅樓夢)』은 '강건성세(康乾盛世)*' 때 세상에 그 모습을 드러냈다. 작가는 여성의 자존심, 자유, 재주와 희망, 여성 생명 속의 커다란 환희와 고통을 통쾌하면서도 생동감 있게 깔끔하면서도 함축적으로 묘사하였다. 작품 속에서 작가는 인물들의 입을 통해 여성에게 찬사를 보냈다. 특히 주인공 가보옥(賈寶玉)의 '여성의 골육은 물로 만들어지고 남성의 골육은 진흙으로 만들어졌다. 여성을 만나면 기분이 상쾌한데 남성을 만나면 심한 악취가 난다'라는 말은 중국에서 누구나 익히 알고 있는 명언이다. 작가는 당시 사회에서 억압받는 여성의 처지를 동정했고 동시에 불안정한 나날을 보내던 문인으로서 나약한 여성의 모습을 통해 작가 자신의 내적 심리와 운명을 반영하기도 하였다.

현대 장조화(蔣兆和)가 그린 조설근(曹雪芹)

『홍루몽』은 장편 소설로서 그 주제를 한마디로 '가짜가 진짜가 될 때는 진짜 또한 가짜요, 없는 것이 있는 것으로 되는 곳에는 있는 것 또한 없는 것과 같다(假作眞時眞亦假, 無爲有處有還無)'라고 말할 수 있다.

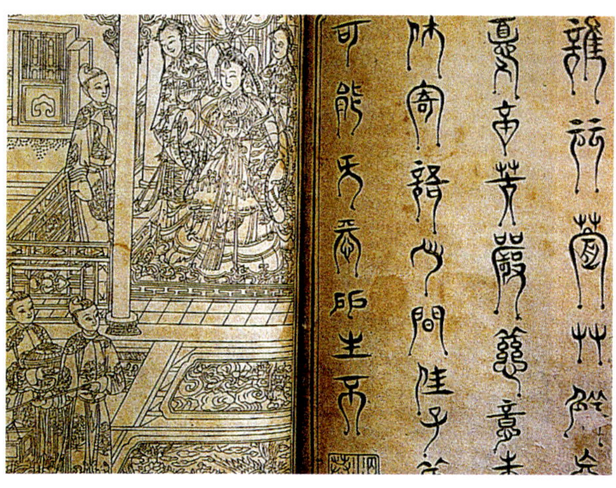

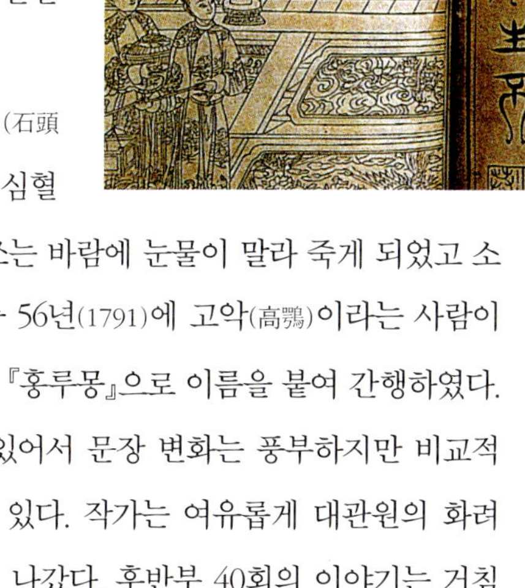

『홍루몽』 정갑본(程甲本)의 삽화. 정갑본은 조설근이 지은 전반부 80회와 고악(高鶚)의 속작인 40회를 모은 첫 번째 『홍루몽』 전편이다.

『홍루몽』의 원제는 『석두기(石頭記)』이다. 조설근은 지나치게 심혈을 기울여 작품을 80회까지 쓰는 바람에 눈물이 말라 죽게 되었고 소설은 미완으로 남겨졌다. 건륭 56년(1791)에 고악(高鶚)이라는 사람이 등장하여 40회를 이어서 썼고 『홍루몽』으로 이름을 붙여 간행하였다. 전반부 80회는 그 줄거리에 있어서 문장 변화는 풍부하지만 비교적 평탄하게 이야기가 진행되고 있다. 작가는 여유롭게 대관원의 화려함과 사치스러운 모습을 그려 나갔다. 후반부 40회의 이야기는 거침없이 종횡무진하여 구애됨이 없었다. 인물의 결말은 매번 예상을 뛰어넘어서 전반부 80회 작가는 함축적으로 인물을 표현한 데 반해 후반부 40회 작가의 인물 평가는 직접적인 편이다.

『홍루몽』은 여성에 대한 전기(傳記)다. 작가가 상당히 심혈을 기울인 것은 바로 '금릉십이차(金陵十二釵)'로 불리는 12명의 여성들이다. 소설 제5회에서 주인공 가보옥은 꿈에 '태허환경(太虛幻境)'에서 노닐다가 '인간 세상에 있는 모든 여성들의 과거와 미래를 기록한 장부'를 보았다. 장부 안에는 성명은 없고 여성들 운명에 관한 예언인 판사(判詞)가 있었다. 그중 '금릉십이차정책(金陵十二釵正册)'과 '금릉십이차부책(金陵十二釵副册)'이 있었는데 정책(正册) 안의 '십이차'는 가부(賈府)에서 생활했고 그녀들의 주요 활동 구역은 '대관원'이었다. 그중 가장 풍치(風致)가 뛰어난 이는 임대옥(林黛玉)과 설보차(薛寶釵), 사상운(史

湘雲), 왕희봉(王熙鳳), 가탐춘(賈探春) 등이다.

『홍루몽』은 중국 최초의 가족 장편 소설이라 할 수 있다. 이는 대가족 가부(賈府)가 흥성하다가 쇠퇴하는 과정을 묘사한 비극이다. 가부의 선조들은 군공(軍功)으로 집안을 일으켜 녕국공(寧國公)과 영국공(榮國公)에 봉해졌다. 소설에서 묘사하고 있고 가부의 3세대에 이르러서는 그 많던 재산이 조금씩 흩어지고 자손들 중에는 제대로 된 인물이 없었다.

3세대 자손들 중 가장 연장자는 가경(賈敬)이다. 그는 줄곧 도(道)에 심취하여 단약과 수은 만드는 것을 즐겨서 항상 신선이 되어 득도하는 환상을 품고 있어 다른 일은 전혀 신경 쓰지 않았다. 그의 아들 가진(賈珍)은 녕국부(寧國府)와 영국부(榮國府)의 족장이다. 그는 공부하는 것을 전혀 좋아하지 않았다. 문란한 생활을 즐겨서 며느리와 근친상간을 저지르기도 했고 아들과 함께 미소년이나 젊은 여성을 희롱하기도 하는 등 상당히 문란하였다.

영국부의 사태군(史太君)은 유일하게 건재한 2세대 인물이다. 그녀는 영국공의 장자의 아내였다. 소설에서는 그녀를 가모(賈母)라고 부른다. 그녀는 가보옥을 상당히 총애하여 살아 있을 때는 가보옥의 든든한 후원자였다. 그녀의 두 아들은 3세대의 중견으로, 장남 가사(賈赦)는 관직을 이어받았고 차남 가정(賈政)은 가장 올바르고 단정한 사람이었다.

가정의 아들 가보옥은 소설 전편에 걸쳐 가장 중요한 주인공이다. 『홍루몽』은 가보옥과 그의 고종사촌 누이인 임대옥의 사랑 이야기를 주요 플롯으로 하여 봉건 사회의 대가족 내에서 젊은 남녀가 봉건 예교에 의한 유형무형의 압력을 받아 자주적으로 행동하지 못하고, 더욱이 직접 입을 열어 가장에게 공개적으로 혼인을 요구할 자유가 없어서 결국 한 사람은 죽고 다른 한 사람은 출가한다는 애정 비극이다. 물론 소설이 비극으로 끝을 맺지만 소설 전편을 통해 풍부하고

청나라의 〈대관원도(大觀園圖)〉(일부분)(국가박물관 소장)

다양한 정감이 흐른다.

대관원의 번화한 분위기 속에는 희로애락으로 가득 찬 인간 세상의 일상생활이 잘 나타나 있다. 천진난만한 어린 남녀들이 시를 짓고 술을 마시며 게를 먹으면서 우스운 이야기를 하는 일상적인 모습들은 상세한 서술에 주안점을 두는 이 소설의 중요한 특징이다. 작가는 소설을 쓰면서 항상 직접적으로 사실을 묘사하여 사람들의 그릇된 일을 묘사할 때도 금강역사가 눈을 부릅뜨듯이 무섭게 질책하지는 않았다. 그리고 대관원 안의 운명이 기박하고 재주가 뛰어난 소녀들에게는 끝없는 경의를 표하였다.

베틀 필목을 끊은 부덕 높고 지고(可嘆停機德)
버들개지를 읊는 재주 놀랍도다(堪憐詠絮才).
옥띠는 숲 속에 걸려 있고(玉帶林中挂)
금비녀는 눈 속에 묻혔도다(金簪雪裏埋).

이 시구는 『홍루몽』의 가장 중요한 두 여주인공에 대한 내용이다. 두 여주인공은 바로 연적인 임대옥과 설보차이다. '태허환경'에 보존되어 있는 그녀들의 운명에 관한 예언은 한 수의 '판사(判詞)' 안에 들어 있어 대단히 의미심장하다.

'베틀 필목을 끊은 부덕 높고 지고'의 부분은 설보차를 가리킨다. 『후한서』의 「열녀전」에는 악양자(樂羊子)의 아내에 관한 기록이 있다. 그녀는 남편이 자신을 그리워하여 학업을 중단하고 돌아오자 베틀을 멈추고 이미 짜놓은 베를 잘라버렸다. 그녀는 남편에게 학문을 하는 것은 베를 짜는 것과 같아서 도중에 그만두면 앞의 일들이 모두 수포로 돌아간다고 말하자 그녀의 남편은 깨달은 바가 있어 집을 나서서 계속 학업에 임했다. 악양자의 아내는 이 일로 인해 부덕(婦德)의 전형이 되었다. 이른바 '베틀 필목을 끊은 부덕'이란 여성이 자신을 극복하여 남편이 성공할 수 있도록 힘쓰는 것을 의미한다. 설보차는 온후하며 침착하다. 그녀는 해당화(海棠花)를 시로 읊으며 '진중한 향기와 맵시는 낮 동안 문에 가득 차고', '색이 극히 엷으니 비로소 꽃이 더 아름답다는 것을 알겠노라'라고 하였다. 이는 자신을 해당화에 비유한 것이다. 기존의 사회 질서를 인정하는 설보차의 시각에서 볼 때 가보옥의 미래는 당연히 '벼슬길'이라는 정도를 걸어야 했다. 설보차의 재능과 개성, 도량은 가보옥과 결합한다면 보잘것없는 힘이나마 그를 도울 수 있을 정도였다. 이런 측면에서 설보차는 '베틀 필목을 끊은 부덕'을 갖추었다고 말할 수 있다.

설보차가 가부에 들어가 가보옥의 시야에 들었을 때 그녀의 나이 13세였다. 그녀의 모습은 옥처럼 맑고 윤이 났으며 행동거지가 우아하여 간택되기 위해 상경한 것이었다. 간택이 되면 황궁에 들어가서 황제를 모시거나 공주, 군주를 모시는 것이다. 그러나 이후에 간택의 일은 흐지부지되어 가부에서 기거하게 되었다. 한걸음 한걸음 그녀의 노력으로 시간이 흐름에 따라 점차 가모와 왕부인, 심지어는 임

청나라 〈이홍야연도(怡紅夜宴圖)〉. 『홍루몽』 제63회의 내용 중 모든 자매들이 보옥의 생일잔치를 해주는 장면이다.

대옥, 사상운 등의 사랑을 받게 되었다. 그러나 가보옥의 진심은 줄곧 임대옥에게 있었다. 설보차의 입장에서 볼 때 가보옥은 기존사회 질서에 복종하는 사람이 아니었기에 반드시 이상적인 최고 배우자는 아니었다. 가보옥의 반항은 늘 무력했으나 그의 태도만은 명확하고 단호하였다. 이것이 바로 인생의 근본 문제에 있어서 가보옥과 설보차의 차이점이다. 소설의 후반부는 가보옥이 정신이 맑지 않은 상태에서 설보차와 결혼하고 정신을 차린 후 상황이 어쩔 수 없게 변했다는 것을 알게 된다는 내용이다. 그는 가족들에게 이야기를 하고 과거에 응시해서 좋은 결과를 얻었다. 그러나 가보옥은 결국 멀리 도망가서 출가하여 승려가 되어 임대옥이 살아 있을 때 허락했던 막연한 언약을 실천하였다. 설보차는 '금비녀는 눈 속에 묻혔도다'라는 것처럼 버림받는 운명에서 벗어나지 못했다.

가보옥이 설보차의 눈에 꼭 차지는 않았으나 사람을 매료시키는 점이 있었다. 설보차 자신의 오빠인 설반(薛蟠)과 비교해 보면 설반은 사치스럽고 오만방자한 천하제일 신경질쟁이였다. 그러나 가보옥은

천진(天津) 양류청(楊柳靑)의 연화인 〈홍루몽우향사흘방해(紅樓夢藕香榭吃螃蟹)〉(러시아 지리학회 소장)

여성을 존중하고 사랑할 줄 알았으니 정말 대단한 것이다. 주위의 남성들을 둘러보아도 설보차가 '베틀 필목을 끊은 부덕'을 발휘할 만한 인물은 없었다.

가부에서 가장 훌륭한 명성을 얻은 가정(賈政)에 대해 작가는 그가 어려서부터 공부를 지나치게 좋아하여 관리가 된 후, 어진 이를 예의와 겸손으로 대하며 약한 자와 위급에 빠진 자를 도와주어 조상들의 기풍을 크게 지니고 있다고 하였다. 그러나 한두 가지 사소한 일을 통해 가정의 무능함을 엿볼 수 있다. 소설에서는 가정에 대해 묘사할 때 입 밖으로 내지 않고 속으로만 비평하여 그가 '자식들을 가르치는 데는 방법이 있었고 집안을 다스리는 데는 법도가 있었다'고 하였다. 그러나 아들 교육에 있어서는 몽둥이를 들고 큰소리로 '짐승만도 못한 놈'이라고 소리치는 것 외에는 다른 좋은 방법이 없어 보였다. 그에게는 다른 조카들을 가르칠 능력도 없었다. 작가는 그가 본성이 시원스럽고 대범하여 자질구레한 일을 중요시하지 않아 한가할 때는 책을 보거나 장기를 두었을 뿐이고 다른 일은 거의 신경 쓰지 않았다고 하였다. 설반은 가부에 머물면서 더욱더 멋대로 행동했다. 이 밖에도 가정은 양심을 속이는 판결을 내리고 설반이 살인 사건 소송에서 벗어날 수 있도록 도와준 가우촌(賈雨村)도 잘 돌보아주었다.

'버들개지를 읊는 재주 놀랍도다'라는 부분은 작가가 재주는 있으나 때를 만나지 못한 임대옥을 동정한 것이다. 동진(東晋)의 여류 시인 사도온(謝道韞)이 어렸을 때 어떤 이가 그녀와 그녀의 사촌 오빠에게 동시에 '흰 눈이 펄펄 내리는 것은 어떤 모습과 같은가(白雪紛紛何所似)'라는 시구의 대(對)를 만들게 하였다. 사촌 오빠는 '공중에 소금을 뿌린 듯하옵니다(散鹽空中差可擬)'라고 했으나, 그녀는 '바람에 일어난 버들개지만 못하옵니다(未若柳絮因風起)'라고 하였다. 그녀의 표현은 사촌 오빠의 것보다 훨씬 기세가 있고 의경(意境)이 뛰어나서 사람들은 그녀에게 '버들개지를 읊는 재주가 있다'고 찬사를 보냈다.

임대옥은 사도온처럼 우아하며 생각이 깊었고 임기응변의 재주가 뛰어났다. 대관원의 여러 자매들이 깊은 생각에 잠겨 독창성 없이 이곳저곳에서 멋진 구절을 찾고 있을 때 그녀는 늘 유유자적하며 훌륭한 글을 써 내려갔는데 그 시구는 늘 뛰어나고 출중하였다.

대관원에서의 생활 속에는 '카니발' 같은 훌륭한 몇 차례의 시회(詩會)도 있었다. 재능 있는 여성인 임대옥, 설보차, 가탐춘, 사상운은 모두 '하는 일 없이 바쁜' 공자 가보옥과 해당시사(海棠詩社)를 결성하여 시를 읊으며 재주를 겨루었다. 해당화를 읊조리거나 국화를 읊조렸으나 사실은 시를 통해 각자 자신의 재능과 심정을 표현한 것이었다. 임대옥은 해당화를 '반쯤 걷힌 문발에 반쯤 열린 문인데 얼음 갈아 흙 빚고 옥으로 화분 삼네. 배꽃에서 훔쳐낸 약간의 흰 빛깔, 매화에서 빌려온 한 줄기의 넋이로다(半卷湘簾半掩門, 碾冰爲土玉爲盆, 偷來梨蕊三分白, 借得梅花一縷魂)'라고 읊었다. 그리고 국화에 대해서는 '세상에 홀로 지조 높게 누구와 숨어 볼 건가, 백화가 피었다 져도 국화만 홀로 늦는구나(孤標午世偕誰隱, 一樣花開爲底遲)'라고 읊었다. 이 시구들은 그녀의 뛰어난 재주와 신선 같은 품격을 드러냈으며 시에 있어서 최고의 자리를 다투게 하였다.

임대옥의 정신적 기질은 중국 문인들 중 맑고 강직한 인격자나 은사의 기질과 일맥상통한다. 그녀가 국화를 읊을 때 가리킨 인물은 바로 도연명이다. 도연명은 평생 밭이랑에서 몸소 경작하며 가난하고 곤궁한 생활을 하면서 정신적 자유를 추구하였다. 가보옥이 혐오감으로 세상에 뛰어든 것에 대해서도 임대옥은 상당히 심각하면서도 자연스러운 동정심을 지녔다. 임대옥은 풍요로운 물질을 누리는 것에도 그다지 관심이 없었다. 그녀의 거처는 '소상관(瀟湘館)'이라 불렸는데 문을 들어서면 양쪽에 비취색 대나무가 우거진 길이 보이고 땅위에는 푸른 이끼가 가득 깔렸으며 중간에는 꼬불꼬불하면서 자갈이 가득한 길이 하나 있었다. 이곳의 주위 환경은 전혀 화려하지 않아서 푸른 이끼와 자갈로 가득 차 있지만 그윽하고 청아하며 실내에는 짙은 학자의 향기가 그득했다. 창 아래 책상에는 붓과 벼루가 놓여 있었고 서가에는 책이 가득했다. 이는 바느질과 자수를 배우는 일반 소녀들의 거처와는 전혀 다른 문인과 고상한 선비들의 거처 같았다.

임대옥은 격조가 있고 우아했으나 행복하지 못했다. 일찍이 부모를 잃고 외조모의 집에서 살았다. 가모는 그녀를 무척 사랑했고 사촌오빠 가보옥과는 만나자마자 마음이 맞았다. 이러한 것들이 남에게 얹혀사는 소녀에게 다소나마 위안이 되었다. 그러나 아직 어리고 고독한 소녀가 대가족 속에서 생활한다는 것이 쉽지는 않았다. 임대옥은 지나치게 총명하고 영리하여 시시때때로 얼음 위를 걷는 듯이 마음이 조마조마했다. 그녀는 '장화사(葬花詞)'에서 '1년 365일 칼바람 칼서리가 모질게 엄습하여, 그 맑고 아름다움을 얼마나 드러낼 수 있는가? 하루아침에 떠돌아다니니 찾아내기 어렵구나(一年三百六十日, 風刀霜劍嚴相逼, 明媚鮮妍能幾時, 一朝飄泊難尋覓)'라고 읊었다. 그녀는 대가족 생활 속의 온갖 규율을 알고는 있지만 항상 자신이 그 규율에 맞지 않아 다른 이들의 웃음거리가 되는 것을 걱정했다. 그러나 그녀는 스스로 탐구하고 사색을 즐길 뿐 힘써 윗사람에게 잘 보이거나 동년

『홍루몽』의 삽화 〈풍우석민제 풍우사(風雨夕悶制風雨詞)〉

TV 드라마 「홍루몽」의 한 장면

배들과 어울리려 하지 않았다. 오히려 말하는 것이 신랄하여 늘 다른 사람의 미움을 샀다.

가부 내에서 임대옥과 설보차의 처지는 비슷했다. 두 사람 다 본래부터 가부 출신이 아니고 의지하러 들어온 친척이라서 대가족 생활의 복잡한 면들을 의식하고 있었다. 그러나 두 사람은 상당히 달랐다. 설보차는 온힘을 다해 적응하고 규율을 지켰으나 임대옥은 하고 싶은 대로 행동했다. 두 사람의 가정환경 역시 상당한 차이가 있다. 설보차의 외숙은 경성의 고관으로 후에 진급되어 외지로 관직 생활을 하러 갔다. 이러한 것들이 가부에서 가보옥 미래의 혼인을 결정하는 데 결정적 역할을 하며 두 여성에게 심리적으로 서로 다른 영향을 끼쳤다. 대체로 설보차는 순종을 통해 대가족과 사회 질서 속으로 편입되었다. 그러나 임대옥은 경계의 태도를 가지고 자신에게 필요한 정신적 자유의 공간을 유지하려고 애썼다. 결과적으로는 두 사람 모두 좋은 결말을 맞지 못했다.

또한 『홍루몽』에서 두드러지는 여성으로 사상운을 들 수 있다. 그녀는 성격이 시원스럽고 호방하며 명랑하고 쾌활하여 주위 사람들과 잘 어울렸다. 세상을 분노하거나 질투하지도 않았으며 남의 장단에 춤을 추지도 않았고 항상 생명의 커다란 기쁨 속에 심취하였다.

소설에서는 사상운이 술 마시고 시를 읊으며 가위바위보를 하여 술 권하는 놀이를 하고 술에 취해 작약 숲에 누워 있는 모습을 묘사했다. 그녀가 향기로운 꿈에 깊이 빠져드니 사방의 작약이 온몸에 날아들어 얼굴과 옷깃이 온통 붉은 향 가득하며 나비 한 떼가 떠들썩하게 그녀를 감쌌다고 표현하였다.

『홍루몽』에서는 여성의 재능과 탈속적인 모습을 그렸지만 이런 여성들 대다수는 속박과 예속으로부터 자유롭지 못했다. 단지 사상운만이 자유로울 수 있는 기회를 우연하게 얻었다. 그녀의 정신세계는 그녀 스스로가 인용한 시문 '맞부딪치며 세차게 밀려와 강가의 파도가 하늘까지 용솟음치네(奔騰而澎湃, 江間波浪兼天涌)'라는 표현 그대로다. 결국 상강(湘江)의 물이 초나라 구름이 있는 곳으로 날아가 버렸으니 여전히 비상(飛翔)의 여지가 있었던 것이다.

『홍루몽』에서는 똑똑하고 빈틈없는 여성에 대해 묘사했다. 가사(賈赦)의 며느리 왕희봉(王熙鳳)은 결단력이 있으며 능력 있는 여인이다. 그녀는 매우 아름답고 말하는 것이 시원시원하며 생각이 깊고 세심하여, 만 명의 남성도 그녀를 당하지 못할 정도였다. 왕희봉은 글을 모르고 교양은 없었으나 상당히 총명하고 관리자로서의 능력이 뛰어나서 녕국부의 일을 맡아 처리하면서 자신의 능력을 아낌 없이 드러냈다. 말 재주가 있고 영리하며 농담을 잘 했고 능력 있고 결단력 있어 가부의 최고 권력자인 가모의 사랑을 한 몸에 받았다.

가탐춘(賈探春)은 가보옥의 배 다른 누이동생으로 똑똑하고 고상했다. 그녀는 왕희봉처럼 집안을 다스리는 능력이 있었고 문학적 재능이 있었으며 성격이 전혀 이기적이지 않았다.

임대옥, 설보차, 사상운, 왕희봉 등의 여성들은 가부에서 그녀들의 아름다움을 사방에 드러냈다. 이에 반해 가부의 딸들인 가영춘(賈迎春)과 가석춘(賈惜春)은 개성과 재능이 훨씬 떨어져서 거의 아무런 소

* 諧音: 한자에서 음이 같거나 비슷한 것으로 음을 맞추는 것을 말한다.

** 千紅一哭: 중국어에서 곡(哭)은 굴(窟)과 음이 같다.

*** 萬艶同悲: 중국어에서 비(悲)는 배(杯)와 음이 같다.

**** 駐蹕: 황제가 순행하는 도중에 거가를 잠시 머무르거나 유숙하는 것을 가리킨다.

리를 내지 못했다고 할 수 있다. 가영춘은 가사와 첩의 소생으로 숙부 가정의 집에 살면서 여러 해 청정한 생활을 했다. 후에 부친의 강요로 병부지휘(兵部指揮) 손소조(孫紹祖)에게 시집갔는데, 사실은 가사가 손소조에게 은 5,000냥을 빚져서 딸을 팔아 버린 것이나 마찬가지였다. 영춘은 결혼 후 온갖 학대를 당하다가 결국 죽게 된다.

녕국부 가진의 여동생인 가석춘은 출생하자마자 영국부의 가모에게 보내졌다. 석춘은 그림을 잘 그렸고 후에 속세를 벗어나 불교에 입문하여 부처를 모시고 생활하였다.

『홍루몽』은 일찍이 해음(諧音)*을 사용하여 '천홍일곡(千紅一哭)**', '만염동비(萬艶同悲)***'의 표현을 통해 여성의 슬프고도 애처로운 운명을 묘사하였다. 임대옥은 피를 토하고 죽으며 설보차는 독수공방하고 가탐춘은 멀리 시집가서 그 종적을 알 수 없으며 왕희봉은 지나치게 권력을 부리다가 다치게 되고 결국 남편의 냉대를 받아 괴로워하다가 죽는다. 작가는 의도적으로 이러한 여성들의 비참한 결말이 그들의 인생관과 밀접한 관련이 있음을 표현하고 있다.

중국 사회는 강희(康熙), 옹정(雍正), 건륭(乾隆) 연간에 들어섰을 때 봉건 사회의 전성기를 맞았으나 이미 멸망의 씨앗이 사회 깊숙이 숨어 있었다. 이 때 문학 분야에서 고금을 뒤흔든 거작 『홍루몽』이 출현하였다. 『홍루몽』의 작가 조설근은 명문가에서 출생하였다. 그의 증조부는 강희제 때 강령직조서(江寧織造署)의 장관을 지냈고 강희제가 여섯 차례 남쪽 지방을 순행한 후 네 차례나 조씨의 집에서 머물렀다고 한다. 이를 통해 조씨 집안과 강희제의 친밀한 관계를 엿볼 수 있다. 조설근은 대략 1715년에 출생했는데 이때는 강희제 통치 말기에 해당된다.

황제가 조씨 집에 주필(駐蹕)****하여 조씨 가문의 명성은 널리 퍼졌으나 토목 공사를 크게 일으켜서 큰 적자를 내는 바람에 조씨 가문은 위기를 맞는다. 옹정제 원년에 조설근은 여덟 살이었는데, 그의 외가가 재산을 몰수당하고 그 여파가 조씨 가문에도 미쳤다. 옹정제 5년에 조씨 집안도 재산을 몰수당해 몰락하기에 이르렀다. 조설근은 비록 집안의 사치와 번영을 많이 누리지는 못했고 어려서의 기억도 한계가 있었으나 가족들이 전해 주는 말을 통해 많은 이야기를 들었다. 그래서 『홍루몽』은 대가족의 겉모습을 묘사하고 있으나 결코 작가의 상상에서만 나온 것이 아니라 실제 생활에 근거를 둔 것이다. 이 역시 『홍루몽』을 18세기 중엽 중국 상층 사회 생활의 대 백과전서로 간주하는 이유 중 하나다.

조설근은 18세기에 활동하였다. 서양의 위대한 현실주의 작가들도 18세기 후반과 19세기에 활약했으나 조설근에 비해 늦은 편이다.

『홍루몽』의 작가가 도전하려고 한 대상은 상당히 많았다. 우선 그는 명청 시기 언정 통속 소설(言情通俗小說)*의 성행에 대하여 '이런 작품은 대부분 풍류 이야기로, 남녀가 몰래 정을 통하고 언약하며 사랑의 도피 행각을 벌이는 내용에 불과하다. 결코 남녀의 진정을 드러내지는 못했다'라고 비평하였다. 또한 '지금까지 전해지는 풍류스러운 인물들은 그 대강의 모습과 시사, 문장만이 전해진다. 그들이 가정 내에서 먹고 마시는 일상적 일들에 대해 기술한 것은 전혀 없었다'라고도 하였다. 이러한 측면은 확실히 『홍루몽』의 가장 큰 특징이다.

다음으로 조설근은 기존의 여성에 대한 평가와 남성의 입신출세와 사회적 책임에 대한 요구, 유가에 대한 전통적 관념에 대해 비판 의식을 갖고 있었다. 당시 사회의 사상은 철판처럼 단단하지만은 않았고 상당히 융통성 있는 사조들이 출현하였다. 고염무(顧炎武)와 황종희(黃宗羲)에서 왕부지(王夫之)에 이르고 다시 이지(李贄) 등에 이르는 동안 그들 모두 일반적 의미에 있어서 전통에 반대한 것은 아니지만 거의 전통을 뒤엎을 정도까지 이르렀다. 조설근은 사상적 측면에서 이러한 풍조의 영향을 받았다.

이 배후에는 오히려 작가의 광범위한 동정과 헤아림이 있었다. 탄

* **言情通俗小說**: 남녀의 애정을 다룬 통속 소설을 의미한다.

탄대로를 달리던 명문 가문의 몰락을 개인적으로 경험하고 어렸을 때의 풍족함과 성년이 되어서의 곤궁함을 대비하면서 조설근은 인생의 허무에 대해 평범한 사람들보다 더 절실한 체험을 하여 '호료가(好了歌)'를 부르기도 하였다.

북경 향산(香山) 황엽촌(黃葉村)의 조설근 기념관

세상 사람들 모두 신선이 좋다는 것은 알지만(世人都曉神仙好)
공명출세를 잊지 못하네(惟有功名忘不了).
고금의 장군과 재상은 어디에 있는가(古今將相在何方)?
황량한 무덤가의 한 무더기 풀로 사라졌네(荒塚一堆草沒了).
세상 사람들 모두 신선이 좋다는 것은 알지만(世人都曉神仙好)
금은에 대한 집착을 버리지 못하네(只有金銀忘不了).
하루 종일 아등바등 돈을 벌어도(終朝只恨聚無多)
돈푼깨나 모았을 때는 흙에 묻히네(及到多時眼閉了).
세상 사람들 모두 신선이 좋다는 것은 알지만(世人都曉神仙好)
아름다운 아내의 정 잊지 못하네(只有嬌妻忘不了).
남편 살았을 때 하늘처럼 섬겨도(君在日日說恩情)
남편 죽자마자 팔자 고친다네(君死又隨人去了).
세상 사람들 모두 신선이 좋다는 것은 알지만(世人都曉神仙好)
오로지 자식의 정 잊지 못하네(只有兒孫忘不了).
자식 사랑으로 눈먼 부모는 예로부터 많아도(痴心父母古來多)
효도하는 자식을 그 누가 보았는가(孝順兒孫誰見了)?

부귀는 뜬 구름과 같고 공명과 자식은 믿을 만하지 못하며 모든 화려함은 먼지처럼 지나가 버렸다. 작가 조설근은 꿈에서 깨어난 사람이 되었다. 그는 현실을 간파하기는 했으나 열정이 사라진 것은 아니었다. 그렇지 않았다면 그는 10년이라는 세월 동안 자신의 생명을 『홍루몽』 창작에 모두 쏟아 붓지는 못했을 것이다. 한 글자 한 글자가 붉은 피였으며 10년의 고통은 예사롭지 않은 것이었다. 온통 황당무계한 말과 슬픈 눈물이 가득하여 모두들 작가가 미쳤다고 하지만 그 누가 그 안에 담긴 묘미를 알겠는가?

조설근은 자신이 형상화한 인물들 하나하나에 가치를 부여했다. 작품 속 인물들을 깊이 동정하여 '악인(惡人)'이나 '나쁜 사람(壞人)'들도 잠깐 동안 그들을 좋아하거나 가까이하고 싶은 마음이 들게 했고, 그들이 악행을 저지를 수밖에 없는 부득이한 사정을 이해하도록 만들었다. 설령 그러한 인물들이 인성적으로 문제가 있다 하더라도 말이다.

조설근이 생활했던 시대는 법률이 엄격하고 문자옥(文字獄)이 성행했던 때였다. 이러한 상황에서 그 역시 화를 피하기 위해 상당히 조심하지 않을 수 없었다. 이것 역시 『홍루몽』이 그다지 많은 비난을 받지 않은 원인이다. 조설근의 호는 몽완(夢阮)으로 그의 친구는 그가 '보병(步兵)*이 흰자위를 희번덕거려 사람을 보듯' 하며 '완보병(阮步兵)보다 더 미쳤다'고 말했다. 완보병은 바로 완적을 말한다. 그는 위진 때의 문인으로 싫어하는 사람이 있으면 흰자위를 희번덕거리며 쳐다보았다고 전한다. 그러나 완적은 문장에 있어서는 상당히 조심스러워서 '풍자에 뜻을 두고 있지만 문장은 대부분 그 의미를 숨겨서 피하는 바람에 후대 사람들이 진정한 의미를 추측할 수 없을 지경이었다'고 한다. 조설근이 『홍루몽』을 창작하는 데 기울인 심혈과 고통은 완적에 버금가기 때문에 후대의 사람들은 『홍루몽』에 대해 제각기 나름대로의 견해를 가지고 있다. 이렇듯 문장에 숨겨진 의미가 많아서 오늘날 중국 '홍학(紅學)'의 규모는 서양의 셰익스피어 연구와 충분히 견줄 만하다.

* **步兵**: 완적

◉ 중국문학 주요 작품 연표

시대	주요 작품
선진(先秦) 시대 (B.C. 770~A.D. 221년)	『시경(詩經)』 『초사(楚辭)』 『서경(書經)』 『좌전(左傳)』 『국어(國語)』 『전국책(戰國策)』 『노자(老子)』 『논어(論語)』 『맹자(孟子)』 『장자(莊子)』 『묵자(墨子)』 『한비자(韓非子)』 『순자(荀子)』
양한(兩漢) 시대 (B.C. 206~A.D. 280년)	사마상여(司馬相如), '자허부(子虛賦)', '상림부(上林賦)', '대인부(大人賦)' 양웅(揚雄), '감천부(甘泉賦)', '하동부(河東賦)', '교렵부(校獵賦)' 반고(班固), '양도부(兩都賦)', 『한서(漢書)』 장형(張衡), '서경부(西京賦)', '동경부(東京賦)', '사수시(四愁詩)' 가의(賈誼), 「과진론(過秦論)」 조조(晁錯), 「논귀속소(論貴粟疏)」 환관(桓寬), 「염철론(鹽鐵論)」 사마천(司馬遷), 『사기(史記)』 '고시십구수(古詩十九首)' '공작동남비(孔雀東南飛)' 이우(李尤), '구곡가(九曲歌)'

시대	주요 작품
위진남북조(魏晋南北朝) 시대 (220~589년)	조조(曹操), '해로행(薤露行)', '호리행(蒿里行)', '고한행(苦寒行)'
	조비(曹丕), '연가행(燕歌行)'
	조식(曹植), '칠보시(七步詩)'
	완적(阮籍), '영회시(詠懷詩)'
	혜강(嵇康), '유선시(遊仙詩)'
	좌사(左思), '영사(詠史)'
	도연명(陶淵明), '귀원전거(歸園田居)', '연우독음(連雨獨飮)'
	사령운(謝靈運), '석벽정사환호중작(石壁精舍還湖中作)'
	포조(鮑照), '의행로난(擬行路難)'
	간보(干寶), 『수신기(搜神記)』
	유의경(劉義慶), 『유명록(幽明錄)』, 『세설신어(世說新語)』
당(唐) (618~907년)	왕유(王維), '녹채(鹿柴)', '적우망천장작(積雨輞川莊作)'
	맹호연(孟浩然), '과고인장(過故人莊)'
	이백(李白), '장진주(將進酒)', '산중문답(山中問答)', '정야사(靜夜思)'
	두보(杜甫), '삼리(三吏)', '삼별(三別)', '춘망(春望)', '병거행(兵車行)', '여인행(麗人行)'
	백거이(白居易), '신악부(新樂府)', '진중음(秦中吟)', '장한가(長恨歌)'
	원진(元稹), '신제악부(新題樂府)', '고제악부(古題樂府)'
	두목(杜牧), '산행(山行)', '청명(淸明)'
	이상은(李商隱), '금슬(錦瑟)'
	한유(韓愈), 「사설(師說)」, 「원도(原道)」, 「쟁신론(爭臣論)」
	유종원(柳宗元), 「포사자설(捕蛇者說)」, 「봉건론(封建論)」
	이백, '보살만(菩薩蠻)', '억진아(憶秦娥)'
	백거이, '억강남(憶江南)'
	온정균(溫庭筠), '경루자(更漏子)'
	진현우(陳玄祐), 『이혼기(離魂記)』
	심기제(沈旣濟), 『침중기(枕中記)』
	장방(蔣防), 『곽소옥전(霍小玉傳)』
	원진, 『앵앵전(鶯鶯傳)』
	백행간(白行簡), 『이와전(李娃傳)』
	이공좌(李公佐), 『남가태수전(南柯太守傳)』
	진홍(陳鴻), 『장한가전(長恨歌傳)』
	두광정(杜光庭), 『규염객전(虯髯客傳)』

시대	주요 작품
송(宋) (960~1279년)	구양수(歐陽修), '감이자(感二子)', '풍락정춘유(豊樂亭春遊)' 매요신(梅堯臣), '노산산행(魯山山行)' 소순흠(蘇舜欽), '하중(夏中)' 왕안석(王安石), '명비곡(明妃曲)', '죽리(竹裏)' 소식(蘇軾), '송정호조(送鄭戶曹)' 황정견(黃庭堅), '제낙성사(題落星寺)', '등쾌각(登快閣)' 육유(陸游), '춘야독서유감(春夜讀書有感)' 양만리(楊萬里), '추감(秋感)' 장선(張先), 『자야사(子野詞)』 유영(柳永), 『악장집(樂章集)』 소식, '염노교(念奴嬌)' 이청조(李淸照), 『수옥사(漱玉詞)』 신기질(辛棄疾), 『가헌사(稼軒詞)』 『경본통속소설(京本通俗小說)』
원(元) (1271~1368년)	관한경(關漢卿), 「구풍진(救風塵)」, 「두아원(竇娥冤)」 왕실보(王實甫), 「서상기(西廂記)」 마치원(馬致遠), 「한궁추(漢宮秋)」 백박(白樸), 「오동우(梧桐雨)」
명(明) 1368~1644년	나관중(羅貫中), 『삼국지연의(三國志演義)』 시내암(施耐庵), 『수호전(水滸傳)』 오승은(吳承恩), 『서유기(西遊記)』 소소생(笑笑生), 『금병매(金甁梅)』 풍몽룡(馮夢龍), 『삼언(三言)』 능몽초(凌蒙初), 『이박(二拍)』 포옹노인(抱甕老人), 『금고기관(今古奇觀)』 고명(高明), 「비파기(琵琶記)」 주권(朱權), 「형차기(荊釵記)」 작자미상, 「백토기(白兔記)」 작자미상, 「배월정(拜月亭)」 작자미상, 「살구기(殺狗記)」 탕현조(湯顯祖), 「자차기(紫釵記)」, 「환혼기(還魂記)」

시대	주요 작품
청(淸) 1644~1911년	포송령(蒲松齡), 『요재지이(聊齋志異)』 조설근(曹雪芹), 『홍루몽(紅樓夢)』 오경재(吳敬梓), 『유림외사(儒林外史)』 문강(文康), 『아녀영웅전(兒女英雄傳)』 석옥곤(石玉昆), 『삼협오의(三俠五義)』 이보가(李寶嘉), 『관장현형기(官場現形記)』 오옥요(吳沃堯), 『이십년목도지괴현상(二十年目睹之怪現狀)』 유악(劉鶚), 『노잔유기(老殘遊記)』 증박(曾樸), 『얼해화(孽海花)』 이어(李漁), 「내하천(奈何天)」, 「비목어(比目魚)」 홍승(洪昇), 「장생전(長生殿)」 공상임(孔尙任), 「도화선(桃花扇)」 장사전(蔣士銓), 「사현추(四絃秋)」, 「임천몽(臨川夢)」

중국문화 17 **문학**

초판 1쇄 인쇄 2008년 10월 20일
초판 1쇄 발행 2008년 10월 25일
지은이 야오단
옮긴이 고숙희
펴낸이 김호석
펴낸곳 도서출판 대가
등록 제 311-47호
주소 서울시 마포구 상수동 6-1 대한실업빌딩 301호
전화 (02) 305-0210/306-0210
팩스 (02) 305-0224
전자우편 dga1023@hanmail.net
홈페이지 www.bookdaega.com
디자인 · 편집 f205
교정교열 김지희
인쇄 서강총업
용지 큐페이퍼
제본 다인바인텍

가격 18,000원

ISBN 978-89-90999-96-2 04910
ISBN 978-89-90999-79-5 04910(세트)

이 도서의 국립중앙박물관 출판시도서목록(CIP)은
e-CIP(http://www.nl.go.kr/cip.php)에서
이용하실 수 있습니다.
(CIP제어번호: CIP2008003028)